Frank Nix

Referendariat kompakt

für die Sekundarstufe I/II

Autor
Frank Nix, Realschullehrer seit 1998 (Fächer Mathematik, Technik und Physik), Seminarausbilder für Haupt-, Real-und Gesamtschulen seit 2003 (Fachleiter für die Fächer Mathematik und Technik, Kernseminarleiter), Lehrbeauftragter an der Universität Duisburg-Essen.

Projektleitung: Dorothee Weylandt, Berlin
Redaktion: Anja Sieber, Berlin
Gesamtgestaltung: Dagmar & Torsten Lemme, Berlin
Umschlagfoto: © contrastwerkstatt – Fotolia.com

www.cornelsen.de

Die Links zu externen Webseiten Dritter, die in diesem Titel angegeben sind, wurden vor Drucklegung sorgfältig auf ihre Aktualität geprüft. Der Verlag übernimmt keine Gewähr für die Aktualität und den Inhalt dieser Seiten oder solcher, die mit ihnen verlinkt sind.

1. Auflage 2013

© 2013 Cornelsen Schulverlage GmbH, Berlin

Druck: CPI – Clausen & Bosse, Leck

ISBN 978-3-589-16256-7

 Inhalt gedruckt auf säurefreiem Papier aus nachhaltiger Forstwirtschaft.

Inhalt

Vorwort

Das Referendariat ist wirklich eine harte Zeit. Aber es lohnt sich, sie durchzustehen. Dafür sind Ratgeber für das Referendariat hilfreich – zumal es sich nach jüngsten empirischen Untersuchungen (z. B. aus der COACTIV-R-Studie) um jene Phase im Lehrerwerdungs-Prozess handelt, in der noch einmal kräftig dazugelernt wird, während danach der Kompetenzzuwachs recht bald abflaut.

Was mir an dem Buch von Frank Nix gefällt: Es ist nicht wie viele andere Ratgeberbücher „aus der Praxis – für die Praxis", also aus dem Bauch heraus und ohne Distanz geschrieben, sondern mit einer kritischen Grundhaltung und mit klaren Bezügen auf die aktuelle Theoriediskussion versehen. Diese vielfältigen Bezüge werden aber nicht dick aufgetragen, sondern dezent verpackt.

Das Buch liefert kluge Ratschläge, um im Referendariat zu überleben, lehrt aber auch, dass jeder Ratschlag der individuellen Situation angepasst werden muss. Es ersetzt nicht die aktive Kontaktaufnahme und das gezielte Sich-beraten-Lassen. Deshalb empfehle ich Ihnen: Machen Sie ein „Arbeitsbündnis" mit Ihren Ausbildern, um die im Buch beschriebenen Lehrkompetenzen aufzubauen! Von einem solchen Bündnis profitieren immer beide Seiten.

Das Buch leistet mehr, als der Titel ankündigt:

- Es beschreibt in kompakter Form *die ganze Aufgabe*, die Berufseinsteiger in den Lehrberuf in sehr kurzer Zeit bewältigen müssen: Übernahme der Lehrerrolle, Routinen der Unterrichtsplanung und -auswertung, Beachtung der Körpersprache, Beachtung der Erziehungsaufgaben u. a. m.
- Das Buch hilft Ihnen, sich Ihr schon vorhandenes, aber sicherlich noch verbesserungsfähiges *persönliches Profil als Lehrperson* bewusstzumachen.
- Der Autor gibt dezidierte Hilfen für den Aufbau eines *kompetenzorientierten Unterrichts*. Das ist in der Zweiten Phase inzwischen Standard, aber lange noch nicht bei allen Kolleginnen und Kollegen angekommen, mit denen Sie nun als frisch gebackener Referendar / als Referendarin zusammenarbeiten werden.

Frank Nix arbeitet in seinem Buch mit einem einfachen, aber wirksamen Trick: Er ermuntert seine Leserinnen und Leser, ja er zwingt sie geradezu, immer wieder die Perspektive zu wechseln, um so den „ganz normalen Wahnsinn" (s. Seite 18) des alltäglichen Schulbetriebs besser verstehen zu lernen. Vor allem muss man als Referendar lernen, den Unterrichtsstoff aus der Perspektive der Schülerinnen und Schüler wahrzunehmen. Das passt bestens zu dem, was der internationale Shootingstar der Unterrichtsforschung, John Hattie aus Melbourne, als seine Hauptbotschaft herausgearbeitet hat: „Know thy Impact! – Wisse, was du bewirken kannst".

Ich empfehle dieses Buch allen Referendarinnen und Referendaren mit Nachdruck.

Ich wünsche Ihnen allen Erfolg im Zweiten Examen und auch ein wenig Spaß bei der herausfordernden Arbeit.

Oldenburg, im Mai 2013
Hilbert Meyer

Einleitung

Referendariat kompakt für die Sekundarstufe I/II behandelt stichwortartig zentrale Themen und Herausforderungen Ihrer Ausbildung und möchte Ihnen so einen Wissensspeicher liefern, der wesentliche prüfungsrelevante Inhalte in einem Kompendium zusammenfasst.

Das Buch stellt außerdem eine Fundgrube von Erfahrungen aus meiner Sicht als Lehrer, Seminarausbilder und Vater dar. Die daraus entstandenen „Rezepte" können allerdings nur dann gut funktionieren, wenn sie zu Ihnen und Ihrer konkreten Situation passen – das erfordert in der Regel individuelle Anpassungen oder Ergänzungen. Zu guter Letzt soll es Ihnen ein Werkzeug zur strukturierten Planung, Analyse und Evaluation Ihres Unterrichts an die Hand geben.

Zur besseren Orientierung möchte ich vorab gern einige Elemente vorstellen, die das Buch durchgängig strukturieren:

- Am Anfang des ersten Kapitels, gleich auf der folgenden Seite, finden Sie die Darstellung der im Buch entwickelten *Unterrichtskonstituenten* und der im Kerncurriculum Nordrhein-Westfalen genannten *Handlungsfelder* mit Verweis auf die im jeweiligen Kapitel relevanten Aspekte, um vorab eine grobe Einordnung des Kapitels in den Gesamtkontext des Buches zu ermöglichen (vgl. Ministerium für Schule und Weiterbildung des Landes Nordrhein-Westfalen).
- Jedes Teilkapitel beginnt mit einem Praxisbeispiel, dem Erschließungsfragen zugeordnet werden, anhand derer die im Teilkapitel behandelten Themen und Praxiselemente entwickelt werden können.
- „Praxiselemente" ergänzen die Teilkapitel. Sie vertiefen einen Aspekt des jeweiligen Themas oder zeigen eine konkrete Anwendung.
- Am Ende jedes Teilkapitels finden Sie einen Webcode (s. u.), über den es möglich ist, das jeweilige Kompetenzerwerbsschema (s. auch Praxiselement Kompetenzerwerbsschemata, Kapitel 2, S. 50) aus dem Internet herunterzuladen, mit dessen Hilfe Sie den Erwerb der im Teilkapitel angebahnten Kompetenzen reflektieren und evaluieren können.

Ich hoffe, dass dieser Ratgeber Ihre Ausbildung zielführend zu begleiten vermag und Ihnen in Ihrer Professionalisierung und persönlichen Entwicklung als erfolgreiche Lehrkraft helfen kann.

Frank Nix

Notiz: Aus Gründen der besseren Lesbarkeit wird in diesem Buch durchgehend die männliche grammatische Form verwendet. Selbstverständlich sind damit immer auch Frauen und Mädchen gemeint, also Lehrerinnen und Schülerinnen usw.

Webcode: Sie können ein zu jedem Kapitel gehöriges Kompetenzerwerbsschema aus dem Internet als PDF-Datei herunterladen. Sie finden dazu eine Zahlenkombination jeweils unten auf der Buchseite, wo sich auch der Hinweis dazu befindet. Geben Sie diese unter www.cornelsen.de/webcodes ein. Achten Sie bitte darauf, dass beim Ausdrucken bei Seitenanpassung „In Druckbereich einpassen" aktiviert ist, damit Sie eine DIN-A4-Seite bekommen.

1 Lehren – eine Frage der Persönlichkeit

Einen fleißigen, ehrbaren Schulmeister oder Magister, [...] der Knaben treulich erzieht und lehrt, den kann man niemals genug belohnen und mit keinem Geld bezahlen, [...] Denn ich weiß, daß dieser Beruf [...] der allernützlichste, wichtigste und beste ist.
Martin Luther, Coburger Schriften

Leistungen herausfordern, erfassen, rückmelden, dokumentieren und beurteilen ◄ Kapitel 6

Unterrichtsprozess

Kapitel 3, 5, 6

Sichtbarkeit

Erwartungen und Entscheidungen
Interaktion und Kommunikation
Deutungen und Wertungen
Emotionen und Beziehungen

Lernzuwachs / individuelle Entwicklung
UNTERRICHTSWIRKUNG
WOHIN? Lernziele, Lehrziele, Entwicklungsziele

WANN/WO? Strukturen
WAS? Inhalte
WOMIT? Werkzeuge
WIE? Methoden

Kapitel 2, 6

Entscheidungsfreiheit

Unterrichtsarrangement (Planung)

Lernperspektiven

Kapitel 2, 4, 5, 6

Einflussmöglichkeiten

KÖNNEN Lernkompetenz
HABEN Lernbedingungen
WOLLEN Lernmotivation
SEIN Lernperson(en)

WERDEN Lernerfolg
ENTWICKLUNGSPERSPEKTIVEN
Lehrerfolg (Evaluation)

Lehrperson (Individualität)
Lehrmotivation (Intention)
Lehrkompetenz (Profession)
Lehrbedingungen (Kondition)

Kapitel 1, 5, 6

Entwicklungsmöglichkeiten

Lehrperspektiven

Im System Schule mit allen Beteiligten entwicklungsorientiert zusammenarbeiten ◄ Kapitel 1, 6

Seitentexte:
Kapitel 2, 3, 5
Unterricht gestalten und Lernprozesse nachhaltig anlegen
Vielfalt als Herausforderung annehmen und Chancen nutzen
Kapitel 3, 4
Kapitel 4, 5
Den Erziehungsauftrag in Schule und Unterricht wahrnehmen
Schüler und Eltern beraten
Kapitel 5

Abb. 1.1: Unterrichtskonstituenten (s. dazu auch die Erläuterung im Anhang, S. 138)

Individuelle Chancen und Grenzen auf dem Weg zur „idealen" Lehrkraft

Biografische Aspekte • Welche Aufgaben hat eine Lehrkraft? • Die ideale Lehrkraft • Lehrperspektiven zur Analyse des Lehrerfolgs

Eine Situation aus der Praxis In einem Gespräch über „alte Zeiten" denkt Monika an ihre Zeit am Gymnasium zurück: *„Am liebsten hatte ich bei meiner Klassenlehrerin Matheunterricht, obwohl ich das Fach eigentlich gehasst habe. Aber trotzdem hat sie es geschafft, mich zu begeistern. Bei ihr war es immer ruhig, obwohl sie nie autoritär war. In der Oberstufe hatten wir dann einen Lehrerwechsel, und danach habe ich wieder meine regelmäßige ‚5' in Mathe kassiert. Schade, dass Lehrer so verschieden sind …"*

Erschließungsfragen

- Welche Erfahrungen habe ich mit meinen eigenen Lehrern gemacht?
- Gibt es die „ideale Lehrkraft" und welche Eigenschaften müsste sie haben?
- Aus welchen Gründen möchte ich persönlich Lehrkraft werden?
- Kann man es lernen, eine gute Lehrkraft zu sein, oder ist das „angeboren"?
- Woran erkenne ich, dass ich eine „ideale Lehrkraft" sein könnte?

Biografische Aspekte

Wenn Sie dieses Buch lesen, ist für Sie die Entscheidung, Lehrkraft zu werden, höchstwahrscheinlich längst gefallen. Die Ursachen dafür, warum es dieser Berufswunsch ist und kein anderer, sind so vielfältig wie die Menschen, die diesen Beruf ergreifen möchten. Meist setzt er sich aus einem bunten Mosaik aus Erwartungen sowie Selbst- und Fremdeinschätzungen der eigenen Person zusammen:

Erwartungen (pragmatisch bis utopisch)	Erfahrungen (positiv bis negativ)
• „Ich möchte einen sicheren Job." • „Ich möchte Familie und Beruf unter einen Hut bringen." • „Ich möchte ein gutes Einkommen haben."	• „Mein Deutschlehrer war toll – so will ich auch mal werden." • „Ich will es besser machen als die Zyniker, die in meiner Schule Lehrer waren." • „Die Leitung der Jugendgruppe hat mir immer viel Spaß gemacht."
Fremdbilder (schmeichelnd bis abwertend) • „Du kannst gut erklären." • „Du kannst gut mit Kindern umgehen." • „Du solltest am besten gleich in der Schule bleiben …"	**Selbstbilder (realistisch bis fantastisch)** • „Ich mag Kinder." • „Ich interessiere mich für Literatur und Geschichte." • „Ich möchte die Welt verbessern."

Man kann die verschiedenen biografischen Gründe nach vier Fragestellungen kategorisieren:

Intentionale Aspekte: Das möchte ich bewirken …		*Professionelle Aspekte:* Das will ich mir aneignen …
	Warum möchte ich Lehrkraft werden?	
Individuelle Aspekte: Das bringe ich mit …		*Konditionale Aspekte:* Diesen Rahmen bekomme ich …

Abb. 1.2: Biografische Aspekte des Berufswunsches „Lehrkraft"

● **„Wie werde ich als Lehrkraft sein?"**
Nehmen Sie sich doch einmal einen Augenblick Zeit und denken Sie darüber nach, welche Aspekte Ihrer Persönlichkeit Sie für eine besondere Qualifikation im Lehrberuf halten. Fragen Sie auch einmal Ihre Freunde oder Bekannten. Oft werden hier Dinge genannt, die einem selbst gar nicht bewusst sind. Diese Merkmale sind wichtig, weil Sie sie schon mitbringen und nicht erst mühsam erwerben müssen. Versuchen Sie besser nicht, vermuteten Idealmerkmalen genügen zu wollen, denn das würde mit großer Wahrscheinlichkeit nicht gelingen.

● **„Was muss ich als Lehrkraft gut können?"**
Neben den Persönlichkeitsmerkmalen sind für den Lehrberuf natürlich auch zahlreiche erlernbare Fähigkeiten erforderlich. Hier kann eine Menge individueller Entwicklungsarbeit geleistet werden. Es ist wünschenswert, dass die erforderlichen Kompetenzen in Ihrer Person so angelegt sind, dass Sie Ihnen *wichtig* sind, dass Sie sie gern erwerben *möchten* und dass Sie sie auch erwerben *können*.
Da bei Lehrkräften ein hoher Anteil der Arbeitszeit eigenverantwortlich strukturiert und organisiert werden muss, sollten Sie z. B. daran interessiert sein, ein gutes **Zeitmanagement** zu etablieren. Ebenso sollten Sie sich nicht nur für fachliche Details interessieren, sondern auch für die didaktischen Aspekte „Ihrer" Fächer und deren methodische Aufbereitung.
Sie sollten sich prinzipiell gern mit allgemeinen pädagogischen Fragen beschäftigen und alles dafür tun, ein Experte für das Lernen zu werden. Dies müssen Sie – wie schon gesagt – nicht alles schon wissen und können, aber Sie sollten es wissen und können *wollen*.

● **„Was will ich als Lehrkraft bewirken?"**
An dieser Stelle scheidet sich Beruf von Berufung: Warum ist es wichtig für die deutsche Bildungslandschaft, dass *Sie* Lehrkraft in *diesen* Fächern werden? Nehmen Sie diese Frage sehr ernst, denn sie entscheidet maßgeblich darüber, ob Sie im Lehrberuf Ihre persönliche Erfüllung – ihr Berufsglück – finden können. Sie ist aber auch Ihr persönlicher Maßstab, an dem Sie den Erfolg Ihrer Arbeit ablesen können – möglicherweise besser als an den Ergebnissen von Vergleichstests oder zentralen Abschlussprüfungen …

Praxistipp Nehmen Sie sich doch einmal Zeit dafür, Ihre grundsätzlichen Ziele im Lehrberuf konkret aufzuschreiben: Mit welchen persönlichen Ansprüchen gegenüber sich selbst möchten Sie Lehrkraft sein? Seien Sie ruhig anspruchsvoll – es gilt schließlich, ein weit entferntes, vielleicht nie ganz erreichbares Ziel zu formulieren. In regelmäßigen Abständen oder zu besonderen Anlässen (z. B. nach einem besonders stressigen Arbeitstag) sollten Sie sich dieses Ziel wieder hervorholen und darüber reflektieren, wie nahe Sie ihm bereits gekommen sind. Möglicherweise hat sich das Ziel auch verändert?

● „Was bekomme ich als Lehrkraft?"

Diese Frage lässt sich – wie bereits die vorangegangenen – mit individueller Schwerpunktsetzung beantworten. Vielen ist z. B. wichtig, einen relativ sicheren Beruf zu haben. Dies ist eine realistische Erwartung, da Sie in vielen Bundesländern noch verbeamtet werden, was Ihnen (immer noch) eine gute Risikoabsicherung bietet.

Als weitere Bereicherung erscheint der enge Kontakt mit Kindern und Jugendlichen und das Privileg, sie auf ihrem Lern- und Lebensweg ein Stück weit begleiten und ein klein wenig prägen zu dürfen.

Beachten Sie dabei aber auch die andere Seite der Medaille: So gibt es in der Schule z. B. weniger vielfältige Aufstiegsmöglichkeiten als in anderen Berufen, und nicht immer ist der Kontakt mit teilweise respektlosen, pubertierenden und manchmal sogar gewaltbereiten Jugendlichen stets angenehm. Auf Dauer können solche negativen Aspekte zu Frust und Berufsmüdigkeit führen. Entscheiden Sie daher vorher sehr selbstkritisch und realistisch, mit welchen Dingen Sie sich arrangieren können und welche Dinge für Sie einen sehr hohen Stellenwert besitzen.

Welche Aufgaben hat eine Lehrkraft?

Der Lehrberuf ist durch eine große Vielfalt unterschiedlichster Tätigkeitsbereiche gekennzeichnet. Diese werden als „Lehrerfunktionen" bezeichnet und sind in sieben Teilfunktionen gegliedert:

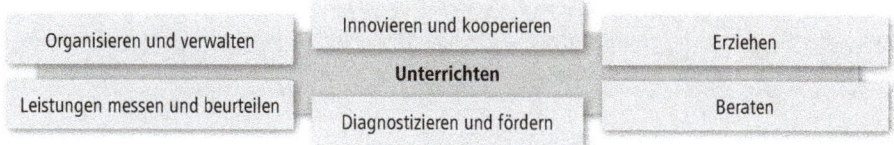

Abb. 1.3: Darstellung der Lehrerfunktionen / Handlungsfelder

Der Vorteil dieser Systematik besteht darin, dass die verschiedenen Tätigkeiten, die eine Lehrkraft in Ihrem Beruf erfüllen muss, im Wesentlichen abgedeckt sind. Doch ist die Zerlegung des Lehrberufs in „Teileinheiten" ein wenig irreführend, da sie eigentlich nicht voneinander zu trennen sind. So weist die individuelle *Förderung* immer Aspekte der Lern*beratung* auf, sie ist aber auch für den *Unterricht* zu planen und umzusetzen. Maßnahmen der individuellen Förderung müssen gut *organisiert* werden, und nicht selten bedürfen sie inner- und außerschulischer *Kooperation*. Somit überschneiden sich die Lehrkraftfunktionen stark, und die Komponente „unterrichten" spielt fast immer in alle anderen Funktionen mit hinein, wie die Abbildung zu verdeutlichen versucht.

Praxistipp In der Lehrerausbildung wird häufig Bezug auf die Lehrerfunktionen genommen. Bei Entwicklungsgesprächen (PEG bzw. EPG), aber auch in Prüfungskolloquien stellen Referendare die Lehrerfunktionen oft nacheinander vor und berichten über die gemachten Erfahrungen in diesen Bereichen. Viel wichtiger ist jedoch die Darstellung der Vernetzung der Lehrerfunktionen untereinander: Welche Aspekte der Lehrerfunktion „beraten" haben z. B. mit unterrichten, erziehen usw. zu tun? Versuchen Sie, diese komplexe Interdependenz exemplarisch aufzuzeigen – es lohnt sich nicht nur in Vorbereitung auf eine Prüfung.

Handlungsfelder

Im Kerncurriculum für den Vorbereitungsdienst in Nordrhein-Westfalen wurden die Lehrerfunktionen durch die folgenden sechs sogenannten Handlungsfelder ersetzt:

1. Unterricht gestalten und Lernprozesse nachhaltig anlegen
2. Den Erziehungsauftrag in Schule und Unterricht wahrnehmen
3. Leistungen herausfordern, erfassen, rückmelden, dokumentieren und beurteilen
4. Schüler und Eltern beraten
5. Vielfalt als Herausforderung annehmen und Chancen nutzen
6. Im System Schule mit allen Beteiligten entwicklungsorientiert zusammenarbeiten

Der Begriff „Handlungsfeld" gefällt mir wesentlich besser als der der „Lehrerfunktionen", nicht zuletzt deshalb, weil Lehrkräfte ja keine Maschinen mit an- und abschaltbaren Teilfunktionen sind, sondern immer mit all ihren Kompetenzen und Eigenschaften in unterschiedlichen Schwerpunktbereichen handeln. Aus diesem Grund sind jedem Kapitel dieses Buches eines oder mehrere Handlungsfelder zugeordnet. In der Grafik auf Seite 8 finden Sie für jedes Handlungsfeld entsprechende Verweise auf die Kapitel, in denen es thematisch behandelt wird.

Praxistipp Es ist wichtig, dass Sie bei allen Ausbildungselementen erkennen können, auf welche Lehrerfunktionen bzw. Handlungsfelder im Wesentlichen Bezug genommen wird. Wenn Sie hierüber z. B. nach jeder Seminarsitzung gemeinsam oder auch individuell reflektieren (ggf. mithilfe Ihres **Portfolios**), wird oftmals klarer, welche Praxisbezüge ein vermeintlich „theoretisches" Seminarthema beinhaltet.

Tätigkeitsbeschreibung des Lehrberufs

Zur konkreten Erfassung des komplexen Lehrkrafthandelns ist es wichtig, sich mit den typischen Tätigkeiten von Lehrkräften auseinanderzusetzen. Nachfolgend finden Sie Rahmenbedingungen, Anforderungen sowie wesentliche Aufgaben, ausgeführt an den drei hauptsächlichen „Handlungsorten".

Handlungsort Unterricht

- Festgelegter Zeitrahmen (gemäß Arbeitszeitverordnung entfallen ca. 50 % der Arbeitszeit auf die Unterrichtsverpflichtung)
- Vorgegebene Dienstzeiten (Stundenplan)
- Komplexe Entscheidungsanforderungen in engem Zeittakt
- Kontinuierliche Beanspruchung ohne Rückzugsmöglichkeit
- Wechselnde psychische Belastung (z. B. bei „schwierigen" Klassen)
- Vorgegebener Organisationsrahmen (Raum, Klassengröße usw.)

● **Welche Qualifikationen müssen Sie mitbringen?**

Unter anderem Belastbarkeit, Flexibilität, Situationsbewusstsein, komplexes, aktiv verfügbares Handlungsrepertoire, Selbstvertrauen, Reflexionsvermögen

● Typische Tätigkeiten

- Situationsbewusste Interaktion und Kommunikation in Lehr-, Lern- und Erziehungsprozessen
- Initiierung, Moderation und Steuerung von auf die jeweilige Lerngruppe und den jeweiligen Lernstand abgestimmten, individualisierten und differenzierten Lehr- und Lernprozessen
- Individuelle und allgemeine situations- und adressatengerechte Lern- und Erziehungsberatung
- Erfassung, Bewertung und Dokumentation erbrachter Leistungen
- Situations- und fachgerechter Einsatz von verschiedensten Medien
- Überprüfung und Gewährleistung sowie Dokumentation der regelmäßigen Teilnahme am Unterricht
- Evaluation von Lehr-, Lern- und Erziehungsprozessen

Handlungsort Schule

- Nur teilweise festgelegter Zeitrahmen (z. B. bei Konferenzen), z. T. auch spontane Beanspruchung (z. B. Pausengeschäfte: Absprachen, Telefonate usw.); dadurch oftmals keine Erholungspausen
- Vorgegebene, stark wechselnde Dienstzeiten (z. B. Elternsprechtage, Konferenzen, Dienstbesprechungen, Sitzungen von Mitwirkungsorganen)
- Nur teilweise vorgegebener Organisations- und Strukturierungsrahmen (z. B. bei Dokumentationspflicht bei Beratungsgesprächen, Frist- und Formwahrung von Anträgen usw.)

● Welche Qualifikationen müssen Sie mitbringen?

Unter anderem Teamfähigkeit, Fähigkeit zur Selbstorganisation, Zuverlässigkeit, Kenntnis und Beherrschung von Abläufen, Kritikfähigkeit

● Typische Tätigkeiten

- Wahrnehmung der Mitwirkungsmöglichkeiten und Mitwirkungspflichten in verschiedenen Gremien mit unterschiedlichen Schwerpunkten (vgl. hierzu das Teilkapitel „Schulmitwirkung", S. 134)
- Kooperation und Beratung mit Schülern, Kollegium und Schulleitung u. a. in Fragen der individuellen Förderung, Erziehung, Leistungsbewertung, Unterrichtsentwicklung usw.
- Erfüllung der dienstlichen Pflichten: Pausenaufsicht, Verwaltungsaufgaben, Organisation und Bereitstellung von Unterrichtsmaterial und -medien, sonstige Aufgaben (z. B. Schulbuchverwaltung usw.)

Außerschulische Handlungsorte

- Kein festgelegter Zeitrahmen (Richtschnur: ca. 50 % der Arbeitszeit entfallen auf Tätigkeiten außerhalb des Unterrichts)
- Keine vorgegebenen Dienstzeiten, damit aber auch keine verbindlichen dienstfreien Zeiten (z. B. Wochenenden, Feiertage, Ferien, Abende)
- Stark wechselnde Belastungsdichte (z. B. bei Korrekturen)
- Kein vorgegebener Organisations- und Strukturierungsrahmen

● Welche Qualifikationen müssen Sie mitbringen?

Unter anderem Selbstdisziplin, Selbstständigkeit, Strukturiertheit, Belastbarkeit

● **Typische Tätigkeiten**
- Unterrichtsvorbereitung und Unterrichtsnachbereitung (z. B. Analyse von Optimierungsmöglichkeiten)
- Korrektur von Tests und Klassenarbeiten
- Organisation und Vorbereitung von Konferenzbeiträgen (z. B. Überarbeitung von schuleigenen Lehrplänen für die Fachkonferenz)
- Kooperation mit außerschulischen Partnern (z. B. Terminabsprachen für Unterrichtsgänge, Organisation von Klassenfahrten usw.)
- Individuelle Lern- und Erziehungsberatung von Erziehungsberechtigten sowie Kollegen
- Teilnahme an Fort- und Weiterbildungsmaßnahmen
- Erfüllung sonstiger dienstlicher Verpflichtungen, z. B. Verfassen von Konferenzprotokollen, Anschreiben an Erziehungsberechtigte, Anträgen (z. B. Genehmigung von Klassenfahrten usw.)

Traumberuf Lehrkraft?!
Die Aufzählung könnte verstörend oder gar abschreckend wirken: Wie soll man das alles leisten können? Andererseits zeigt sie die ganze Komplexität, aber auch die Spannung und den Facettenreichtum des Lehrerberufs auf. So wird einerseits erkennbar:
- Lehrkräfte haben eigentlich nie frei!
- Lehrkräfte müssen fast alles können – fast jederzeit!

Andererseits zeigt sich aber auch:
- Lehrkräfte haben einen ungeheuer abwechslungsreichen, begegnungs- und handlungsintensiven sowie verantwortungsvollen Beruf
- Lehrkräfte können einen großen Anteil ihrer Arbeitszeit nach eigenem Ermessen an dem Ort und auf die Art und Weise erledigen, die ihnen am besten entspricht.

Ich glaube, dass die beiden letztgenannten Eigenschaften auf wenige Berufsfelder zutreffen. Für mich ist der Lehrberuf darum – bei allen berechtigten Klagen über Missstände – immer noch mein Traumberuf!

Die ideale Lehrkraft

Welche Eigenschaften eine ideale Lehrkraft haben soll, hängt u. a. von der jeweiligen Perspektive ab:
- Der **Lernende** wird sich fragen: *Was ist das für eine, die da vorne steht? Wie ist ihre Haltung mir gegenüber? Geht sie auf mich und meine Bedürfnisse ein? Ist sie gerecht, liebevoll, freundlich, humorvoll, streng, verständnisvoll?*
- Die **Erziehungsberechtigten** wollen wissen: *Was kann diese Lehrkraft und was davon kann sie meinem Kind beibringen? Kann sie mein Kind motivieren? Passen ihre Erziehungsziele zu meinen? Verhilft sie meinem Kind zu einem guten Schulabschluss? Vermag sie mein Kind optimal zu fördern?*
- Die **Kollegen** interessiert: *Verhält sie sich kollegial? Ist sie belastbar? Ist sie zuverlässig? Kann man gut mit ihr zusammenarbeiten? Entsteht durch sie wenig Vertretungsbedarf? Ist sie genügend engagiert? Oder ist sie etwa zu engagiert?*
- Der **Schulleitung und Schulaufsicht** geht es um Professionalität und Verlässlichkeit: *Verhält sie sich dienstlich korrekt? Ist ihre Notengebung „wasserdicht"? Hält sie sich an die Richtlinien und Lehrpläne? Sind die von ihr unterrichteten Klassen erfolgreich bei Vergleichsarbeiten, Lernstandserhebungen und Abschlussprüfungen?*

- Seminarausbildern ist wichtig: *Kennt und verwendet sie Methoden sach- und lerngruppengerecht? Herrscht eine angenehme Lernatmosphäre? Ist sie dazu in der Lage, eine gute Unterrichtsplanung vorzulegen? Kann sie eine hervorragende Prüfungsstunde „zaubern"?*

Wovon hängt die Beliebtheit einer Lehrkraft ab? Aus ihrer eigenen Schulzeit wissen Sie noch, dass hohe Beliebtheit ganz unterschiedliche Ursachen haben konnte: Da gab es die freundliche Lehrerin, bei der es gar nicht so sehr darum ging, was sie unterrichtete; da gab es den strengen, aber gerechten Lehrer, der mit seiner Faszination für sein Fach alle ansteckte; da gab es den Kumpel-Typ, mit dem man über alles reden konnte und der mehr unter einer mangelhaften Zeugnisnote litt als man selbst; da gab es die Lehrerin, die immer alles gut erklären konnte – sie werden selbst viele weitere Beispiele kennen.

Eines haben diese Lehrkräfte gemeinsam: Sie sind mit Leib und Seele dabei und setzen sich voll und ganz für die Lernenden ein.

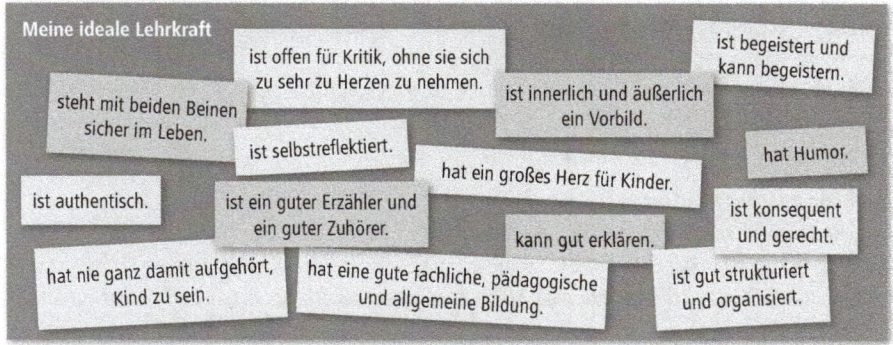

Abb. 1.4: Meine ideale Lehrkraft

Die ideale Lehrkraft ist eine individuelle Wunschvorstellung, die von Erfahrungen und Erwartungen aus der persönlichen Lernbiografie des Einzelnen geprägt ist. Und so kann ich Ihnen an dieser Stelle nur mein ganz eigenes Bild der idealen Lehrkraft präsentieren – so richtig und so falsch, wie es auch Ihres ist.

Lehrperspektiven zur Analyse des Lehrerfolgs

Bei der Frage, in welchen Bereichen Sie sich noch weiterentwickeln müssen, können und möchten, eignet sich die Strukturierung in vier von mir als *Lehrperspektiven* bezeichnete Bereiche:

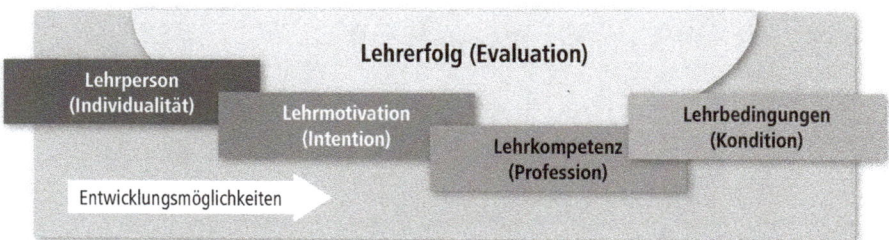

Abb. 1.5: Lehrperspektiven

Lehrperson (Individualität)

Ihre individuellen Persönlichkeitsmerkmale sind in der Regel kaum „einfach so" zu verändern, aber es ist viel damit gewonnen, sich dessen bewusst zu sein, „wie man ist".

- Entwickeln Sie einen Unterrichtsstil, der Ihren Persönlichkeitsmerkmalen besonders gut entspricht. Prüfen Sie, ob Sie sich in Ihrem Unterricht authentisch als Person wiederfinden.

Lehrmotivation (Intention)

Es geht im Unterricht nicht nur um die Motivation der Lernenden, sondern auch um die Motivation der Lehrenden, denn Ihre erkennbare Begeisterung für ein bestimmtes Thema kann ansteckend wirken.

- Hinterfragen Sie Ihre persönliche Lehrmotivation: Woran kann man in Ihrem Unterricht erkennen, dass Sie Freude an der Sache und Interesse an den Lernenden haben?

Lehrkompetenz (Profession)

Wer lehren will, muss auch lehren können. Im Laufe Ihrer Ausbildung entwickeln Sie eine Vielzahl wichtiger Kompetenzen, die Sie sicherer und professioneller machen.

- Betrachten Sie Ihre Entwicklung bitte niemals als abgeschlossen, sei es in der Erweiterung Ihrer Fach- und Methodenkompetenz, in Ihrer diagnostischen Kompetenz oder in anderen Kompetenzfeldern. Nutzen Sie dazu auch Fort- und Weiterbildungsangebote, z.B. durch die Berufsverbände.

Lehrbedingungen (Kondition)

Manche Lehrbedingungen können Sie beeinflussen (z. B. Materialien, Sitzordnung), andere sind vorgegeben (z. B. Klassengröße, Fachraumausstattung, sozialer Einzugsbereich der Schule).

- Hinterfragen Sie, welche Bedingungen Einfluss auf Ihren Lehrerfolg nehmen und welche davon Sie optimieren können, aber lernen Sie auch zu akzeptieren, dass manches Ihrem Einfluss entzogen bleibt. Alles Klagen über ungünstige Bedingungen trägt nur zu einer schlechten Stimmung bei.

> **Fazit**   Das letzte Stück des Weges auf dem Weg zur idealen Lehrkraft, die individuelle Ausprägung dessen, was für Sie geeignet ist und was Sie zu der einzigartigen Persönlichkeit macht, die Sie sind – das können Sie nur für sich selbst als Ziel definieren und anzustreben versuchen. Hierzu wünsche ich Ihnen viel Erfolg!

Sie können sich für dieses Teilkapitel ein **Kompetenzerwerbsschema** aus dem Internet herunterladen.
Webcode: RK162567-001

Zurechtfinden am Arbeitsplatz Schule: So organisieren Sie Ihr Referendariat

Der „erste Schultag" • **Unterrichtsbesuche und andere Ausbildungselemente** • **Die Organisation eines gelungenen Unterrichtsbesuchs** • **Den Anforderungen von Seminar und Schule gerecht werden** • **Arbeits- und Unterrichtsorganisation** • Praxiselement **Blick über den Tellerrand**

Eine Situation aus der Praxis   Lehramtsanwärter Tim L. muss einen Unterrichtsbesuchstermin absagen, weil an der Schule ein Projekttag genau auf diesen Termin gelegt wurde. Die Schulleitung winkt achselzuckend ab, als er sein Problem vorträgt: *„Das haben wir doch auf der Dienstbesprechung festgelegt … aber da waren Sie ja mal wieder gar nicht dabei, es war wohl ihr Seminartag?"* Auch Seminarausbilderin Frau Dr. F. bringt ihm wenig Verständnis entgegen: *„So geht es nicht, Herr L. – Das müssen Sie **vorher** abklären. Wie sollen wir jetzt bei all den Anfragen noch einen anderen Termin finden?"*

Erschließungsfragen

- Wie erhalte ich die Unterstützung, die ich wirklich brauche?
- Wie bleibe ich umfassend über alle Abläufe informiert?
- Wie organisiere ich meine Unterrichtsbesuche und Hospitationen?
- Wie bekomme ich meine knappe Zeit so in den Griff, dass auch noch freie Zeit übrig bleibt?
- Wie kann ich in Kooperation mit anderen meine Arbeit organisieren?

Der „erste Schultag"

Ich erinnere mich noch gut an den „ersten Schultag" an meiner Ausbildungsschule. Für mich war es einer der wichtigsten Tage in meinem Leben, ich war neugierig, aber auch aufgeregt, und vor allem sehr unsicher in Bezug auf das, was in den nächsten Wochen und Monaten auf mich zukommen würde. Unzählige Fragen gingen mir damals schon Tage vor dem eigentlichen „Stichtag" durch den Kopf.

Als mein „großer Tag" dann endlich kam, wurde klar, dass es nur für mich allein ein besonderes Ereignis war: Es gab keine „offizielle" Begrüßung oder Vorstellung vor dem Kollegium und ich musste mich mit viel Eigeninitiative, Wagemut und Experimentierfreude nach und nach in den Alltagsbetrieb einfinden. Man gab mir bereitwillig Auskunft, aber keinen schien es wirklich zu interessieren, ob ich zurechtkomme oder nicht. Auf diese Weise „ins kalte Wasser" geworfen zu werden, verunsicherte mich.

Es geht auch anders. Längst gibt es in vielen Ausbildungsschulen Konzepte für Neuankömmlinge, die den Einstieg erleichtern: Offene Lehrkräfte, die sich gern Zeit dafür nehmen, Ihnen als Ansprechpartner zur Verfügung zu stehen, empathische und engagierte Ausbildungskoordinatoren oder Ausbildungsbeauftragte, Einführungs- und Informationsgespräche, bei denen alle Fragen geklärt werden können sowie Checklisten und Ordner, in denen die wichtigsten Informationen für Sie zusammengefasst sind.

Praxistipp   Manches wird klarer, wenn Sie es aus der Perspektive des anderen sehen: Was für Sie der wichtigste Tag im Leben ist, stellt sich dem Kollegium als normaler Arbeitstag dar. Bedenken Sie dies umgekehrt auch in der Lehrkraftrolle: Ihr ganz normaler Schulalltag ist z. B. für die „Neue", die heute zum ersten Mal in der Klasse sitzt, ein ähnlich großer Einschnitt wie Ihr „erster Schultag".

Ein kurzer Blick ins Lehrerzimmer

- Wenn Ihr Einstellungstermin am Beginn eines neuen Schuljahres liegt, geraten Sie zwangsläufig in ein richtiges Wespennest: Alle Kollegen kommen aus dem Urlaub und müssen sich gleichzeitig wieder in den „ganz normalen Wahnsinn" einfügen. Alle erhalten ihre mehr oder weniger günstigen Stundenpläne und müssen sich mit ihren neuen Klassen arrangieren. Oft ist kein Blick nach rechts oder links mehr möglich, so dass man als Neuling schnell den Eindruck bekommt, es interessiere sich keiner für einen.

- Als Lehrkraft sind Sie in vielen Bereichen selbst verantwortlich. Daher gehen Schulleitung und Kollegium erst einmal davon aus, dass Sie allein gut zurechtkommen. Erst durch Ihr Nachfragen machen Sie darauf aufmerksam, wo und wie Sie Unterstützung benötigen. Es ist also kein böser Wille, wenn man Sie erst einmal in Ruhe lässt und nicht regelmäßig nachfragt, sondern die Anerkennung Ihrer Selbstständigkeit und Selbstverantwortlichkeit in der Ausbildung.

- Der *Informationsfluss* an Schulen ist nicht immer optimal. Das liegt daran, dass es in der Regel kein morgendliches „Briefing" gibt und dass es bedingt durch viele Teilzeitkräfte fast unmöglich ist, regelmäßig alle Kollegen an einen Tisch zu bringen. Deshalb wird das Meiste über ein „Schwarzes Brett" oder über Einzelmitteilungen in den Postfächern geregelt. Das funktioniert gut, solange jedes Kollegiumsmitglied dort wirklich immer wieder nachschaut. Am Füllstand mancher Postfächer und anhand entsprechend „erstaunter" Nachfragen können Sie jedoch leider immer wieder erkennen, dass es hier häufig noch Verbesserungsbedarf gibt.

- Infolgedessen ist der *Informationsstand* vieler Kollegen nicht immer optimal. Erschwerend kommt hinzu, dass die Zahl „fremder Gesichter" in den Kollegien durch eine Vielzahl neuer Regelungen und Möglichkeiten ständig zunimmt. Da ist es dann oft nicht leicht zu entscheiden, welche Funktion der oder die „Neue" nun gerade innehat: Handelt es sich um den neuen Praktikanten, um die Förderschullehrkraft für den gemeinsamen Unterricht, um die Hilfskraft in der Übermittagbetreuung oder vielleicht um den Vertreter des Schulbuchverlags?

> **Praxistipp** Erspüren Sie in Ruhe das typische „Betriebsklima" und die Gepflogenheiten Ihrer Schule – am besten als stiller Beobachter im Lehrerzimmer: Alle wuseln durcheinander, Absprachen werden „mal eben" getroffen, Lernende warten vor dem Lehrerzimmer, es wird aus bestimmten Gründen jemand gesucht, es wird miteinander oder übereinander gelacht, es wird geschmunzelt und getuschelt, es wird laut geklagt und still gelitten, es gibt witzige oder merkwürdige Typen. Was spricht Sie an? Wo fühlen Sie sich wohl? Auf wen möchten Sie zugehen? Wie stellen Sie das am besten an?

Tipps zum Ankommen in der Schule

There is no second chance to make a first impression.

Um von Anfang an in der Schule „gut anzukommen", sind folgende Dinge hilfreich:

- Versuchen Sie, im Vorfeld so viel wie möglich über die Schule herauszufinden. Recherchieren Sie im Internet: Schulen und Seminare haben meist eine mehr oder minder aussagekräftige Internetpräsenz.
- Suchen Sie Kontakt zu den Schülern und finden Sie heraus, auf welcher „Wellenlänge" sie unterwegs sind. Werden Sie angesprochen, reagieren Sie aufgeschlossen, ohne sich anzubiedern.
- Stellen Sie sich vor und gehen Sie auf Kollegen zu, statt darauf zu warten, dass man Sie anspricht.

- Nutzen Sie die Zeit, in der ggf. niemand Zeit für Sie hat, um die Schule in all ihren Facetten wahrzunehmen und kennenzulernen.
- Finden Sie gleich zu Beginn heraus, wer für Sie die wichtigen Ansprechpartner sind, z. B. Abteilungsleiter, Ausbildungsbeauftragte, Hausmeister, Fachvorsitzende.
- Respektieren Sie unbedingt die Sitzordnung im Lehrerzimmer, sofern es eine gibt. Sich auf den erstbesten Platz zu setzen kann mancherorts bereits den ersten Fauxpas darstellen.

Informiert sein und informiert werden

Das größte Problem besteht zu Beginn Ihrer Ausbildung darin, dass Sie eine Unmenge von Fragen über Abläufe, Regelungen und Gepflogenheiten an der Schule und an Ihrem Seminar haben. Erschwerend kommt hinzu, dass man Sie manchmal selbst mit Fragen zu den jeweiligen Ausbildungspartnern bombardiert: „Wie wollen Ihre Fachleiter die Entwürfe haben?", „Ab wann geht es mit den Unterrichtsbesuchen los?", „Wann bekommen Sie Ihren Stundenplan?", „Wann ist an der Schule der Konferenztag?". Dies sind alles Dinge, die Sie selbst erst einmal gern wüssten! Aus diesem Grund laufen viele zu Beginn Gefahr, ständig Fragen zu stellen – nicht immer zur uneingeschränkten Freude der Ausbilder an Schule und Seminar. Um dies zu vermeiden, möchte ich Ihnen einige Tipps geben:

Praxistipps

- Auch wenn es für Sie selbstverständlich klingt: Lesen Sie alle Informationen, die Sie in Schule und Seminar erhalten, sorgfältig durch und nutzen Sie auch die Möglichkeiten des Internets. Manches lässt sich dann bereits eigenständig „schwarz auf weiß" klären.
- Vertrauen Sie nicht auf „Hörensagen". Manche Bagatelle wächst sich durch falsche Weitergabe in kurzer Zeit zur Katastrophenmeldung aus. Fragen Sie gezielt an der richtigen Stelle nach.
- Sammeln Sie Ihre Fragen auf Karteikarten – für jede Frage eine. Damit können Sie die Fragen thematisch sortieren, so dass Sie für bestimmte Ansprechpartner eine entsprechende Auswahl zusammenstellen können.
- Nicht alles muss sofort geklärt werden. So ist es z. B. nicht sinnvoll, sich bereits am ersten Ausbildungstag nach dem Prüfungsverfahren zu erkundigen. Manches klärt sich durch Abwarten auch von selbst – hier ist Ihre Geduld gefragt.
- Vermeiden Sie hektische „Türschwellenfragen", bei denen „mal eben" wichtige Dinge abgeklärt werden sollen. Vereinbaren Sie stattdessen einen Gesprächstermin.

Unterrichtsbesuche und weitere Ausbildungselemente

Während Ihrer Ausbildung haben Sie eine Reihe wichtiger Bewertungs- und Beratungssituationen, die in aller Regel von Ihnen vorbereitet, terminiert, geplant, durchgeführt und dokumentiert werden müssen. Dies kann leicht in Stress ausarten, wenn Sie nicht gleich zu Beginn sorgfältig planen. Am Beispiel des Unterrichtsbesuchs möchte ich stellvertretend aufzeigen, wie Sie diese Ausbildungselemente für sich so gewinnbringend wie möglich planen und gestalten können: Die Unterrichtsbesuche (Unterrichtsproben, Lehrproben) sind ein wesentliches Element in der Lehrerausbildung. Leider ist es – zumindest nach meiner Erfahrung – bis heute nicht vollständig gelungen, diesen Ereignissen ihren Schrecken zu nehmen. Der harmlos daherkommende Begriff „Besuch", der stärkere Anklänge an eine gemütliche Kaffee-

und-Kuchen-Runde als an ein unangenehmes „Quasi"-Prüfungsereignis weckt, kann nicht nachhaltig dazu beitragen, die „Einsicht in den Unterricht durch die Seminarausbilder" vom Charakter einer Heimsuchung zu befreien. Dies gilt übrigens nicht nur für die Referendare und Lehramtsanwärter, sondern teilweise auch für Ihre – eigentlich gar nicht davon betroffenen – Ausbildungslehrkräfte.

Welche Chancen bietet ein Unterrichtsbesuch?

- Sie erhalten qualifizierte Rückmeldungen zur Qualität Ihres Unterrichts und zu Ihrem Leistungsstand Falls nicht, fragen Sie bitte nach: Sie haben das Recht, Ihren Leistungsstand zu erfahren.
- Sie beweisen Ihr Organisationstalent, indem Sie dafür sorgen, dass zum abgesprochenen Termin alles reibungslos funktioniert.
- Sie zeigen Ihre Kooperationsfähigkeit, indem Sie sich mit den Kollegen zur geplanten Stunde austauschen und sich mit notwendigen Informationen versorgen.
- In der Unterrichtsstunde haben Sie die Gelegenheit, Ihre Flexibilität und Spontaneität zu zeigen, mit der Sie auf unerwartete Abweichungen zu reagieren in der Lage sind.
- Bei der Nachbesprechung zeigen Sie Ihre Fähigkeit, den eigenen Unterricht angemessen wahrnehmen und reflektieren zu können.
- Sie stellen Ihre *Kommunikationsfähigkeit* im Rahmen einer Beratungssituation unter Beweis.
- Sie erhalten die Gelegenheit, von Unterrichtsbesuch zu Unterrichtsbesuch *Progression* zu beweisen.
- Und nicht zuletzt zeigen Sie mit einem Unterrichtsbesuch auch Ihre persönliche *Belastbarkeit*.

Sie sehen: Ein Unterrichtsbesuch ist vielschichtig.

Die Organisation eines gelungenen Unterrichtsbesuchs

Dafür, dass bei Ihren Unterrichtsbesuchen in Bezug auf alle Aspekte alles gut klappt, können Sie selbst durch folgende Dinge beitragen:

Organisation im Vorfeld Ihres Unterrichtsbesuchs

Sie sind verpflichtet, in sinnvollen Abständen und in möglichst verschiedenen Lerngruppen Unterrichtsbesuche abzuhalten. Dem steht entgegen, dass Ihre Seminarausbilder manchmal „ausgebucht" sind, und eigene Unterrichtsverpflichtungen parallel zu Ihren möglichen Terminen haben. Darüber hinaus können Sie wegen vielfältiger schulischer Veranstaltungen vielleicht nur wenige freie Termine anbieten. Zusätzlich kann es sein, dass z. B. Haupt- bzw. Kernseminarleiter und Fachleiter gemeinsam zum Unterrichtsbesuch kommen möchten oder müssen. Das führt leicht zum Gefühl, bereits mit der Terminabsprache überfordert zu sein. Dagegen können folgende Tipps helfen:

> **Tipps zur Terminabsprache**
>
> - Vermeiden Sie unnötige Selbstbeschränkungen: Ein generalisiertes Ausschließen letzter Stunden am Freitag oder erster Stunden am Montag, Meidung bestimmter Lerngruppen oder Themen machen es Ihnen schwerer als nötig, einen passenden Termin zu finden.
> - Planen Sie Ihre Unterrichtsbesuche rechtzeitig und in sinnvollen zeitlichen Abständen. Damit erhöhen Sie Ihre Chance, langfristig planen zu können und die Stunde zeigen zu können, die Sie gern zeigen möchten. Zudem können Ihre Seminarausbilder so eine tatsächliche Progression zwischen den Unterrichtsbesuchen erkennen.

- Geben Sie Unterrichtsbesuchstermine rechtzeitig an Ihrer Schule bekannt und klären Sie die Termine mit allen Betroffenen ab. Hierzu gehören die Schulleitung (Vertretungsplan!), die Ausbildungsbeauftragten sowie die Klassen- und Fachlehrkräfte der Klasse (mögliche Kollisionen mit Unterrichtsgängen und Klassenarbeiten) sowie diejenigen Lehrkräfte, die direkt vor Ihrem Unterrichtsbesuch in der Klasse Unterricht haben. Geben Sie in der letzten Dienstbesprechung oder Konferenz vor dem Unterrichtsbesuch bekannt, wann und wo Ihr Unterrichtsbesuch stattfindet.
- Stellen Sie sicher, dass der gewünschte Klassenraum zur Verfügung steht und dass die Vorgängerklasse den Raum ordentlich hinterlässt. Am besten geht das mit einem Schild an der Klassentür, das alle Raumnutzer auf den bevorstehenden Termin hinweist. Eine vorbereitete Sitzordnung oder ein Tafelbild können ebenfalls mit gut erkennbaren Hinweisschildern geschützt werden.
- Viel wichtiger als die Organisation von Kaffee und Keksen ist ein störungsfreier, und kommunikationsfördernder Beratungsraum mit einem ausreichend großen Tisch, auf dem man ggf. Abfragekarten oder Moderationselemente für alle sichtbar platzieren kann. Ein „Bitte nicht stören"-Schild schützt vor hereinplatzenden Kollegen. Da es Ihre Unterrichtsnachbesprechung ist, sollten vor allem Sie sich in dem Raum und an dem gewählten Sitzplatz wohlfühlen.

Planung und Durchführung eines Unterrichtsbesuchs

Ein Unterrichtsbesuch ist zwar immer eine Herausforderung, er sollte Ihnen aber keine durchwachten Nächte und Ihrem Umfeld keine ungewollten monologischen Erörterungen Ihres Vorhabens bescheren. Beachten Sie deshalb folgende Planungshinweise:

- Klären Sie im Vorfeld des Unterrichtsbesuchs ab, wie die Entwürfe aussehen sollen und welche Vorgaben einzuhalten sind. Mehr dazu finden Sie im Teilkapitel „Schriftliche Unterrichtsplanung", S. 49.
- Planen Sie angemessen aufwändig und machen Sie sich nicht von zu vielen Unwägbarkeiten abhängig. Überlegen Sie, ob Aufwand und erwarteter Ertrag in einem angemessenen Verhältnis zueinander stehen und vermeiden sie Materialschlachten.
- Lediglich ein „Highlight" sollte im Zentrum der Stunde stehen und nicht durch unzählige weitere entwertet werden.
- Niemand vermutet, dass Sie jede Ihrer „normalen" Unterrichtsstunden als Vorführstunden konzipieren – umgekehrt ist es wichtig, dass Sie mit Ihrer Stunde den Eindruck einer sorgfältig geplanten, aber immer noch alltagstauglichen Stunde erwecken können.
- Setzen Sie multimediale Elemente nur dort gezielt ein, wo es eine wirkliche pädagogische Begründung dafür gibt. So ist eine Bildschirmpräsentation zum Beispiel ungeeignet, wenn Sie ein Unterrichtsgespräch führen wollen, da sie zu wenig flexibel ist.
- Achten Sie auf die Wiederverwertbarkeit Ihrer eingesetzten Materialien, z. B. indem Sie Aufgabenkarten laminieren oder vorbereitete Folien mit wasserlöslichen Stiften beschriften lassen.
- Vermeiden Sie Planungen und vor allem Planungsänderungen in letzter Sekunde. Den Abend vor einem Unterrichtsbesuch sollten Sie weit weg vom Schreibtisch verbringen. Es ist unwahrscheinlich, dass eine ausführlich durchdachte Stunde schlechter gerät als eine in der letzten Nacht noch einmal komplett umgeworfene Konzeption.

Bei der Durchführung des Unterrichtsbesuchs ist Folgendes zu beachten:

- Legen Sie Ihre Logistik redundant aus, damit Sie im Fall einer technischen Störung mit einem „Plan B" aufwarten können.
- Es ist kein Mangel, sondern ein Gütekriterium für Ihren Unterricht, wenn Sie begründet von der ursprünglichen Planung abzuweichen im Stande sind, ohne Ihr Ziel aus den Augen zu verlieren.
- Lassen Sie sich nicht durch Abweichungen oder überraschende Ereignisse aus dem Konzept bringen. Man erwartet von Ihnen nicht, dass Sie Ihre Planung stur durchziehen, sondern dass Sie flexibel und mit situativer Aufmerksamkeit reagieren.
- Rechnen Sie damit, dass Ihre Lerngruppe sich beim Unterrichtsbesuch nicht wie gewohnt verhält: Ein „Problemschüler" kann plötzlich zum „Träger" Ihres Unterrichts werden.

Übrigens Ein Unterrichtsbesuch mit sehr hohem Aufwand kann bei den Schülern ganz anders ankommen als Sie denken: Neben Begeisterung und Motivation könnte auch Frust aufkommen: *„Normalerweise ist der Unterricht viel langweiliger – warum geben Sie sich nicht immer so viel Mühe?"* Pflegen Sie die Wertschätzung Ihrer Lerngruppen dadurch, dass Sie auch außerhalb von Unterrichtsbesuchen erkennbaren Wert auf die Qualität Ihres Unterrichts und seine Vorbereitung legen.

Bei der Nachbesprechung geht es darum, aus der Durchführung der Stunde heraus Schlussfolgerungen für künftige Planungen zu ziehen. Vieles erscheint dabei im Nachhinein optimierbar, obwohl es auf einer sorgfältig durchdachten Planung beruht. Diese Optimierungsmöglichkeiten aufzuschließen ist ein Ziel der Nachbesprechung.

- Es ist nicht intendiert, Ihnen Fehler vorzuwerfen, sondern Planungs- und Handlungsentscheidungen gemeinsam auszuwerten, und zwar bewusst aus der Sicht „Hinterher ist man immer schlauer". Deshalb wäre es kontraproduktiv, in der Nachbesprechung permanent in eine Rechtfertigungshaltung zu verfallen. Bleiben Sie offen für Alternativen.
- Die Nachbesprechung erfolgt üblicherweise nach einem festen Schema, das allen Beteiligten klar sein sollte. Halten Sie wichtige Punkte fest und fragen Sie gezielt nach, wenn Ihnen etwas unklar ist.
- Wenn Sie am Schluss der Besprechung unsicher sind, welchen Eindruck Ihre Seminarausbilder insgesamt von Ihnen haben, fragen Sie bitte nach. Manchmal führen bestimmte Äußerungen, die ganz anders gemeint waren, zu Verunsicherung und Frust. Klären Sie solche Dinge zeitnah.

Den Anforderungen von Seminar und Schule gerecht werden

Im Seminar ist die zu bestehende Prüfung im Fokus, seitens der Schule steht der Lehrkraftalltag im Zentrum. Beide Blickrichtungen sind wichtig und richtig, und beide sind gut miteinander vereinbar, wenn man sie voneinander zu unterscheiden versteht.

Die Situation an der Schule

An der *Schule* finden Sie viele Experten für Praxisprobleme aller Art, passend und erprobt an genau *dieser* Schule mit genau *diesen* Lehr- und Lernvoraussetzungen, aber in der Regel wenige für die Verschriftlichung von Unterrichtsplanungen oder für die Anforderungen in Examensprüfungen. Die Lehrkräfte, die Sie unterstützen, kennen die Lehrerausbildung aus ihrer eigenen Erfahrung und erteilen Ihnen aus dieser Sicht heraus Ratschläge, wie Sie vermeintlich einen guten Eindruck machen und Ihre Ausbildung so gut wie möglich abschließen können. Negativerfahrungen versuchen sie dadurch von Ihnen abzuwenden, dass sie die (zu hohen?) Erwartungen des Seminars durch die eigene Praxiserfahrung zu relativieren versuchen, wobei dann auch schon mal Aussagen wie „Das funktioniert doch nur in der Theorie, aber nicht hier an unserer Schule" oder „Die im Seminar sollen erst mal vormachen, wie das bei 30 Schülern in der Klasse funktionieren soll" zu hören sind – dies in der eigentlich positiven Absicht, Ihnen den Erfolgsdruck zu nehmen und Sie davon zu überzeugen, dass Sie es schon richtig machen, auch wenn nicht alles optimal funktioniert.

Die Situation am Seminar

Am *Seminar* finden Sie Experten für die Planung, Beobachtung und Analyse von (Fach-)Unterricht auf dem neuesten Stand der Fachdidaktik und Pädagogik. Man möchte Ihnen ein möglichst breites pädagogisches Handlungsrepertoire vermitteln, das Sie an möglichst unterschiedlichen Schulformen unter den verschiedensten Lehr- und Lernvoraussetzungen einsetzen können.

Ausgehend davon, dass Sie als Lehrkraft Ihren individuellen Weg finden sollten, vermeiden es Ihre Seminarausbilder in der Regel, Ihnen konkrete Tipps und Tricks zu geben. In mangelnder genauer Kenntnis der individuellen Situation an Ihrer Schule und in Ihrer konkreten Lerngruppe ist dies eine sehr vernünftige, wenngleich aus Ihrer Sicht vielleicht unbefriedigende Haltung.

Man möchte Sie im Seminar dazu befähigen, aus einem sich stetig erweiternden Kenntnis-, Erfahrungs- und Handlungsraum heraus *eigene* Strategien und Lösungen zu entwickeln und fremde Erfahrungen oder Anregungen vor diesem Hintergrund kritisch zu reflektieren. Hieraus resultieren dann Aussagen wie z. B.: „Lassen Sie sich an Ihrer Schule nicht immer alles ausreden" oder „Versuchen Sie es doch erst einmal selbst, auch wenn man an Ihrer Schule nichts davon hält".

Koordination zwischen Schule und Seminar

Die Ausbildung an Schule und Seminar ist nach dem Prinzip der Arbeitsteilung geregelt. An beiden Orten werden Sie nach den jeweiligen Möglichkeiten und Gegebenheiten so unterstützt, wie es Ihrem individuellen Bedarf und Ausbildungsstand entspricht.

Alle an Ihrer Ausbildung beteiligten Personen sollten sich regelmäßig darüber austauschen, wie Ihre Entwicklung voranschreitet und was Sie dazu benötigen. Hierzu müssen zeitliche und personelle Ressourcen vorhanden sein, und alle Beteiligten sollten einen

Abb. 1.6: Zwischen Schule und Seminar

„guten Draht" zueinander haben. An den Schulen gibt es zu diesem Zweck Ausbildungsbeauftragte, die regelmäßig mit dem Seminar in Kontakt stehen. Da *Sie* aber normalerweise die einzige Person sind, die ständig „zwischen den Welten" pendelt, sind Sie als Übermittler von Informationen, Fragen und Rückmeldungen prädestiniert – nicht immer eine „Traumrolle": Sie können dabei manchmal in unklare oder unangenehme Situationen kommen, weil Sie quasi als „Vertreter" des Seminars in der Schule (und umgekehrt) auftreten. Das ist Ihren „Auftraggebern" meist gar nicht klar. Sprechen Sie diese „Zwickmühle" notfalls offen an und bitten Sie die Beteiligten darum, den direkten Kontakt zu suchen.

Missverständnisse in Schule und Seminar

Als Seminarausbilder nehme ich manchmal wahr, dass die Informationen innerhalb und zwischen Schule und Seminar als widersprüchlich empfunden werden. Einige Beispiele im Originalton:

- *Ich weiß, dass Unterrichtsgespräche nur im Stuhlkreis funktionieren, aber ich darf in meiner Klasse die Sitzordnung nicht ändern.*
- *Herr B. will bei Unterrichtsbesuchen kein Stationenlernen sehen!*
- *Frau K. hat uns den didaktischen Schwerpunkt anders erklärt!*

In vielen Fällen beruhen solche Aussagen auf Missverständnissen, die u. a. aus systemimmanenten Gründen entstanden sein könnten:

- In der Pädagogik gibt es unterschiedliche Theorien und Ansätze, die sich ergänzen, optimieren und manchmal leider auch widersprechen.
- Viele Begriffe aus der Pädagogik sind nicht eindeutig definiert. Je nach Theorie werden Begriffe unterschiedlich verwendet, und jede Fachdidaktik arbeitet mit ihrem eigenen „Wortschatz".
- In der Pädagogik gibt es (eigentlich) keine Pauschalaussagen – außer dieser.

Das können Sie zur Vermeidung von Missverständnissen tun:

- Prüfen Sie im Einzelfall, wessen Sichtweise und Erfahrung am besten dazu geeignet sind, Ihnen die Hilfe zu geben, derer Sie bedürfen.
- Hören Sie auf, anderswo weiterzufragen, wenn Sie eine konkrete Auskunft erhalten haben – wer viel fragt, erhält viele Antworten.
- Fragen Sie im Einzelfall nach, ob eine Auskunft sich auf einen konkreten Einzelfall bezieht oder ob diese generalisiert werden kann.
- Informieren Sie sich aus erster Hand. Fragen Sie ggf. nach, worauf sich etwas bezieht und lesen Sie selbst nach. Die Ausbildungsordnung (OVP) sollten Sie z. B. nicht nur vom Hörensagen kennen ...

Arbeits- und Unterrichtsorganisation

Die Art, wie Sie Ihren Unterricht und dessen Vorbereitung organisieren, hängt sehr stark von Ihrer individuellen Persönlichkeit ab: Es gibt den Just-in-time-Typ, bei dem meist alles auf den letzten Drücker erledigt wird; es gibt den pedantischen Typ, bei dem alles seine Ordnung haben muss; der eine liebt das kreative Chaos, während der andere nur komplett strukturiert und organisiert arbeiten kann.

Anhand verschiedener Aspekte der Unterrichtsorganisation möchte ich versuchen, trotz der bunten Vielfalt an Persönlichkeiten, die in der Schule aufeinandertreffen, einige nützliche Hinweise zu geben.

Zeitmanagement

Ein Vorzug des Lehrberufs besteht darin, über gut 50 % der Gesamtarbeitszeit frei verfügen zu können. Dazu gehören die Zeiten zwischen Ihrer Unterrichtsverpflichtung, die Zeiten nach dem Unterricht sowie die Wochenenden und die Ferienzeiten.

Wann Sie diese Arbeitszeit nutzen, ist Ihnen überlassen – und das kann manchmal ein Problem sein: Sie müssen nämlich die Disziplin aufbringen, die zur Verfügung stehende Zeit auch wirklich zu nutzen. Wenn das nicht nachhaltig geschieht, baut sich schnell das Gefühl auf, sich im Dauerstress zu befinden und „nur noch" zu arbeiten.

Es gibt zum Glück einige Dinge, die Sie dagegen tun können. Nicht alles wird Ihrem „Typ" entsprechen – wählen Sie das Passende aus.

Arbeitszeit und Freizeit trennen

Durch das bewusste Erleben von Freizeit schaffen Sie sich die Möglichkeit, bei freiem Kopf wieder aufzutanken. Das Gefühl, ständig und überall „im Dienst" zu sein, macht auf Dauer krank und unzufrieden.

- Nehmen Sie sich bewusst Zeit zum Arbeiten und genießen Sie ebenso bewusst Ihre Freizeit. Schaffen Sie sich dazu klare Strukturen.
- Trennen Sie – falls möglich – Arbeit und Freizeit auch räumlich. Korrigieren Sie Klassenarbeiten z. B. nicht im Wohnzimmer.
- Nehmen Sie zumindest einen Tag am Wochenende als freien Tag.

Aufgaben planen

Behalten Sie die Übersicht über komplexe Aufgaben und den Bearbeitungsfortschritt jeder Aufgabe. Sie verhindern damit, sich an Teilaspekten festzubeißen und behalten trotzdem die Freiheit, nach aktueller Lust und Motivation auszuwählen, was Sie bearbeiten möchten.

- Schreiben Sie sich auf, welche Dinge noch erledigt werden müssen. Geben Sie dazu einen Termin an, an dem alles fertig sein muss.
- Zerlegen Sie jetzt die Dinge, für die Sie länger als eine Stunde benötigen, in Teileinheiten. Notieren Sie für jede Teileinheit die benötigte Zeit (am besten in Halbstundeneinheiten).
- Fertigen Sie eine Liste anstehender Aufgaben an, oder schreiben Sie für jede Aufgabe eine Karteikarte. Haken Sie ab, was fertig ist.

Aufgaben ordnen

Aufgaben sollten geordnet und strukturiert sein, damit Sie sich nicht verzetteln. Oft wendet man zu viel Zeit für Unwichtiges auf.

- Sortieren Sie die zu erledigenden Aufgaben nach Ihrer Wichtigkeit und Ihrer Dringlichkeit. Die wichtigsten und dringlichsten Aufgaben erledigen Sie zuerst.
- Gehen Sie strukturiert an die Erledigung Ihrer Arbeit. Vermeiden Sie unnötige Mehrarbeit, indem Sie z. B. so planen, dass Sie ergänzende Aufgaben zeitnah zusammen erledigen.

Arbeitsmaterial organisieren

Arbeitsmaterial (Literatur, Arbeitsblätter, usw.) ist nur dann hilfreich, wenn Sie wissen, wo Sie es schnell (wieder-)finden können.

- Schaffen Sie sich eine Ordnungsstruktur, mit der Sie gut zurechtkommen. Die Zeit, die Sie mit unnötigem Suchen verbringen, fehlt Ihnen am Ende und raubt Ihnen wertvolle Freizeit.
- Mit dem Gedanken „Irgendwann könnte ich es nochmal brauchen" entstehen Materialgebirge, an denen jedes Ordnungssystem scheitern muss. Nutzen Sie deshalb mutig die „Ablage Papierkorb".

1 Lehren – eine Frage der Persönlichkeit
Zurechtfinden am Arbeitsplatz Schule: So organisieren Sie Ihr Referendariat

Perfektionismus vermeiden

Es ist gut, wenn man gewissenhaft arbeitet und Struktur in seine Aufgaben bringt. Das darf aber nicht mehr Zeit kosten, als es Ihnen erspart.

- Beachten Sie das **Pareto-Prinzip:** 80 % der Arbeit kann in 20 % der Gesamtzeit erledigt werden. Mit zu viel Perfektionismus überziehen Sie unnötig Ihr Zeitkonto.
- Steigern Sie Ihre Ansprüche nicht ins Unermessliche. Entwickeln Sie dazu einen positiv-wertschätzenden Blick auf eigene Leistungen.

Aufschiebende Ersatzhandlungen abstellen

Sie wollen „eigentlich" Klassenarbeiten korrigieren, aber davor müsste der Schreibtisch aufgeräumt werden, und dann wäre da noch dies und das … Ein typischer Fall von „Aufschieberitis".

- Wenn Sie „Arbeitszeit" eingeplant haben, fangen Sie sofort damit an. Verbieten Sie sich aufschiebende Strategien, indem Sie sie als solche erkennen: Machen Sie sich in dieser Hinsicht nichts vor.
- Belohnen Sie sich, wenn Sie eine unliebsame Aufgabe erledigt haben, mit etwas Schönem, Entspannendem oder Anregendem.

Einen Anfang finden

Wenn die nötige Inspiration fehlt, ist es schwer, anzufangen: Man sitzt zunehmend verzweifelt am Schreibtisch und fühlt sich „leer".

- Wählen Sie eine andere, ggf. weniger wichtige oder dringliche Aufgabe aus, die geringer Inspiration bedarf. Sie finden bestimmt etwas!
- Mancher Geistesblitz kommt unerwartet beim Einkauf oder im Stau. Sammeln Sie Ihre Ideen (z. B. als Sprachnotiz auf Ihrem Mobiltelefon), damit sie zu Hause noch verfügbar sind. So haben Sie immer einen Ideenpool vorrätig, mit dem Sie anfangen können.

Gesund bleiben

Ungünstiges Zeitmanagement führt dazu, dass Sie zu oft und zu lang am Schreibtisch sitzen. Nacken- und Rückenschmerzen, Schlafstörungen oder andere gesundheitliche Probleme können die Folge sein.

- Achten Sie auf eine gesunde Haltung beim Arbeiten. Schaffen Sie Gelegenheiten, zwischendurch aufzustehen und sich zu bewegen.
- Treiben Sie regelmäßig Sport, am besten an festen Terminen.

Praxistipp   Versuchen Sie, Ihre persönliche Baustelle zu finden und gehen Sie dabei selbstkritisch und ehrlich mit sich um. Sie betrügen sich nur selbst, wenn Sie z. B. bei jedem der o. g. Tipps eine Begründung dafür suchen, warum gerade dies bei Ihnen nicht funktionieren kann.

Strategien für Schule und Unterricht

Abgesehen von einem gelungenen Zeitmanagement können Ihnen folgende Strukturen und Strategien dabei helfen, die täglichen Herausforderungen in Schule und Unterricht zu meistern:

Längerfristige Maßnahmen

- Lernen Sie die Namen der Lernenden so schnell wie möglich auswendig. Dies stellt als Ausdruck Ihrer Wertschätzung eine gute Beziehung zu den Lernenden her und erleichtert darüber hinaus Interventionen bei Störungen. Fotos der Schüler helfen dabei, sich die Namen rasch zu merken.
- Klären Sie, was die Lernenden bereits können und nutzen Sie bei Eingangsklassen das in der Primarstufe aufgebaute Potenzial, auf das Sie oftmals sehr gut aufbauen können. Das setzt natürlich voraus, dass Sie die wesentlichen Gepflogenheiten an Grundschulen kennen.
- Entlasten Sie sich durch gut organisierte Klassendienste wie z. B. Tafeldienst, Mediendienst usw. Eine gute Übersicht schaffen Sie z. B. durch Wäscheklammern mit den Namen der Lernenden: Diese können Sie einfach an Plakate mit den zugeordneten Diensten klemmen.
- Üben Sie mit den Lernenden, die Sitzordnung schnell, geräuscharm und flexibel den jeweiligen Bedürfnissen anzupassen. Gut trainiert, geschieht solch ein Wechsel der Sitzordnung in kürzester Zeit.
- Schülerprodukten (z. B. Plakaten) sollte angemessene Wertschätzung entgegengebracht werden. Dazu gehört nicht nur die Ausstellung dieser Produkte im Klassenraum, sondern auch die Vereinbarung ihres Verfallsdatums. Die Lernenden können danach entscheiden, ob sie ihr Produkt mit nach Hause nehmen oder wegwerfen möchten. So schaffen Sie regelmäßig Platz für neue, aktuellere Produkte und verhindern einen allmählichen „Zerfallsprozess" an der Klassenwand.

Strategien für Unterrichtsstunden

- Dokumentieren Sie Ihren Unterricht zeitnah im Klassenbuch. Schreiben Sie Fehlzeiten auf und tragen Sie Entschuldigungen sofort ein, statt alles bis kurz vor den Zeugnissen zu sammeln.

> **Übrigens** Beachten Sie, dass im Klassenbuch immer eine nachvollziehbare Progression erkennbar sein muss. Erkundigen Sie sich, wie an Ihrer Schule Klassenbucheinträge z. B. bei Störungen oder Fehlverhalten gehandhabt werden.

- Zeigen Sie den Lernenden die verfügbare Zeit für Arbeitsphasen z. B. dadurch an, dass Sie die Uhrzeit an die Tafel schreiben, bei der die Phase endet. Es gibt mittlerweile auch Uhren, bei denen die verfügbare Restzeit optisch angezeigt wird.
- Verwenden Sie praktikables Material, das nicht übermäßig von Technik abhängt und möglichst gut zu transportieren ist. Lernstationen können z. B. so gestaltet werden, dass sie jeweils in einen Schuhkarton passen. Das erleichtert auch die Lagerung zu Hause.

▶ ▶ ▶ Praxiselement Blick über den Tellerrand

Sie werden in Ihrer Ausbildung immer wieder auf die Kooperation mit inner- und außerschulischen Partnern angewiesen sein. Nutzen Sie mögliche Synergieeffekte, um Ressourcen optimal auszuschöpfen. Gute Kooperation lebt von einem kontinuierlichen Informationsfluss. Es gilt, informiert zu sein und informiert zu werden. In besonderem Maße gilt das im Zusammenhang mit Ihrer Schulleitung.

Kooperation ist gekennzeichnet von gegenseitigem Geben und Nehmen: Sehen Sie z. B. Klassensprecher, Eltern und Kollegen nicht als Helfer, sondern als Partner. Gegenseitige Wertschätzung motiviert und ist die Basis einer stabilen, produktiven Beziehung.

Seien Sie im Umgang mit Kooperationspartnern vertrauensvoll, aber nicht vertrauensselig. Dinge, für die Sie die Verantwortung übernehmen, sollten Sie nicht ohne jede Kontrolle delegieren.

Unterrichtsgänge organisieren

Nicht nur im Klassenraum oder in der Schule, sondern auch und insbesondere außerhalb bieten sich für alle Fächer Möglichkeiten, mit hohem Praxisbezug, entdeckender Aktivität und motivierendem Erlebnisfaktor Lernchancen aufzutun: Museumsbesuche, Theater- oder Konzertvorführungen, Besichtigungen vor Ort, Untersuchungen und Versuche in der freien Natur können „Highlights" im schulischen Alltag sein, die noch lange „nachwirken". Der ein- oder mehrtägige Besuch außerschulischer Lern- und Erfahrungsorte bietet zudem viele Chancen für die soziale Entwicklung Ihrer Lerngruppen. Dabei sind jedoch einige wichtige Vorgaben zu beachten, wie z.B. der sogenannte Wandererlass.

- Informieren Sie sich vor einem Unterrichtsgang genau über alle Gegebenheiten. Nach Möglichkeit sollten Sie persönlich vor Ort Grenzen und Möglichkeiten erkunden, auf jeden Fall aber telefonisch Kontakt mit dem außerschulischen Lernort aufnehmen.
- Ein Unterrichtsgang muss Bezug zum Unterricht haben. Bereiten Sie ihn daher im Unterricht thematisch vor und wählen Sie ein Programm vor Ort aus, das im Unterricht fortgeführt werden kann.
- Kalkulieren Sie die Kosten der Unternehmung und organisieren Sie eine Begleitung. Das kann ein Kollege, aber auch ein Elternteil sein. (Mehr zum Thema Aufsicht s. Kapitel 6, S. 130)
- Für einen Unterrichtsgang benötigen Sie die Genehmigung der Schulleitung und die Zustimmung der Erziehungsberechtigten.

> **Praxistipp** Im Verlauf Ihrer Ausbildung sollten Sie auch an einem mehrtägigen Unterrichtsgang teilnehmen. Nutzen Sie dies als Chance, auch in die Vorbereitung einen intensiven Einblick zu nehmen und die teilnehmenden Lernenden einmal ganz anders erleben zu können.

Überfachlich und schulformübergreifend denken und handeln

Versuchen Sie, über den Tellerrand Ihres eigenen Faches hinauszusehen. Das gilt nicht nur für das Prinzip „Deutsch in allen Fächern", sondern für alle Unterrichtsfächer hinauszusehen. Schauen Sie sich die Lehrpläne der anderen Fächer an und suchen Sie Schnittstellen, Vernetzungen und Synergieeffekte. An manchen Schulen gibt es bereits „Unterrichtspartituren", bei denen je ein Thema im Zentrum des Unterrichts aller Fächer steht (z.B. „Der Wald"). Dies setzt natürlich regelmäßige Absprachen und Kooperationswillen voraus.

Im Referendariat sollten Sie außerdem alle sich bietenden Chancen ergreifen, mehr über andere Schulformen zu erfahren. So lernen Sie z.B. den vermeintlich „unerzogenen" unaufgeforderten Gang zum Materialschrank als in der Grundschule antrainierte Selbständigkeit zu deuten und zu nutzen. ◄ ◄ ◄

Sie können sich für dieses Teilkapitel ein **Kompetenzerwerbsschema** aus dem Internet herunterladen.
Webcode: RK162567-002

Unterricht planen und durchführen

Je üppiger die Pläne blühen, um so verzwickter wird die Tat.
Erich Kästner, Dr. Erich Kästners lyrische Hausapotheke

Unterricht als Prozess sehen und eine individuelle Vorstellung guten Unterrichts entwickeln

Was ist guter Unterricht? • 10 Merkmale guten Unterrichts • Kompetenzorientierter Unterricht • „What works best?" – Die Hattie-Metastudie • Lernperspektiven – Wovon guter Unterricht abhängt

Eine Situation aus der Praxis *„Total krass – Frau Krieger hat uns heute wieder von ihrem Schwager in Kanada erzählt." – „So macht Englischunterricht Spaß!" – „Ich find' das irgendwie öde – schade, dass sie keinen Schwager in Japan hat ..." „Englisch kann ich sowieso nicht ..." „Heute konnte ich mich gar nicht konzentrieren – Jaqueline hat Schluss gemacht – heute Morgen per SMS!!!" „Ich fand den Englischunterricht bei der Referendarin besser!" – „Da war doch nur Unruhe. Man hat nie was mitbekommen." – „War doch chillig – bei Frau Krieger kriegst du sofort 'ne schlechte Note." – „Und das in der siebten Stunde – ich bin ferienreif!"*

Erschließungsfragen
- Wovon hängt es ab, ob Unterricht gut ist oder nicht?
- Gibt es „den" guten Unterricht oder ist alles eine Frage der Perspektive?
- Welche wissenschaftlichen Erkenntnisse gibt es zu den Faktoren, die den Unterrichtserfolg bestimmen?
- Welches ist mein Bild von gutem Unterricht und wie kann ich es realisieren?

Was ist guter Unterricht?

Wie man dem obigen Gespräch entnehmen kann, scheint man die Frage, was guter Unterricht ist, gar nicht so leicht beantworten zu können. Jeder Mensch hat offensichtlich eine individuelle Vorstellung davon, was guter Unterricht ist. Wenn Sie sich an Ihre eigene – mehr oder weniger weit zurückliegende – Schulzeit erinnern, fällt Ihnen sicher Unterricht ein, den Sie damals als gut empfanden. Hören Sie sich gelegentlich einmal im Bekanntenkreis um. Sie werden über die Vielfalt der unterschiedlichen Ansichten überrascht sein:

- *Im Lateinunterricht bei Herrn B. haben wir ein lateinisches Asterix-Heft übersetzt. Das war für mich guter Unterricht, es hat richtig Spaß gemacht.*
- *Frau C. hat mich beim Volleyball mal eine eigene Trainingseinheit gestalten lassen. Das hat mich richtig herausgefordert, so konnte ich ihr und meinen Mitschülern endlich mal zeigen, was ich kann!*
- *Unser Mathe-Referendar Herr D. hat guten Unterricht gemacht. Der hat eine Waage mitgebracht und daran die Gleichungsumformungen veranschaulicht. So habe ich in Mathematik ausnahmsweise mal wirklich was verstanden, weil der echt gut erklären konnte.*
- *Guter Unterricht – da fällt mir sofort mein Bio-Kurs bei Frau F. ein. Nirgendwo war so ein toller Zusammenhalt wie dort. Sie hat uns mal zu sich in den Garten eingeladen, wo wir Insekten und Pflanzen bestimmen mussten. Sie hatte extra für uns Waffeln gebacken.*

- *Guter Unterricht – das war Englisch bei Herrn E.! Von seinen Eselsbrücken profitiere ich noch heute. Da gab's im Unterricht auch schon mal die „rote Karte" – der hatte uns echt im Griff!*
- *Deutsch bei Herrn G. war immer der Knaller. Besonders gut waren die spontanen Stunden, wenn jemand von uns mit einer einzigen Bemerkung oder Frage das ganze Konzept umkippte. Echte Lebensweisheit haben wir da vermittelt bekommen.*
- *Ich erinnere mich noch gut an eine Physikstunde bei Frau H., bei der wir mit einem Prisma und mit Farbscheiben experimentiert haben. Da hatte ich als Fünferkandidatin endlich auch mal ein Erfolgserlebnis – das war guter Unterricht!*

Individuelle Gütekriterien

Aus den aufgeführten Erinnerungen an guten Unterricht lassen sich verschiedene individuelle Gütekriterien für das ableiten, was Unterrichtsqualität ausmachen könnte:

- Guter Unterricht macht Spaß.
- Guter Unterricht fordert heraus.
- Guter Unterricht ist anschaulich und gut verständlich.
- Guter Unterricht ist nachhaltig.
- Guter Unterricht ist gegenseitig wertschätzend.
- Guter Unterricht hat einen Bezug zur Lebenswelt und zur Lebenswirklichkeit der Lernenden.
- Guter Unterricht ermöglicht Erfolgserlebnisse.

Ein Problem der hier aufgeführten „Kriterienliste guten Unterrichts" besteht darin, dass alle Aussagen von **individuellen** Lernenden mit ihren ganz persönlichen Wünschen, Erwartungen, Fähigkeiten und Veranlagungen geäußert wurden. So kann es z.B. sein, dass Herrn D.s Erklärungen nicht für alle Lernenden gleich gut verständlich waren. Es ist ebenfalls nicht sicher, ob Herrn B.s Unterricht wirklich *allen* Beteiligten Spaß machte.

Die individuellen Gütekriterien hängen außerdem mit der **Perspektive** zusammen, aus der heraus sie entstanden sind. Guter Unterricht für die Lernenden muss noch lange kein guter Unterricht für die Lehrkräfte, die Erziehungsberechtigten oder die Schulaufsicht sein: Den einen kommt es z.B. mehr auf die Ergebnisse des Unterrichts an, während es den anderen wichtiger ist, dass ein angstfreies Lernklima herrscht. Guter Unterricht hat also immer eine subjektive Einfärbung. *Den* guten Unterricht nach „Rezept" kann es demnach gar nicht geben. Warum gibt es trotzdem Kriterienlisten für guten Unterricht?

1. Allgemeine Bewertungskriterien für Unterricht geben eine Orientierungshilfe für alle Lehrkräfte, deren Unterricht bewertet werden soll. Die Lehrerausbildung, aber auch Qualitätsanalysen erfordern allgemeingültige Standards für ein „Bild guten Unterrichts", damit eine solche Bewertung überhaupt möglich ist. Durch eine vorherige Transparenz der Kriterien und Indikatoren wird Chancengleichheit ermöglicht und eine Vergleichbarkeit von „Lehrleistungen" hergestellt.

2. Bezogen auf bestimmte Indikatoren (z.B. den Lernerfolg) lässt sich empirisch gestützt ermitteln, welche Faktoren in welcher Weise wirken. Es ist für viele pädagogische Maßnahmen wissenschaftlich nachgewiesen worden, dass sie sich positiv auf den Lernerfolg der Schüler auswirken. Das versetzt uns Lehrkräfte dazu in die Lage, die Auswahl aus *möglichen* Methoden, Unterrichtsprinzipien oder didaktischen Werkzeugen auf diejenigen zu begrenzen, die sich nach dem Stand der Unterrichtsforschung als generell geeignet erwiesen haben.

10 Merkmale guten Unterrichts

Von Hilbert Meyer stammt eine Kriterienliste, mit der neue Standards gesetzt wurden. Im Jahre 2004 beschrieb er in seinem Buch *Was ist guter Unterricht?* zehn Ausprägungen von Unterricht, die auf Basis systematischer Unterrichtsbeobachtung und empirischer Forschung ermittelt wurden und die zu besseren fachlichen, aber auch sozialen Lernergebnissen führen sollen.

Erstmals wurde mit diesen zehn Merkmalen die Frage danach, was unter „gutem Unterricht" zu verstehen ist, konkret und praxisnah beantwortet. Auf der Basis von Hilbert Meyers Merkmalen konnten verbindliche Standards geschaffen werden, durch die eine echte kriterienorientierte Beurteilung von Unterricht möglich wurde.

Hilbert Meyers „10 Merkmale guten Unterrichts"

1. Klare Strukturierung des Unterrichts
2. Hoher Anteil echter Lernzeit
3. Lernförderliches Klima
4. Inhaltliche Klarheit
5. Sinnstiftendes Kommunizieren
6. (Angemessene) Methodenvielfalt
7. Individuelles Fördern
8. Intelligentes Üben
9. Klare Leistungserwartungen
10. Vorbereitete Umgebung

Die mit den zehn Merkmalen eingenommene Blickrichtung betrachtet den Unterrichtsprozess, im Einzelnen seine Phasierung, seine Interaktionen und Handlungen sowie seine Organisation.

Hilbert Meyer bezieht seine „10 Merkmale" mithilfe seines „didaktischen Sechsecks" auf sechs Strukturperspektiven.

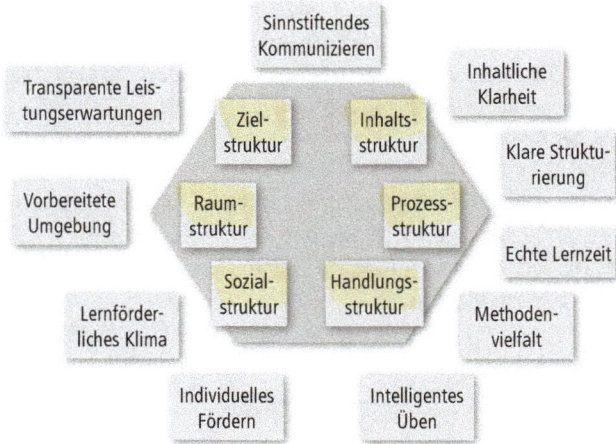

Abb. 2.1:
Didaktisches Sechseck, nach: Hilbert Meyer, Was ist guter Unterricht? Cornelsen Scriptor, 2008

An den zehn Merkmalen guten Unterrichts werden Sie in der Lehrerausbildung – völlig zu Recht – nicht vorbeikommen: Sie können davon ausgehen, dass man Ihren Unterricht u. a. auch immer wieder an diesen Merkmalen messen wird.

Missverständnisse und Einschränkungen

Allerdings unterliegt die Übertragung der Merkmale guten Unterrichts auf die konkrete Unterrichtsstunde bestimmten Einschränkungen:

- Gerade Anfänger im Lehrberuf neigen dazu, die zehn Merkmale guten Unterrichts als „Abhakliste" zu missdeuten. Es ist aber nicht so, dass man guten Unterricht danach beurteilen könnte, wie viele der Merkmale sichtbar geworden sind. Ebenso wird Unterricht nicht automatisch dadurch „schlecht", dass eines der Merkmale fehlt.
- Es ist nicht möglich (und auch gar nicht beabsichtigt), die zehn Merkmale allgemeinverbindlich zu *gewichten*, sie also in eine Rangfolge zu bringen. Vielmehr definiert jede individuelle Unterrichtsstunde ihre eigenen Standards dahingehend, welchen der Merkmale besonderes Gewicht zukommt. Dabei scheiden sich manchmal die Geister:

Praxisbeispiel In Michaelas letztem Unterrichtsbesuch Englisch wurde von der Fachleiterin bemängelt, dass die Übungen zur Grammatik noch weiter in Richtung „Intelligentes Üben" optimiert werden könnten. In der heutigen Stunde hat sie genau an diesem Schwerpunkt gearbeitet und für die Sicherungsphase ein tolles Übungspaket geschnürt. Dies scheint die Fachleiterin aber nicht zu beeindrucken: In der heutigen Einführungsstunde sei es stärker auf die inhaltliche Klarheit angekommen, die noch verbessert werden könne, teilt sie mit.

Beide Sichtweisen sind individuell nachvollziehbar:
- Michaela hat noch die Aussagen des letzten Unterrichtsbesuchs im Kopf und will sich hier verbessern.
- Die Fachleiterin sieht die Grundstruktur der Stunde (Hier: Einführungsstunde, beim letzten Mal: Übungsstunde) und leitet daraus jeweils andere Schwerpunkte ab.

Insgesamt führt die Klärung des Begriffs „guter Unterricht" mithilfe der zehn Merkmale guten Unterrichts zu einem Vielfachen an Klärungsbedarf für jedes dieser Merkmale:
- Wann und in welcher Ausprägung sind Leistungserwartungen „klar"? Für wen soll diese Klarheit hergestellt werden?
- Wodurch wird Üben „intelligent" und Kommunikation „sinnstiftend"? Anhand welcher Kriterien und mit welchen Bewertungsmaßstäben ließe sich das allgemeinverbindlich entscheiden?

Hilbert Meyer äußert sich auch dazu und präzisiert **Indikatoren** für seine Merkmale, aber jede Antwort führt notwendigerweise zu weiteren Fragen.

Kurz und knapp Letztlich bleibt in der konkreten Sicht auf Unterricht eine subjektive Komponente übrig, die sich offenbar hartnäckig einer „Messbarkeit" nach wissenschaftlichen Standards widersetzt.

Unterricht planen und durchführen
Unterricht als Prozess sehen und eine individuelle Vorstellung guten Unterrichts entwickeln

2

Kompetenzorientierter Unterricht

Mit der Einführung von Lernstandserhebungen, zentralen Abschlussprüfungen und Kernlehrplänen nahm der Begriff der Kompetenzen Einzug in den Unterricht. Auch in der Lehrerausbildung ist von Kompetenzen die Rede, wenn es darum geht, professionelle Entwicklung im Lehrberuf zu beschreiben.

Was versteht man unter einer Kompetenz?

Zunächst einmal ist die Frage zu klären, was überhaupt unter dem Begriff Kompetenzen zu verstehen ist: Kompetenzen sind Kenntnisse, Fertigkeiten, Fähigkeiten und Einstellungen,

- die im Unterricht erworben werden können,
- die als Zielverhalten beschrieben werden,
- deren Erwerb im Unterricht überprüfbar gemacht werden muss und
- die auf unterschiedlichen Erwartungsniveaus ausgeprägt sind.

Kompetenzen beinhalten Wissen, Können und Handeln und sind somit auf Basis von Wissen durch Handeln angewendetes Können.

Kompetenzen schaffen einen verbindlichen Referenzrahmen zum Erwerb von **Schlüsselqualifikationen**, mit denen der Entwicklung und den Bedürfnissen in der Berufswelt Rechnung getragen werden kann. Sie ermöglichen eine Selbsteinschätzung des Lernerfolges, indem sie Handlungssituationen vorgeben, in denen die Lernenden zeigen können, ob und wie sie das Gelernte anzuwenden verstehen.

Kompetenzorientierter Unterricht

Bereits aus der Definition dessen, was eine Kompetenz ist, ergeben sich Schlussfolgerungen für einen Unterricht, der auf den Erwerb von Kompetenzen ausgerichtet ist. Einen Unterricht, in dem Kompetenzen erworben und gezeigt werden können, nennt man *kompetenzorientiert*. Und wie sieht eine kompetenzorientierte Stunde konkret aus?

Praxisbeispiel In einer Deutschstunde soll es darum gehen, dass die Schüler die Textform „Fabel" identifizieren können **(Outputorientierung)** – und dies sollte *allen* Beteiligten von Beginn an klar sein. Um an dieser Kompetenz arbeiten zu können, bedarf es zunächst einer genauen Betrachtung der *Sache*: Was macht eine Fabel aus, mithilfe welcher Merkmale kann man sie von anderen Textformen unterscheiden? Dieses **Wissen** ist unbedingte Grundlage für das angestrebte **Können**, die Textform „Fabel" zu identifizieren. Ebenso wird es erforderlich sein, sich mit einem konkreten *Beispiel* für diese Textform zu beschäftigen **(Anwendung)**. In welcher Weise die Aneignung der Merkmale einer Fabel geschieht, ist von den vorher vorhandenen Kenntnissen und Fähigkeiten der Lerngruppe abhängig, an die angeknüpft werden kann **(Vernetzung)** und zusätzlich eine Frage individueller Lern- und Arbeitsstrategien **(individuelle Lernwege)**. Es sollte zudem im Unterricht geklärt werden, warum es wichtig ist, etwas über Fabeln zu wissen **(Übertragbarkeit)**. Um herauszufinden, ob die Schüler in der Stunde die angestrebte Kompetenz erreicht haben, muss es eine Gelegenheit geben, in der gezeigt werden kann, was gelernt wurde **(Performanzsituation)**. Diese könnte z. B. darin bestehen, dass die Schüler selbst eine Fabel nach bestimmten Vorgaben verfassen.

Vielleicht sind Sie der Meinung, dass die beschriebene Stunde nichts anderes als „normaler" guter Unterricht ist. Damit haben Sie völlig recht! Guter Unterricht ist immer „irgendwie" kompetenzorientiert.

Kriterien kompetenzorientierten Unterrichts

Outputorientierung	Wissen und Können
Bei allen Beteiligten muss Klarheit darüber bestehen, was am Ende dabei herauskommen soll (Herstellen von Zieltransparenz).	Die für den Kompetenzerwerb erforderlichen Kenntnisse müssen im Unterricht erworben werden können (Sicherstellen des benötigten „Inputs").
Vernetzung	**Anwendung**
Der Unterricht soll an vorhandene Kenntnisse anknüpfen und neu zu erwerbende Kenntnisse anschlussfähig machen.	Mit den erworbenen Kenntnissen muss im Unterricht etwas Konkretes angefangen werden können.
Individuelle Lernwege	**Übertragbarkeit**
Der Weg zum Erwerb einer Kompetenz ist offen, so dass es keinen allgemein verbindlichen Lernweg gibt.	Das im Unterricht erworbene Können muss in anderen Kontexten nützlich und nutzbar sein.
Berücksichtigung fachlicher und überfachlicher Kompetenzen	**Überprüfbare Performanz**
Überfachliche Kompetenzen werden immer in Anbindung an einen fachlichen Kontext erworben und nicht als Selbstzweck.	Der Erwerb einer Kompetenz muss in einem geeigneten Unterrichtsarrangement gezeigt werden können.

Die Berücksichtigung der Aspekte kompetenzorientierten Unterrichts erzwingt eine ganz intensive Auseinandersetzung mit dem Unterrichtsinhalt und seiner Struktur sowie mit möglichen Lernwegen und Lernhindernissen im Hinblick auf die zu erwerbenden Kompetenzen.

Kurz und knapp Kompetenzorientierter Unterricht stellt aus meiner Sicht weniger eine Alternative als vielmehr eine sinnvolle Ergänzung zu den zehn Merkmalen guten Unterrichts dar. Er ist somit nicht „stattdessen", sondern vielmehr „darüber hinaus" zu verwirklichen.

„What works best?" – Die Hattie-Metastudie

Im Jahr 2009 veröffentlichte der australische Professor John Hattie mit seinem Buch *Visible Learning* die Ergebnisse seiner 15-jährigen Forschungsarbeit über Untersuchungen zum Lernerfolg im englischsprachigen Raum. Hattie hat keine eigenständigen Untersuchungen über Unterrichtswirkungen durchgeführt, er hat also nicht selbst „gemessen". Vielmehr verknüpft Hatties Arbeit die Ergebnisse von 815 Metaanalysen über Unterrichtsforschung und fußt damit auf der nahezu unvorstellbaren Datenbasis von über 50 000 Studien zum Thema „Einflussfaktoren auf den Lernerfolg".

Das Messverfahren und die Untersuchungsgegenstände

Hatties Leistung besteht darin, dass er mithilfe statistischer Verfahren bezogen auf 138 Einflussfaktoren sogenannte Effektmaße ermitteln konnte, die Aufschluss darüber geben, welche genaue Auswirkung ein bestimmter Einflussfaktor auf den Lernerfolg hat. Unter der Fragestellung „What works best?" betrachtet die Hattie-Studie im Schwerpunkt diejenigen Einflussfaktoren, die eine besonders hohe Wirksamkeit zeigen. Der Grad der Wirksamkeit wird als Zahlenwert angegeben, der anzeigt, ob und wie stark der Lernerfolg einer Lerngruppe im Vergleich zu einer Kontrollgruppe abweicht, wenn ein bestimmter Einflussfaktor verändert wird (Effektmaß).

Haben die Testgruppe und eine Vergleichsgruppe den gleichen Lernzuwachs, so ist das resultierende Effektmaß gleich Null, d. h. es ist keine Wirkung erkennbar. Ein Wert unter Null bedeutet, dass der getestete Einflussfaktor einen negativen Effekt auf den Lernerfolg hat, ein Wert über Null zeigt an, dass die getestete Maßnahme wirksam ist.

Ein Effektmaß über 0,4 definiert Hattie als besonders wirksam („hinge point"), wobei bereits bei Werten über 0,2 eine Wirkung vorliegt. Ein Wert von 1 entspricht einer Standardabweichung.

> **Übrigens** Ein Problem solcher Untersuchungen liegt darin, im Vergleich zur Kontrollgruppe ausschließlich den zu untersuchenden Einflussfaktor zu ändern, aber alle anderen Faktoren identisch zu halten – im komplexen „System Unterricht" eine schwer realisierbare Forderung.

Untersuchte Einflussfaktoren

In der Hattie-Studie werden neben Faktoren, die mit Unterricht verknüpft sind, auch andere Faktoren untersucht, wie z. B. der Einfluss des Elternhauses oder der Einfluss schülerbezogener Persönlichkeitsmerkmale auf den Lernerfolg. Es zeigt sich, dass die Persönlichkeit der Lehrkraft und ihre Art zu unterrichten mit 30 % den zweitgrößten Einfluss auf den Lernerfolg der Lernenden hat. Mit 50 % liegt der größte Einflussfaktor allerdings beim Lernenden selbst. Strukturelle Einflussfaktoren (z. B. Schulgröße, usw.) spielen dagegen keine nennenswerte Rolle, wenn es um den Lernerfolg geht.

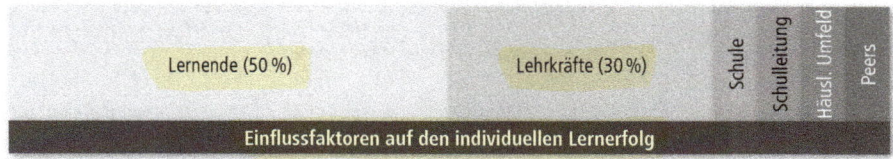

Abb. 2.2: Welche Faktoren beeinflussen den Lernerfolg am stärksten? Nach: www.visiblelearning.de

Die Schule und der Unterricht sind insgesamt mit etwa einem Drittel an der Beeinflussung des Lernerfolges beteiligt. Welche der unterrichtsrelevanten Faktoren am besten wirken, soll im Folgenden vorgestellt werden (in Klammern ist das jeweilige Effektmaß angegeben):

Ausgewählte Ergebnisse der Hattie-Studie (Hattie 2011)

Faktor und Effektmaß	Beschreibung
Formative Evaluation (0,90)	Fortlaufende kriterienorientierte Bewertung und Optimierung des Lehr- und Lernprozesses
Glaubwürdigkeit (0,90)	Die Lehrkraft wirkt auf die Lernenden glaubwürdig
Klare Instruktionen (0,75)	Die Lernenden wissen jederzeit genau darüber Bescheid, was in welcher Weise zu tun ist.

Faktor und Effektmaß	Beschreibung
Reziprokes Unterrichten (0,74)	Die Lernenden lehren und lernen wechselseitig mit anderen Lernenden.
Feedback (0,73)	Regelmäßige Rückmeldungen zum Lernfortschritt und zum Lern- und Arbeitsverhalten
Lehrkraft-Schüler-Beziehungen (0,72)	Zum Beispiel Zuwendung, Empathie, gegenseitiger Respekt
Wiederholendes Lernen (0,71)	Wiederaufgreifen von Lerninhalten in verschiedenen Kontexten im Gegensatz zu „Wissensanhäufung" und „Insellernen"
Metakognitive Strategien (0,69)	Planung, Überwachung und Bewertung des Lernprozesses durch aktive Selbstkontrolle der Lernenden
Selbstverbalisierung und Selbsthinterfragung (0,64)	Die Lernenden nehmen durch Rekonstruktion ihres Lernprozesses besser wahr, was und wie viel sie verstanden haben.
Problemlösendes Unterrichten (0,61);	Lernen findet im Kontext eines „Nutzens für etwas" statt.
Lernende nicht „etikettieren" (0,61)	Zum Beispiel keine vorschnellen Schlüsse auf Leistungsfähigkeit und Leistungsbereitschaft ziehen
Kooperatives Lernen (0,59)	Lernen und Lehren mit einem Schwerpunkt auf reflektierter Gruppenarbeit
Mastery learning (0,58)	Individuelle Abstimmung von Lernzielen auf die Vorkenntnisse der Lernenden
Concept Mapping (0,57)	Grafische Darstellung von Sach- und Wissensstrukturen
Peer Tutoring (0,55)	Unterstützung durch Lernende beim Lehren

Mit den Ergebnissen der Hattie-Studie erhalten Lehrkräfte einen umfangreichen Kriterienkatalog zur Realisierung guten Unterrichts. Die wesentliche Folgerung aus den Ergebnissen ist jedoch die, dass der Lernerfolg in besonderem Maße von der Lehrkraft abhängt und von deren Persönlichkeit und Kompetenzen sehr stark beeinflusst wird.

Übrigens Offener Unterricht, Klassengröße und Individualisierung von Lernprozessen sind laut der Hattie-Studie für den Lernerfolg nicht wesentlich entscheidend. Hieraus lässt sich jedoch weder ableiten, dass „tradierte" Formen erfolgreicher wären, noch spricht es den untersuchten Einflussfaktoren generell jeglichen Einfluss ab: Für die soziale Entwicklung, die Lernzufriedenheit oder den Erwerb von Schlüsselqualifikationen könnten die für den Lernerfolg unwichtigen Faktoren dennoch bedeutsam sein.

Ein Beweis für die enorme Verantwortung, die Lehrkräfte für den Lernerfolg der Lernenden tragen, wäre möglicherweise gar nicht erforderlich gewesen – Lernende, Eltern und Lehrkräfte waren sich wohl seit eh und je darüber im Klaren. Die Ergebnisse der Hattie-Studie konkretisieren diese „gefühlte" Bedeutung eindrucksvoll – ein Aspekt, den Sie in Ihrer persönlichen Rollenklärung bedenken sollten.

Guter Unterricht – Ein Fazit

Es gibt nach wissenschaftlichen Standards ermittelte Merkmale und Indikatoren, die die Basis eines guten (lernwirksamen) Unterrichts bilden. Eine konkrete Beschreibung dessen, was Unterricht „gut" macht, ist zumindest im Sinne einer „Rezeptur" aber kaum möglich, da viele Prozesse von individueller Wahrnehmung und Gewichtung abhängen. Was „guter Unterricht" wirklich ist, kann letztlich nicht eindeutig und allgemeinverbindlich geklärt, sondern nur individuell und situationsbezogen herausgefunden und erprobt werden.

Lernperspektiven – Wovon erfolgreicher Unterricht abhängt

Woran liegt es, dass „guter Unterricht" so schwer fassbar ist? Warum kann man nicht „ganz einfach" alle diese Gütekriterien beachten, so dass am Ende garantiert guter Unterricht herauskommt?

Ohne die Bedeutung der Lehrkraft, die in diesem Kapitel bereits herausgestellt wurde, schmälern zu wollen, ist es erforderlich, auch die Perspektiven der Lernenden mit einzubeziehen. Wie die Hattie-Studie zeigt, hängt die Hälfte des Lernerfolgs schließlich von den Lernenden selbst ab.

Gemeinsame Verantwortung aller Beteiligten

Guter Unterricht kann nur dann funktionieren, wenn die Lerngruppe sich darauf einzulassen bereit ist – und das ist eben nicht immer allein Sache der Lehrkraft, sondern es hängt von Einflussfaktoren ab, auf die die Lehrkraft manchmal wenig oder keinen Einfluss hat.

Dieser Punkt wird oftmals ausgeblendet und führt bei Lehrkräften zu Frust und Selbstzweifeln. Natürlich können Lehrkräfte vieles dazu beitragen, dass ein Lernerfolg *möglich* ist. Aber den letzten Schritt zum Lernerfolg muss jeder Lernende selbst gehen *wollen* und *können*. Dies setzt eine entsprechende Haltung und einen Entwicklungsstand voraus, die leider nicht „serienmäßig" vorausgesetzt werden können.

Kurz und knapp In jeder Schule gibt es „berüchtigte" Lerngruppen, mit denen fast keine Lehrkraft klarkommt. Selbst die Schulleitung bekommt in solchen Klassen an bestimmten Tagen keinen Fuß auf den Boden … Bestimmte Situationen und Konstellationen verschließen sich offenbar erfolgreich den Erkenntnissen der Unterrichtsforschung!

Von der Theorie zur Praxis

Schauen wir uns doch einmal konkret an, durch welche Herausforderungen in der Praxis die verheißungsvolle Theorie vom guten Unterricht im Schulalltag beeinträchtigt werden kann:

- *Null Bock auf Deutsch: Wer interessiert sich schon für Lyrik?*
- *Heute war's total heiß im Klassenraum, und vorher die Deutscharbeit. Frau B. tat mir leid, dabei hat sie sich echt Mühe gegeben.*
- *Ich kann mir die Vokabeln einfach nicht merken. Ich starre stundenlang auf die Vokabelseiten. Sprachen liegen mir eben nicht.*

Nach diesen von den Lernenden stammenden Aussprüchen soll auch die etwas differenziertere Sicht der Lehrenden aufgezeigt werden:

- *In der 8c ist immer nur Stress angesagt. Durch die ständigen Konflikte wird der Unterricht zur Nebensache – ich komme mir vor wie ein Dompteur!*

- *Meistens erreiche ich nur einen Teil der Gruppe, weil es immer wieder Kinder gibt, die sich für das jeweilige Thema absolut nicht interessieren – selbst wenn ich es noch so interessant anbiete …*
- *Die meisten Kinder sind gar nicht dazu in der Lage, selbstständig zu arbeiten. Kooperatives Lernen ist deswegen in meiner Klasse nicht effektiv einsetzbar.*
- *Was mache ich mit der ganzen schönen Theorie, wenn meine Lerngruppe in der achten Stunde einfach keine Lust mehr hat?*

Die genannten Einwände aus der Unterrichtswirklichkeit lassen sich in vier von mir als Lernperspektiven bezeichnete Kategorien einteilen:

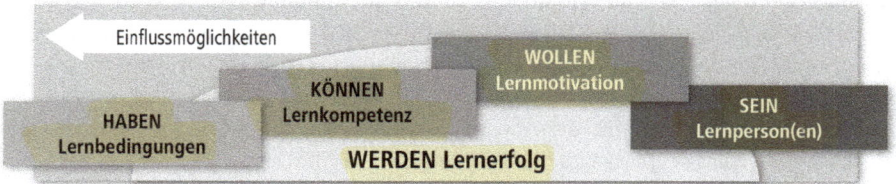

Abb. 2.3: Lernperspektiven

SEIN – Lernperson(en)

Die Perspektive des „Soseins" ist sicher diejenige, auf die eine Lehrkraft den geringsten Einfluss hat. Sie ist nicht nur eine Frage der Erziehung und des Werdegangs, sondern auch der individuellen Dispositionen und Konstitutionen. Sie werden im Unterricht mit respektlosen, ehrgeizigen, strebsamen, faulen, extrovertierten oder introvertierten Kindern zurechtkommen müssen. Die vielen Lernpersönlichkeiten in Ihrem Berufsalltag machen das Lehren und Lernen schwieriger, aber auch bunter. Sehen Sie diese Vielfalt als Chance: Jeder Lernende ist auf seine Weise einzigartig und wertvoll. Sie müssen nicht jeden Lernenden lieben, aber alle Lernenden als Person respektieren.

WOLLEN – Lernmotivation

Es ist immer wieder eine heiß diskutierte Frage, wie man denn die Lernenden „richtig" motivieren könne. Dabei wird meist außer Acht gelassen, wodurch und wozu sie bereits motiviert *sind* – hier besteht meines Erachtens ein lohnender Ansatz. Nur selten sind Lernende dazu motiviert, nichts zu tun – sich entwickeln zu wollen ist ein fest implementiertes Wesensmerkmal zumindest des gesunden Geistes.

> **Praxisbeispiel**   Die 7b freut sich auf die Englischstunde bei Herrn S.: *„Hoffentlich erzählt er heute wieder etwas über seine Schulzeit in Schottland!"* Die Erwartungen werden bitter enttäuscht: Herr S. hat ein Stationenlernen vorbereitet. Statt der erwarteten Begeisterung sieht er nur lange Gesichter. *„Die 7b kann man auch mit gar nichts mehr motivieren"*, denkt er frustriert.

Vielleicht hätte Herr S. die bestehende Irritation offen ansprechen sollen. Die Motivation der Lerngruppe war grundsätzlich auf ein für den Unterricht nützliches Thema gerichtet – diese Motivation hätte er ggf. mit entsprechender Flexibilität aufgreifen können.

Das heißt nicht, dass Sie sich immer nach der aktuellen und Motivationslage einer Klasse richten müssten oder könnten. Manchmal führt es schon zu einer größeren Aufgeschlossenheit der Lerngruppe,

Unterricht planen und durchführen
Unterricht als Prozess sehen und eine individuelle Vorstellung guten Unterrichts entwickeln

2

wenn man Verständnis für die abweichenden Lernbedürfnisse erkennt und begründet, warum man hierauf jetzt nicht eingehen möchte oder kann.

KÖNNEN – Lernkompetenz

Dieser Bereich ist gut zu beeinflussen, denn ein übergeordnetes Anliegen jeglichen Unterrichts besteht ja gerade in der Entwicklung und Verbesserung der Lernkompetenz. Sie ist also – hoffentlich – nicht statisch, sondern einer dynamischen Entwicklung unterworfen. Das stellt eine Herausforderung dar, weil die Lehrkraft diesbezüglich immer auf dem aktuellen Stand sein sollte. Dazu bedarf es diagnostischer Kompetenz und einer Menge an Wissen über den aktuellen und potenziellen Lern- und Entwicklungsstand seiner Lerngruppen.

> **Praxisbeispiel**   Frau C. ist frustriert: *„Mein 5er-Kurs Physik kann nicht mal einen kurzen Sachtext zusammenfassen. Das hat die letzte Stunde komplett gesprengt!"*
> *„Das wundert mich nicht – Zusammenfassungen von Sachtexten haben wir im Deutschunterricht noch gar nicht besprochen"*, entgegnet Deutschlehrer K.

Wie an dem Beispiel gut zu erkennen ist, bedarf es auch des Blicks über den Tellerrand der eigenen Fächer hinweg, z. B. durch das gelegentliche Studium der schulischen Lehrwerke „fremder" Fächer. Es gilt dabei nicht nur eine *Über*forderung zu vermeiden, sondern auch *Unter*forderungen vorauszusehen. Auf der fachlichen Ebene empfiehlt es sich, mögliche individuelle Lernhindernisse und Lernschwierigkeiten aus der Perspektive der Lernenden vorauszusehen. Dies ist nicht zuletzt eine Frage der Erfahrung und wird Ihnen zunehmend besser gelingen.

HABEN – Lernbedingungen

Gute Lernbedingungen sollten die Schüler nicht nur im Unterricht, sondern auch außerhalb desselben vorfinden. Während Sie im Unterricht durch eine entsprechende Lernumgebung, ein angenehmes Arbeitsklima und lernförderliches Werkzeug dazu beitragen können, bleiben andere Aspekte Ihrem Einfluss entzogen: Die zeitliche Lage einer Stunde spielt ebenso eine Rolle wie die vorhergehenden und nachfolgenden Fächer, aber auch mögliche Pausenereignisse, Konflikte in der Lerngruppe und Schwierigkeiten mit anderen Lehrkräften oder häusliche Probleme wirken bis in Ihren Unterricht hinein und verschlechtern die Lernbedingungen.

Hinzu kommen die außerschulischen Lernbedingungen: Gibt es einen geeigneten Arbeitsplatz, um die Hausaufgaben in Ruhe zu erledigen? Gibt es kompetente häusliche Ansprechpartner bei Lernproblemen? Auch dies wirkt in Ihren Unterricht hinein, ohne dass Sie darauf nachhaltigen Einfluss hätten.

Konsequenzen aus der Analyse der Lernperspektiven

Ich halte es für wichtig, dass Sie in der Lage sind, die unterschiedlichen Ursachen für das Ge- oder Misslingen Ihres Unterrichts aufzudecken und zu analysieren, damit Sie nicht in eines der zwei folgenden Extreme fallen, die ich häufig bei Lehrkräften beobachte:

- Entweder jeden negativen Aspekt des Unterrichts als persönliches Versagen zu sehen und zu glauben, mit noch mehr Engagement und Anstrengung könnte es schließlich regelmäßig gelingen, den perfekten Unterricht zu gestalten.

- Oder in die Resignation zu geraten, alles nütze doch sowieso nichts und deshalb sei alles gleichgültig. Bevor nicht die Klassen kleiner, die Lerngruppen motivierter, der Lehrplan verschlankt und das Ansehen der Lehrkräfte verbessert werde, sei eben kein guter Unterricht (zumindest nicht hier und in dieser Klasse) möglich.

Fazit Es lohnt sich nach jeder gelungenen oder misslungenen Stunde genau hinzuschauen und zu optimieren, was Sie beeinflussen können. So entwickeln Sie Ihr eigenes Bild eines Unterrichts, der „so gut wie möglich" in Bezug auf die Lehr- und Lernchancen ausfällt.

Meine persönlichen fünf Merkmale guten Unterrichts

Auf Basis dieses Fazits möchte ich Ihnen zum Schluss meine ganz persönlichen Merkmale guten Unterrichts vorstellen. Manches davon war mir von Beginn meines beruflichen Werdegangs an klar, anderes hat sich erst im Laufe zunehmender Erfahrung ergeben.

Guter Unterricht ist für mich persönlich ein Unterricht,

1. der Lernchancen bietet, die von allen – Lehrenden wie Lernenden – erkannt und effektiv genutzt werden können;
2. bei dem der Unterrichtsinhalt erkennbar etwas mit dem „wirklichen Leben" zu tun hat;
3. bei dem die Schüler zu Hause berichten könn(t)en, worum es im Wesentlichen ging und was sie dazugelernt haben;
4. in dem alle Beteiligten sich auch in der Rolle des jeweils anderen noch wohlfühlen könnten;
5. der weder die Lehrkraft noch die Lerngruppe physisch oder psychisch krank macht.

Selbstverständlich bedeutet eine kontinuierliche Orientierung an diesen Merkmalen nicht, dass diese auch immer umsetzbar wären: Manches ist eben nicht immer zu 100 % realisierbar, und nicht jede meiner eigenen Unterrichtsstunden vermag vor diesem Anspruch zu bestehen. Ich halte es aber für wichtig, den eigenen Unterricht immer wieder daran zu messen und die eigenen Ideale im alltäglichen Geschäft nicht aus den Augen zu verlieren.

Praxistipp Welches sind Ihre „Top five" guten Unterrichts? Nehmen Sie sich die Zeit, es für sich einmal schriftlich zu fixieren – und hinterfragen Sie ab und zu Ihren eigenen Unterricht dahingehend, ob er Ihren eigenen Ansprüchen immer noch genügt.

Sie können sich für dieses Teilkapitel ein **Kompetenzerwerbsschema** aus dem Internet herunterladen.
Webcode: RK162567-003

Unterricht planen, die Planung dokumentieren und Planungsentscheidungen begründen

Der Planungsprozess • Planungskonstituenten eines Unterrichtsvorhabens • Praxiselement Arbeitsblätter gestalten • Ziele, Kompetenzen und Hauptanliegen • Die schriftliche Darstellung der Unterrichtsplanung • Praxiselement Kompetenzerwerbsschemata

Eine Situation aus der Praxis Am Abend vor dem Unterrichtsbesuch in Erdkunde hat Jens den Entwurf immer noch nicht fertig. Wie die Stunde „laufen" soll, ist klar – aber was soll er dazu schreiben? Schon beim letzten Besuch hat die Fachleiterin an fast allen Details im Entwurf herumgemäkelt: Ziele nicht richtig formuliert, keine eindeutige Schwerpunktsetzung, didaktisch-methodische Entscheidungen nicht benannt – Kein Wunder, dass Jens heute mit einer ausgewachsenen Schreibblockade am Schreibtisch sitzt. *„Warum kann ich nicht einfach eine gute Stunde zeigen, statt wegen des Entwurfs morgen wieder völlig kaputt vor die Klasse zu treten?"*, denkt er sich …

Erschließungsfragen
- Welche Prozesse laufen bei der Planung einer Stunde ab?
- Was unterscheidet den Planungsprozess von der schriftlichen Darstellung der Planung?
- Welche Elemente gehören zu einer schriftlichen Darstellung der Planung?
- Welche Zielsetzungen verfolgt die schriftliche Darstellung der Planung?

Der Planungsprozess

Die Planung von Unterricht macht einen sehr großen Anteil der Arbeitszeit von Lehrkräften aus – so sollte es zumindest sein, denn für jede zu haltende Unterrichtsstunde steht Ihnen ein Zeitbudget im Rahmen einer weiteren Unterrichtsstunde zur Verfügung. Erfahrene Lehrkräfte können sogar mit weniger Zeit zurechtkommen, aber für Sie wird es selten möglich sein, so zeitökonomisch zu arbeiten.
Bei Unterrichtsbesuchen oder gar Prüfungsstunden wird oft wochenlang im Voraus geplant, so dass ein Vielfaches der „eigentlich" verfügbaren Zeit dafür aufgewendet werden muss.
- Ein bisschen Spielraum erhalten Sie zum Einen dadurch, dass in der Regel nicht jede Stunde gleich aufwändig geplant werden muss (z. B. wird nicht in jeder Stunde ein Experiment durchgeführt).
- Zum Anderen gibt es gerade bei den offenen Lernformen die Möglichkeit, über mehrere Stunden hinweg ohne großen Planungsmehraufwand ähnlich zu arbeiten (z. B. bei einem Stationenlernen).
- Drittens ist zu berücksichtigen, inwieweit Sie bestimmte Dinge in Zukunft entlasten können. So könnten Sie z. B. Arbeitsanweisungen laminieren, wodurch sie mehrfach verwendbar werden.

Vorüberlegungen

Sehr häufig rankt sich die Planung einer Unterrichts*reihe* oder auch einer bestimmten Unterrichts*stunde* um eine bestimmte Idee, die Bezüge zum Unterrichtsinhalt, aber auch zur Methoden- oder Werkzeugwahl aufweist: Sie haben z. B. einen Lehrfilm zum Thema „Transistor" gesehen, den Sie im Unterricht einsetzen wollen; Sie haben bei einer Kollegin ein Schreibgespräch gesehen und möchten diese Methode in Ihrer Deutschstunde umsetzen; Freunde von Ihnen wirken bei Mittelaltermärkten mit – kann man sie als „Zeitzeugen" einladen?

Unterrichtsplanung ist auch von Ihren eigenen Vorlieben und Interessen abhängig. Glücklicherweise sind die Lehrpläne in der Regel so flexibel, dass dem persönlichen Steckenpferd ein größerer Raum zugestanden werden kann als einem „lästigen" Pflichtthema.

Lern- und Arbeitsvoraussetzungen

Ausgehend von Ihrer Grundidee ist zu überlegen, was bei den Lernern gut ankommen könnte. Greifen Sie dazu auf Vorerfahrungen mit der betreffenden oder einer vergleichbaren Lerngruppe zurück. Sie könnten sich auch bei Lehrkräften erkundigen, die die Lerngruppe gut kennen. Dabei scheiden manche zuvor entwickelte Ideen bereits aus.

Zusätzlich wäre es eine gute Idee, Nachforschungen darüber anzustellen, was die Lerngruppe bereits kann, mit welchen Methoden sie schon gut zurechtkommt und wie leistungsstark sie ist. Außerdem müssen Sie wissen, welche Materialen, Medien und sonstigen Werkzeuge verfügbar sind. Denn der schönste Lehrfilm hilft Ihnen nicht weiter, wenn es in der Schule keine Möglichkeit gibt, ihn zu zeigen. Dies müsste dann noch mit Richtlinien und Lehrplänen, schuleigenen Lehrplänen, Schulbüchern und eventuell auch mit dem Unterricht in Parallelgruppen in Einklang gebracht werden ...

Unterrichtsplanung als Spiralprozess

Wenn Ihnen das jetzt alles reichlich konfus, unstrukturiert und wenig planvoll erscheint, haben Sie ziemlich gut verstanden, wie die Unterrichtsplanung abläuft: Sie stöbern in allen planungsrelevanten Feldern herum, entwickeln Ideen, verwerfen sie wieder, legen Dinge fest, fangen an zu sortieren und umzusortieren, bis sich irgendwann das diffuse Bild Ihres Unterrichtvorhabens immer mehr zu schärfen beginnt – ähnlich wie beim klassischen Entwickeln einer Fotografie.

Und genau daran liegt es, dass Sie mit den klar strukturierten Hilfen zur Unterrichtsplanung oft wenig anfangen können: So, wie es in der Theorie (und auch schriftlich) dargestellt wird, läuft es in der Praxis (leider oder glücklicherweise?) nicht ab.

Planungskonstituenten eines Unterrichtsvorhabens

Einige Aspekte der Unterrichtsplanung sind eher allgemeiner Natur und beziehen sich weniger auf die konkrete Stunde in einer ganz bestimmten Lerngruppe. Vielmehr nehmen sie das Gesamtbild einer bestimmten *Schule* und eines bestimmten *Faches* in den Blick und geben eine Antwort auf die Frage, ob man einen bestimmten Unterrichtsinhalt mit den räumlichen und medialen Ausstattungsmerkmalen der jeweiligen Schule auf eine bestimmte Art und Weise im Unterricht behandeln kann. Ich bezeichne sie als Planungskonstituenten. Diese Planungskonstituenten werden nun im Einzelnen erläutert:

Abb. 2.4: Planungskonstituenten für das Unterrichtsarrangement

Wohin? – Lernziele, Lehrziele, Entwicklungsziele

Darüber, welche konkrete Zielsetzung Ihr geplanter Unterricht haben soll, sollte möglichst frühzeitig Klarheit herrschen. Diese verschafft man sich u. a. durch die Sichtung der Richtlinien und Lehrpläne sowie der schuleigenen Lehrpläne.

Damit wird aber nur eine grobe Richtung bestimmt, die sich umso stärker konkretisiert, je intensiver Sie in die Planung einer Stunde unter Berücksichtigung der weiteren Aspekte einsteigen.

Übrigens Dass die Zielebene eine herausgehobene Stellung bei der Unterrichtsplanung einnimmt, wird allgemein akzeptiert. Steht die Zielebene aber auch am *Anfang* des Planungsprozesses, oder beginnt die Planung mit dem Unterrichtsinhalt, aus dem sich mögliche Ziele erschließen? Meines Erachtens ist beides möglich und begründbar, abhängig vom jeweiligen Vorhaben.

Wann und wo? – Strukturen

Hierzu gehören Aspekte, die eventuell eine stärkere Auswirkung auf die Planung haben könnten, als Sie vermuten: die zeitliche Lage im Stundenplan, die Länge der Stunde, die Jahreszeit, in der die Stunde gehalten wird, der Unterrichtsraum und dessen Lage im Schulgebäude, Störungsquellen wie z. B. der Hausmeister mit dem Laubgebläse oder auch die Bestuhlung und die Anzahl der Tische im Raum spielen eine wichtige, manchmal sogar unterrichtsprägende Rolle.

Vom Besuch außerschulischer Lernorte oder der Verlegung von Stunden einmal abgesehen sind Sie in der täglichen Unterrichtsplanung an die vorliegenden Gegebenheiten gebunden und haben nur geringen Gestaltungsspielraum. Die Frage sollte dann weniger lauten, was Sie „eigentlich" bräuchten (natürlich ganz kleine Klassen, eine tolle Ausstattung, anregende, aber nicht zu anstrengende Fächer vor Ihrem Unterricht usw.), sondern wie Sie *trotz* der strukturellen Bedingungen eine gute Unterrichtsstunde planen können.

Was? – Inhalte

Bezüglich der Unterrichtsinhalte geben die Richtlinien und Lehrpläne meist allgemeine Inhalte, Themenfelder oder Gegenstandsbereiche vor, während die schuleigenen Lehrpläne wesentlich konkreter sind und sich an die verwendeten Lehrwerke, die verfügbaren Medien oder z. B. an die eingesetzten Lektüren anlehnen. Sie sind dabei also an klare Vorgaben gebunden.

Dennoch können Sie in der Regel durch Schwerpunktsetzungen eigene Gewichtungen vornehmen. Eine Auseinandersetzung mit folgenden Fragen muss bei der Unterrichtsvorbereitung stattfinden:

- Welche Struktur hat der Inhalt? Welche Zusammenhänge gibt es, aus welchen Teilgebieten setzt sich der Inhalt zusammen? (z. B. „Kubismus": zeitliche Einordnung, typische Vertreter, Merkmale usw.)
- Welche Bedeutung hat der Inhalt für die gegenwärtige und zukünftige Lebenswelt und Lebenswirklichkeit der Lernenden (d. h., was könnte die Lernenden motivieren und warum ist es für sie wichtig)?
- Was kann oder muss man vereinfachen (**didaktische Reduktion**)?
- Welche Erkenntnisse kann man gewinnen (allgemeine Prinzipien wie z. B. „Aufbau einer Ballade")?
- Welche aktuellen oder späteren Anwendungsmöglichkeiten gibt es (auch über die Schule hinaus)?
- Welche Schwierigkeiten birgt der Inhalt? Gibt es „typische" Probleme (irrtümliche Analogien wie z. B. „become" = „bekommen" oder Fehlschlüsse wie z. B. $5^2 = 2 \cdot 5$)?

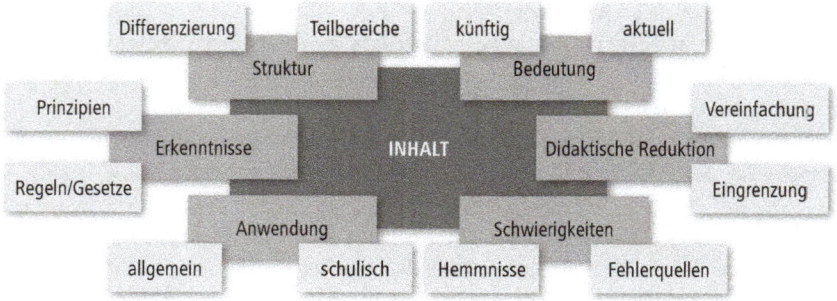

Abb. 2.5: Analyse des Unterrichtsinhalts

Beachten Sie bei allen Teilaspekten immer auch die sich bietenden **Differenzierungs- und Individualisierungsmöglichkeiten.**

Womit? – Werkzeuge

Folgende Elemente gehören zur Planungskonstituente „Werkzeuge":

- *Lehrwerkzeuge* (die natürlich auch von Lernenden eingesetzt werden können) wie z. B. Tafel, Tageslichtprojektor, Videoprojektoren („Beamer") oder sogar interaktive elektronische Tafeln
- *Lernwerkzeuge* wie Lehrwerke, Hefte, Schreib- und Zeichenmaterial, Arbeitsblätter, Lernstationen, Lerntagebücher usw.
- *Sach- und Inhaltsbezogene Werkzeuge* wie z. B. Originale, Modelle, Filme, Karten und andere Präsentations- und Anschauungsobjekte
- *Fachspezifische Werkzeuge* wie z. B. Volleyballnetz, Mikroskop, Zirkel, Bohrmaschine, Experimentiermaterial, Bunsenbrenner
- *Lernprodukte* wie Plakate, Präsentationen, Zeichnungen, Texte, Skulpturen, Werkstücke usw.

Grundsätzlich gibt es eher zu viele als zu wenige Werkzeuge (z. B. Internetportale mit Arbeitsblättern, Materialien im Lehrerzimmer usw.). Die Sichtung des Materials ist oft aufwändiger, als etwas ganz Neues zu erstellen. Es kann auch passieren, dass die Vokabeln z. B. nicht zum Lehrwerk passen oder der Lehrfilm zu lang für die Stunde ist. Letztlich läuft es doch darauf hinaus, etwas Eigenes zu erstellen oder Vorhandenes anzupassen – was Ihre Vorbereitungszeit leicht vervielfachen kann! Daher sollten Sie folgende Hinweise beherzigen:

- *Archivieren* Sie die verwendeten Materialien sinnvoll und sorgfältig. Nur, was man leicht wiederfinden kann, hilft später wirklich weiter.
- Gestalten Sie neues Material so flexibel wie möglich (z. B. immer mit dem gleichen Computerprogramm und nach dem gleichen Schema) und legen Sie es wiederverwendbar aus.
- Verwenden Sie *vorhandene* Werkzeuge. Dazu gehören z. B. die Lehrwerke der jeweiligen Fächer. Es ist für mich immer wieder erstaunlich, wie oft selbst erstellte Arbeitsblätter eingesetzt werden, obwohl das Buch ähnliche oder sogar bessere Möglichkeiten bietet.
- Begrenzen Sie Ihren zeitlichen und finanziellen Aufwand. Sie wecken sonst Erwartungshaltungen, die Sie letztlich überfordern.

▶ ▶ ▶ Praxiselement **Arbeitsblätter gestalten**

Die erste Frage, die Sie sich stellen sollten, ist die, ob Sie das geplante Arbeitsblatt wirklich brauchen. Erst wenn Sie diesbezüglich sicher sind, sollten Sie mit der Gestaltung des Arbeitsblatts beginnen. Beachten Sie beim Erstellen von Arbeitsblättern folgende Aspekte:

- Achten Sie auf eine übersichtliche Aufteilung. Es sollte z. B. klar erkennbar sein, wie viele Aufgaben zu erledigen sind, wo wichtige Informationen stehen, wie viel Zeit zur Verfügung steht usw.
- Verwenden Sie wiederkehrende strukturierende Elemente, z. B. Piktogramme für Einzel-, Partner- und Gruppenarbeit, Pflicht- und Wahlaufgaben, Informations- und Arbeitsteile usw.
- Geben Sie Ihren Arbeitsblättern ein einheitliches Aussehen, z. B. mit einem wiederkehrenden Logo für Ihr Fach oder die jeweilige Lerngruppe und einem immer ähnlichen Aufbau. Arbeiten Sie hierzu am besten mit Layout- und Formatvorlagen.
- Bringen Sie nicht zu viel Text auf Ihre Arbeitsblätter. Verwenden Sie eine angemessen große Schrift. Notfalls sind zwei Arbeitsblätter besser als ein übervolles Blatt mit Schrift in „Sehtestgröße".
- Verzichten Sie auf unnötige „Spielereien" wie viele verschiedene Schriftarten oder unzählige Bilder, die vom Inhalt ablenken.
- Ein Arbeitsblatt kann mit einem einheitlichen Thema einen „roten Faden" bekommen. Damit werden alle Elemente des Arbeitsblattes in einen größeren, zusätzlich motivierenden Zusammenhang gestellt. Gut geeignet ist zusätzlich z. B. auch eine wiederkehrende Figur (z. B. „Professor Physikus").
- Versuchen Sie, den Umfang und die Bedeutung einzelner Aufgaben auch optisch darzustellen. Aufgaben, die viel Platz auf dem Arbeitsblatt einnehmen, sollten besonders wichtig und umfangreich sein. Schüler beurteilen umfangreichere Aufgaben intuitiv als schwieriger und aufwändiger.
- Geben Sie einen Erwartungshorizont in Bezug auf die Ergebnisse, wie z. B. auf die erforderliche bzw. angemessene Bearbeitungszeit.
- Legen Sie Arbeitsblätter differenziert an, z. B. indem Sie Schwierigkeitsgrade ausweisen oder Aufgaben auf verschiedenen Niveaustufen formulieren, die von den Lernenden gewählt werden können.
- Beachten Sie urheberrechtliche Bestimmungen: Geben Sie Quellen an und prüfen Sie z. B. bei Bildern, ob Sie sie verwenden dürfen.

Die meisten der obigen Anregungen lassen sich übrigens auf die Gestaltung von Klassenarbeiten, Folien oder Präsentationen übertragen. Sie können die Kriterien für gute Arbeitsblätter auch für die Produkte Ihrer Lernenden heranziehen, indem Sie sie vorher im Unterricht thematisieren. Natürlich sollten *Ihre* Arbeitsblätter, Folien, Präsentationen usw. diesbezüglich einen Vorbildcharakter aufweisen. ◀ ◀ ◀

Wie? – Methoden

Den Methoden ist ein eigenes Teilkapitel gewidmet, deshalb beschränke ich mich an dieser Stelle auf folgenden Praxistipp:

> **Praxistipp** Oft werden im Seminar besprochene Methoden prompt zum nächsten Unterrichtsbesuch „gezeigt". Das beruht auf der Grundannahme, diese Methoden seien besonders gut. Eine Methode wird aber nur dadurch „gut", dass sie im richtigen Kontext eingesetzt wird.

Lern- und Lehrperspektiven

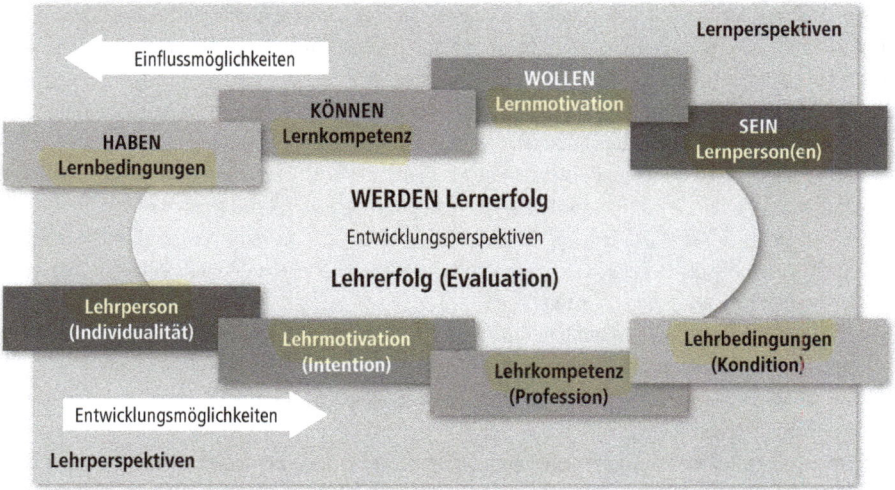

Abb. 2.6: Konstituenten der Lehr- und Lernperspektiven

Die in der Grafik dargestellten Konstituenten wurden in den vorhergehenden Kapiteln bereits beschrieben. Ihre Berücksichtigung macht aus *einer* Unterrichtsreihe oder Stunde zum Thema „XY" *Ihre* Stunde in *Ihrer* Lerngruppe. Dadurch werden geeignete, mögliche oder vorgeschriebene Ziele, Strukturen, Inhalte, Werkzeuge und Methoden **individualisiert**. Dies geschieht im Hinblick auf beide Perspektivebenen:

Lernperspektiven	Lehrperspektiven
Lernpersonen: Passt das Unterrichtsarrangement zur Persönlichkeit der Lernenden? Finden sie z. B. eine bestimmte Methode albern und peinlich, oder hätten sie Spaß daran? Wie ist die soziale Struktur der Gruppe? Gibt es Streitigkeiten?	*Lehrperson:* Ist das Unterrichtsarrangement das richtige für mich? Kann ich es authentisch „rüberbringen"? Oder fühle ich mich z. B. unwohl dabei, wenn ich einen Vortrag zum Einstieg halte? Welche Beziehung habe ich zur Lerngruppe?
Lernmotivation: Was interessiert die Lerngruppe (wahrscheinlich) an diesem Thema? Mit welchen Arrangements könnte man sie für die Sache begeistern?	*Lehrmotivation:* Was motiviert mich, dieses Unterrichtsvorhaben umzusetzen? Worin liegen meine persönlichen Interessen an der Sache, an der Methode usw.?
Lernkompetenz: Was kann die Lerngruppe und an welcher Stelle benötigt sie Unterstützung? Welche Methoden, Werkzeuge usw. sind bekannt, wo liegen besondere Stärken? Womit hat sie in der Regel Schwierigkeiten und braucht Unterstützung?	*Lehrkompetenz:* Welche Kompetenzen habe ich bezüglich der Sache, der Methoden, der Werkzeuge? Wo sind meine Stärken und wie kann ich sie für mein Unterrichtsvorhaben einsetzen? An welcher Stelle muss ich meine Kompetenzen noch erweitern?
Lernbedingungen: Gibt es Besonderheiten bezüglich des Raums, der Unterrichtszeit, der Umstände, in denen der Unterricht stattfindet?	*Lehrbedingungen:* Welche äußeren Faktoren könnten sich auf meinen Unterricht auswirken? Gerate ich z. B. durch die vorherige Pausenaufsicht in Zeitdruck?

Lernperspektiven	Lehrperspektiven
Lernerfolg: Was müsste die Lerngruppe (eigentlich) erreichen können, welche Erfolgserwartungen könnte die Lerngruppe haben, welche Rückmeldungen zur Erwartung bzw. zum Lernerfolg sind nötig und möglich? Wie kann der Lernerfolg überprüft werden?	*Lehrerfolg:* Welche Erwartungen habe ich an den Unterricht? Was müsste ich (eigentlich) erreichen können (fachlich, methodisch, erzieherisch?) und anhand welcher Indikatoren kann ich erkennen, ob ich es geschafft habe?

Für einen effektiven und zeitökonomischen Planungsprozess sollten Sie sich stets darüber im Klaren sein, an welcher Stelle Sie sich durch **Kooperation** oder Rückgriff auf Bekanntes und Bewährtes entlasten können und in welchen Bereichen eine Anpassung erforderlich wird.

Die in den Planungskonstituenten genannten Aspekte müssen nicht immer wieder neu bedacht werden. Hierzu steht Ihnen in aller Regel Material, Literatur und kollegiale Erfahrung zur Verfügung. Hier kann arbeitsteilig und auch längerfristig vorbereitet werden, z. B. in der Fachseminararbeit oder in den schulischen Fachkonferenzen.

Damit ist aber nur ein Teil der Arbeit geleistet. Erst durch Berücksichtigung der *Lern- und Lehrperspektiven* beziehen Sie die Verschiedenheit der Lernenden und Ihre eigene Individualität in die Planung ein. Dadurch entsteht Unterricht, in dem Lernchancen optimal genutzt werden und in dem sich alle Beteiligten wiederfinden können.

Kurz und knapp   Die Überlegungen zu den Lern- und Lehrperspektiven sind der Ausgangspunkt für die Individualisierung des Lernprozesses im Sinne einer individuellen Förderung und Forderung. Denn innerhalb der Lerngruppe haben Sie es nicht mit „der" Lernmotivation oder „der" Lernkompetenz zu tun, sondern jeder einzelne Schüler der Lerngruppe hat seine ganz individuelle Lernperspektive. Dazu aber mehr im Kapitel 4, S. 95.

Ziele, Kompetenzen und Hauptanliegen

Zunächst einmal gilt es zu klären, was unter den Begriffen Ziel, Kompetenz und Hauptanliegen genau verstanden werden soll:

Unter dem Hauptanliegen (bzw. *Kernanliegen*) eines Unterrichtsvorhabens ist das zu verstehen, worum es in einem Unterrichtsvorhaben hauptsächlich geht oder was hauptsächlich erreicht werden soll.

Eine Kompetenz beschreibt, was die Lernenden am Ende des Unterrichtsvorhabens (besser) können sollen in Bezug auf ein komplexes Vermögen in einer Anwendungs- und Handlungssituation. Der Kompetenzerwerb wird indirekt durch Anwendung des Könnens sichtbar (Performanz).

Ein Lernziel ist die Beschreibung dessen, was im Unterricht konkret hinzugelernt werden soll. Die Abgrenzung zum Kompetenzbegriff ist am einfachsten so zu verstehen, dass es bei den Lernzielen eher um die Lehrperspektive geht („Was will ich erreichen?"), während die Kompetenzen sich aus der Lernperspektive heraus konstituieren („Was sollen die Lerner am Ende (besser) können?"). Lernziele sind darüber hinaus meist stärker „kleingearbeitet" als Kompetenzen.

Bedeutung einer frühzeitigen Festlegung und ihre Konsequenzen

Das Wichtigste im Planungsprozess ist, an einer bestimmten Stelle verbindlich festzulegen, was man mit dem geplanten Unterrichtsvorhaben hauptsächlich erreichen möchte. Wie bereits ausgeführt, muss diese Festlegung nicht am Anfang aller Ihrer Planungsüberlegungen stehen, die Klärung dieser Frage sollte aber Ihr *vordringliches Anliegen* im Planungsprozess sein. Von dieser Klärung hängen alle anderen Planungsfaktoren entscheidend ab.

Ist die Festlegung auf ein Hauptanliegen einmal erfolgt, so haben Sie sich selbst ein maßgebliches Auswahlkriterium bezüglich dieser Faktoren geschaffen. Wenden Sie dieses Kriterium konsequent an, auch wenn dadurch eine ursprünglich „geniale" Idee für einen Einstieg, eine Arbeitsform oder eine Methode dem Hauptanliegen geopfert werden muss. Vielleicht gibt es ja die Gelegenheit, die betreffenden Planungselemente ein anderes Mal zu verwenden.

Beschränkung auf ein Hauptanliegen

Auf die Frage, was Sie mit Ihrem Unterrichtsvorhaben hauptsächlich erreichen wollen, kann es meines Erachtens nur *eine* eindeutige Antwort geben.

> **Praxisbeispiel**   Zur Vorbereitung auf die Klassenarbeit soll an einer Lerntheke gearbeitet werden. Dies kann unter zwei Aspekten geschehen:
> *Einerseits* könnte die Vorbereitung auf die Klassenarbeit im Vordergrund stehen. Das Hauptanliegen bestünde darin, den Lernstand für die Klassenarbeit zu optimieren.
> *Andererseits* könnte die Lerntheke als Selbstlernkonzept im Vordergrund stehen. Das Hauptanliegen der Stunde bestünde darin, die Methode „Lerntheke" kennen- und erproben zu lernen.

Wenngleich beide Aspekte aus dem genannten Beispiel im Unterricht eine Rolle spielen können, muss dennoch eine Festlegung erfolgen, welcher Aspekt im Vordergrund stehen soll:
Steht die *Methode* im Vordergrund, so ist die Vorbereitung auf die Klassenarbeit hauptsächlich ein Anlass dazu, sich mit der Methode auseinanderzusetzen. Steht der *Inhalt* im Vordergrund, so ist die Lerntheke hauptsächlich das Instrument, mit dem der Lernzuwachs erreicht werden soll.

> **Kurz und knapp**   Vertrauen Sie bitte auf meine Erfahrung aus Hunderten von eingesehenen Unterrichtsstunden: Ich habe noch nie eine gute Unterrichtsstunde mit zwei (oder mehr) Hauptanliegen gesehen!

(Teil-)Ziele und (Teil-)Kompetenzen

Neben den Hauptanliegen legen Sie zusätzlich Lernziele, Teilziele bzw. Teilkompetenzen fest, die z. B. das Erreichen möglicher Zwischenstationen auf dem Lernweg oder aber auch den Lernzuwachs in bestimmten Teilbereichen näher spezifizieren. Sie finden die Kategorien für Ihre Fächer z. B. in den Richtlinien und Lehrplänen. Allgemeine Kategorien für alle Fächer könnten z. B. sein:

- fachliche und überfachliche Ziele, Grob- und Feinziele
- Sachkompetenz, Methodenkompetenz, Selbstkompetenz, Sozialkompetenz, Medienkompetenz, Urteilskompetenz
- kognitive, affektive und psychomotorische Lernziele

Die schriftliche Darstellung der Unterrichtsplanung („schriftliche Planung")

Welche Anforderungen an eine schriftliche Planung gestellt werden, hängt vom jeweiligen Anlass (z. B. Gruppenhospitation, Unterrichtsbesuch, Prüfung) und vom Ausbildungsstand ab. Ihre Ausbilder werden Sie darüber informieren, welche Planungselemente Sie wann und in welchem Umfang verschriftlichen sollen.

Die schriftliche Planung soll dem Leser klar strukturiert Auskunft über die Planungsvoraussetzungen, Planungsentscheidungen und deren Begründung sowie über die zeitliche und inhaltliche Struktur des Unterrichts geben. Da der Planungsprozess als unstrukturierter Spiralprozess abläuft, kann die strukturierte Verschriftlichung einer Planung keine chronologische Nacherzählung des Planungsprozesses sein. Die schriftliche Planung kann erst nach Fertigstellung eines groben Gesamtkonzepts beginnen. Deshalb besteht hier latent die Gefahr, in Zeitnot zu geraten. Beginnen Sie also frühzeitig mit der Planung.

Im Folgenden werde ich Ihnen ausgewählte Elemente der schriftlichen Planung als *eine* Möglichkeit der Verschriftlichung vorstellen.

Thema der Stunde und der Reihe

Das Thema der Stunde muss über den fachlichen Schwerpunkt Auskunft geben, der in der Unterrichtsstunde bzw. in der Unterrichtsreihe behandelt wird. Hierbei sind zwei Sichtweisen zu unterscheiden:

Aus der *Lehr*perspektive heraus formulieren Sie die Themenstellung so, dass unter Verwendung der entsprechenden Fachsprache klar wird, welcher Themenbereich angesprochen wird. Die leitende Intention der Stunde und das wesentliche Prinzip bzw. Werkzeug, anhand dessen Sie die Stunde entwickeln wollen, kommen hinzu. Hier einige Beispiele:

Leitende Intention	Themenbereich	Prinzip/Werkzeug
Einführung in die	Bruchrechnung	anhand von Aufteilungsproblemen
Übungsstunde zur	Gedichtanalyse	am Beispiel der Ballade „John Maynard" von Theodor Fontane
Entstehung und Wirkung von	Genmutationen	am Beispiel der Diabetes-Erkrankung

Aus der *Lern*perspektive heraus formulieren Sie die Themenstellung so, dass in *lerner*gerechter Sprache deutlich wird, worum es gehen soll. Die Formulierungen könnten z. B. folgendermaßen lauten:
„Wer bekommt das größte Pizzastück?" – „Der Held vom Eriesee" – „Wenn Gene krank machen"
In Kombination beider Perspektiven entsteht die vollständige Themenformulierung Ihrer Unterrichtsstunde oder Ihres Unterrichtsvorhabens:

Praxisbeispiel   Thema der Stunde: „Wer bekommt das größte Pizzastück? – Einführung in die Bruchrechnung anhand von Aufteilungsproblemen"

Es wird manchmal empfohlen, auch Informationen zu Methoden und Sozialformen in die Themenformulierung zu integrieren. Hiervon halte ich persönlich wenig: Die dabei entstehenden Formulierungen nehmen oft die Ausmaße, aber nur selten die Eleganz Mann'scher Satzkonstruktionen an, wobei das Ergebnis mehr an Prägnanz einbüßt, als es an Präzision zu gewinnen vermag.

Ein gut formuliertes Stundenthema ersetzt keinen guten Unterricht, stellt aber sozusagen die „Visitenkarte" Ihrer Stunde dar und kann zu einer positiven Grundhaltung gegenüber Ihrem Unterrichtsvorhaben beitragen. Diese Chance sollten Sie unbedingt nutzen.

Das Thema der Unterrichtsreihe besteht im Gegensatz zum Stundenthema in der Regel meist lediglich aus dem fachlichen Thema, angelehnt an das jeweilige Lehrwerk oder an die Richtlinien und Lehrpläne bzw. die schuleigenen Lehrpläne, kann aber auch wie oben aus einer fachlichen und einer didaktischen Perspektive formuliert werden.

Struktur und Ziele bzw. Kompetenzen der Unterrichtsreihe

Um die Nachhaltigkeit Ihrer Planung unter Beweis zu stellen, ist es sinnvoll, die Unterrichtsstunde in den Kontext längerfristiger Zusammenhänge zu stellen. Dadurch wird klar, welche Vorkenntnisse die Lerngruppe bereits erwerben konnte und welche fachliche und pädagogische Stellung Ihre Stunde im Kontext der Unterrichtsreihe hat.

Eine gute Möglichkeit bietet die Darstellung der Reihe mithilfe eines Kompetenzerwerbsschemas:

▶ ▶ ▶ Praxiselement **Kompetenzerwerbsschemata**

Ein Kompetenzerwerbsschema dient der Darstellung der Struktur einer Unterrichtsreihe mit den dabei erreichbaren Kompetenzstufen. Es veranschaulicht den Aufbau der Reihe und mögliche Lernwege.

Die linke Spalte stellt von unten nach oben den chronologischen Aufbau der Reihe dar. Rechts oben wird das Hauptanliegen der Reihe eingetragen. Die einzelnen Felder der Tabelle geben mit nach rechts zunehmendem Niveau Teilkompetenzen an, die als mögliche „Zwischenstufen" auf individuellen Wegen erreicht werden können.

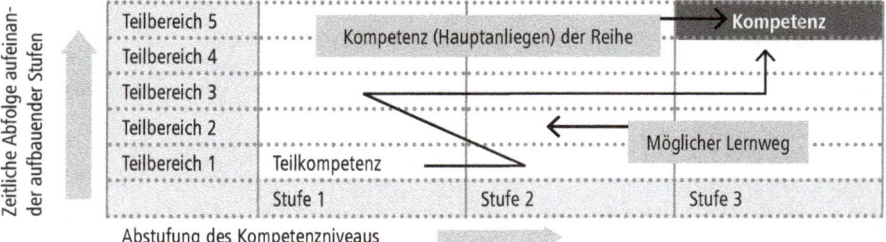

Abb. 2.7: Struktur eines Kompetenzerwerbsschematas

Sie können sich bezüglich der Teilbereiche (1. Spalte) u. a. am jeweiligen Lehrbuch oder am schulinternen Lehrplan orientieren. Startpunkt ist aber immer der Blick auf die Kompetenz, die die Lerngruppe am Ende der Reihe erreicht haben soll.

Übrigens Werden die Teilkompetenzen aus Schülersicht formuliert („Ich kann …"), so spricht man von einem Kompetenzraster, das z. B. bei offenen Lernformen zur Selbstdiagnose des Lernfortschritts eingesetzt werden kann. Sind den einzelnen Teilkompetenzen jeweils entsprechende Arbeitsblätter oder Aufgaben zugeordnet, so ist eine komplette Individualisierung des Unterrichts möglich. Konsequent zu Ende gedacht wurde dieses Prinzip u. a. von A. Müller im Institut Beatenberg (www.institut-beatenberg.ch).

Beispiel für ein (vereinfachtes) Kompetenzerwerbsschema:

3. Ich mache mein Fahrrad verkehrssicher!	Schüler können Reflektoren am Fahrrad anbringen	Schüler können die Beleuchtung ihres Fahrrads reparieren	**Die Schüler können ihr Fahrrad verkehrssicher machen**
2. Ist mein Fahrrad verkehrssicher?	Schüler können offensichtliche Fehler am Fahrrad erkennen	Schüler können mithilfe einer Checkliste ein Fahrrad überprüfen	Schüler können eine Checkliste für ihr Fahrrad erstellen
1. Was gehört zu einem verkehrssicheren Fahrrad?	Schüler können die Merkmale eines verkehrssicheren Fahrrads benennen	Schüler können begründen, warum ein Merkmal zur Verkehrssicherheit beiträgt	Schüler können entscheiden, welche Merkmale in welcher Weise wichtig sind
	Stufe 1	**Stufe 2**	**Stufe 3**

Abb. 2.8: Kompetenzerwerbsschema zur Unterrichtsreihe „Das verkehrssichere Fahrrad"

Die Anzahl der Zeilen gibt nicht unbedingt die Anzahl der Stunden für die Reihe an. Es können mehr oder weniger Unterrichtsstunden benötigt werden, als Teilbereiche vorhanden sind. Weder die Anzahl der Spalten noch die der Zeilen ist vorgegeben. Es müssen auch nicht in alle Felder Teilkompetenzen eingetragen werden.

Durch Hervorhebungen (s. Beispiel) kann man kennzeichnen, welche Teilbereiche der Reihe zu einer bestimmten Stunde gehören.

Kompetenzerwerbsschemata können z. B. auch als Ergänzung der schulinternen Lehrpläne verwendet werden, indem man sie um methodische oder organisatorische Informationen ergänzt.   ◀ ◀ ◀

Hauptanliegen und (Teil-)Lernziele bzw. Kompetenzen

Eine Kernfrage der schriftlichen Planung ist häufig die, wie Hauptanliegen, Kompetenzen und Ziele formuliert werden können. Für das Hauptanliegen bieten sich folgende Formulierungen an:

- *In der heutigen Stunde geht es vor allem darum, dass …*
- *In der heutigen Stunde erhalten die Schüler vor allem die Gelegenheit, …*
- *Mir ist in der heutigen Stunde besonders wichtig, dass …*

Achten Sie bei der Formulierung darauf, die Zielsetzung des Unterrichts (also die Frage nach dem „Wohin") nicht mit dem Ablauf der Stunde (also der Frage nach dem „Was" und „Wie") zu verwechseln: Beschrieben werden soll immer der angestrebte Endzustand, der Zuwachs an Wissen und Können, gewonnene Erkenntnisse oder erworbene Fähigkeiten, Fertigkeiten und gewandelte Einstellungen.

Praxisbeispiel Ein unterrichtsfernes Beispiel soll verdeutlichen, was gemeint ist: Angenommen, Sie konsultieren Ihren Zahnarzt. Auf die Frage, warum Sie dies tun, gibt es eine Reihe stimmiger Antworten, z. B. folgende: *„Ich habe Zahnschmerzen"*, *„Ich erhalte eine professionelle Zahnreinigung"*, *„Ich bekomme einen Weisheitszahn gezogen"*. Keine davon beantwortet allerdings die Frage nach dem „Wohin"! Richtig im Sinne einer Ziel- oder Kompetenzformulierung wären dagegen die folgenden Antworten: *„Ich will keine Zahnschmerzen mehr haben"*, *„Ich möchte möglichst lang und schmerzfrei meine eigenen Zähne benutzen"*, *„Ich möchte eine Zahnfehlstellung vermeiden"*. Erkennen Sie den Unterschied?

Formulierung von Zielen und Kompetenzen

Leider ist die Frage der Formulierung von Kompetenzen oder Zielen nicht eindeutig geklärt. Es gibt verschiedene Ansätze, die fachspezifisch begründet oder verschiedenen Entstehungszeiten geschuldet sind. Meiner Meinung nach kommt es bei Zielen wie Kompetenzen vor allem darauf an, im Hinblick auf die Zielperspektive so prägnant wie möglich zu formulieren. Hierzu einige Beispiele:

Zielformulierung	Kompetenzformulierung
Die Lernenden erhalten die Gelegenheit, ihr Wissen über die wichtigsten Sehenswürdigkeiten in London zu erweitern.	Die Lernenden können die wichtigsten Sehenswürdigkeiten in London beschreiben.
Die Lernenden sollen durch die Auswahl geeigneter Aufgaben ihre Selbstständigkeit verbessern.	Die Lernenden können geeignete Aufgaben durch Anwendung der Auswahlkriterien lösen.
Am Beispiel des Korblegers erhalten die Lernenden die Gelegenheit, ihre Wurftechnik mithilfe des differenziellen Lernens zu optimieren.	Die Lernenden erhöhen die Treffgenauigkeit beim Korbleger, indem sie die Wurftechnik mithilfe ihres Wissens über differenzielles Lernens optimieren.
Perspektive: Lehrarrangements	*Perspektive*: Wissen, Können und Anwenden

Die Beispiele zeigen, dass *substanzielle* Unterscheidungen zwischen Ziel- und Kompetenzformulierungen kaum fassbar sind. Gut formulierte Lernziele spiegeln inhaltlich das Gleiche wider wie gut formulierte Kompetenzen, haben aber eine unterschiedliche Perspektive.

Unterrichtsverlaufsplan

Der Verlaufsplan ist der „Fahrplan" Ihrer Stunde, auf dem die wichtigsten Stationen des Stundenablaufs festgelegt sind. In aller Regel wird eine tabellarische Form gewählt, die dem Leser im Wesentlichen Auskunft über folgende Aspekte geben sollte:

- Wie ist die Stunde phasiert, d. h. welche Grundstruktur soll in der Stunde erkennbar sein und welche Zielsetzung hat jede Phase?
- Was passiert in den einzelnen Phasen, d. h. welche Dinge werden von der Lehrkraft wie angeregt, moderiert, initiiert oder angeleitet und was genau wird von den Lernenden erwartet?
- Welche Unterrichtsform ist für jede Phase vorgesehen, d. h. welche Sozialform, Kommunikationsform, Sitzordnung usw. ist geplant?
- Welche Methoden und Werkzeuge sollen eingesetzt werden?

Praxistipp   Es empfiehlt sich aus zwei Gründen, den Verlaufsplan als Erstes anzufertigen, auch wenn Sie ihn „redaktionell" an das Ende des schriftlichen Entwurfs stellen möchten:
Erstens ist der Verlaufsplan die Essenz des Planungsprozesses und somit Ausgangspunkt der schriftlichen Darstellung Ihrer Planung. Er ist also im Prinzip fertig, bevor Sie mit dem Schreiben beginnen.
Zweitens können Sie anhand des Verlaufsplans alle Elemente des schriftlichen Entwurfs auf die Stunde beziehen und „abarbeiten".

So könnte ein Verlaufsplan z. B. aussehen:

Zeit	Phase	Ablauf/Sozialform	Werkzeuge	Kommentar
…	…	…	…	…

● **Spalte „Zeit":**

Ich finde es im Hinblick auf ein effektives Zeitmanagement sinnvoll, eine Zeitleiste zu verwenden. Optimal ist es, mit ungefähren Angaben zu arbeiten („ca. 5 Minuten"). Wenn zusätzlich für jede Phase eine Anfangs- und Endzeit angegeben wird, müssen Sie nicht „nachrechnen", bis wie viel Uhr eine bestimmte Phase abgeschlossen sein muss.

● **Spalte „Phase"**

Jede (gute) Unterrichtsstunde weist eine klar erkennbare Struktur auf. Die Unterteilung des Unterrichts erfolgt in Phasen. Informationen zur Phasierung einer Unterrichtsstunde finden Sie auf S. 74 ff.

Praxistipp Die zeitliche Planung einer Unterrichtsstunde ist fast niemals „auf den Punkt genau" möglich. Deshalb empfiehlt es sich, flexibel zu planen. Mit der Bemerkung „Falls noch Zeit ist:" oder „Didaktische Reserve:" kennzeichnen Sie optionale bzw. alternative Phasen.

● **Spalte „Ablauf/Sozialform"**

Je nach persönlicher Vorliebe können Sie hier stichpunktartig den geplanten Ablauf festhalten, oder den Ablauf nach Lehr- bzw. Lernperspektive differenziert darstellen. „Klassisch" sind hierbei die Bezeichnungen „geplantes Lehrkraftverhalten" und „erwartetes Schülerverhalten". Die Sozialform kann man in Klammern dahinter schreiben oder dafür eine eigene Spalte verwenden. Meist werden Kürzel verwendet, z. B. UG (Unterrichtsgespräch), LV (Lehrkraftvortrag), P (Präsentation), EA-PA-GA (Einzel-, Partner-, Gruppenarbeit) usw.

● **Spalte „Werkzeuge"**

Der Inhalt dieser Spalte ist selbsterklärend. Sie ist insbesondere für Sie hilfreich, da Sie mit ihrer Hilfe eine Art Checkliste über die bereitzustellenden Lern- und Lehrwerkzeuge zur Verfügung haben.

● **Spalte „Kommentar"**

Diese Spalte eignet sich gut zur Beschreibung der Zielsetzung oder Funktion der einzelnen Phasen. Zusätzlich können Sie hier Angaben zur Gestaltung der Phasenübergänge (z. B. genaue Formulierungen) machen, die maßgeblich zur Sichtbarkeit der Stundenstruktur und zur Beibehaltung des „roten Fadens" einer Unterrichtsstunde beitragen.

Praxistipp Gestalten Sie den Verlaufsplan so, dass auch ein Fachkollege von Ihnen mithilfe des Plans Ihre Stunde halten könnte. Auf diese Weise erhalten Sie einen Verlaufsplan, bei dem die geplante Stunde sich bereits „im Kopf des Lesers" so abspielt, wie Sie es sich im Idealfall vorgestellt haben.

Analyse der Sachstruktur (Sachanalyse)

Bevor Sie eine Sachanalyse verfassen, sollten Sie klären, wer die Adressaten Ihrer schriftlichen Planung sind: Handelt es sich um Fachleute (z. B. Fachleitung, Ausbildungslehrkraft) oder sind fachfremde Gäste anwesend (Schulleitung, Haupt- bzw. Kernseminarleitung)? Hieran orientiert sich der Grad der geforderten inhaltlichen Tiefe:

- Fachleuten gegenüber stellen Sie dar, dass Sie vollständig „im Thema" sind und auf fundierter Basis einen bestimmten Teilbereich („horizontale didaktische Reduktion") oder eine bestimmte Komplexitätsstufe („vertikale didaktische Reduktion") gewählt haben.
- Fachlichen Laien erläutern Sie, worin der fachliche Aspekt Ihres Unterrichtsvorhabens besteht. Sie verdeutlichen allgemein verständlich den fachlichen Hintergrund Ihres Stundenthemas und benennen „typische" Verständnisschwierigkeiten oder Lernhindernisse.
- Ob eine Sachanalyse in der schriftlichen Planung enthalten sein soll oder nicht, wird unterschiedlich gehandhabt. Es ist aber immer erforderlich, sich im Planungsprozess mit der Sachstruktur auseinanderzusetzen – gleichgültig, ob und wie diese Auseinandersetzung in schriftlicher Form dokumentiert werden soll.

Praxistipp   Es ist sinnvoll, die Sachstruktur aufzuschlüsseln und z. B. in Form eines Strukturdiagramms darzustellen. Hierdurch gewinnen Sie wichtige Erkenntnisse für den Ablauf des Lernprozesses. Sie beugen zudem einer möglichen fachlichen Betriebsblindheit vor.

Analyse der Lehr- und Lernausgangslage

Mit diesem (auch „Bedingungsanalyse" genannten) Teil der schriftlichen Planung soll gezeigt werden, dass Sie die Lerngruppe gut kennen und in der Lage sind, Ihre allgemeinen Planungskonzepte individuell an eine konkrete Lerngruppe und Lernumgebung anzupassen.

Das bedeutet aber nicht, dass Sie wahllos alles hinschreiben, was Ihnen zur Lerngruppe und zu den Lehr- und Lernvoraussetzungen einfällt: Alles, was Sie hier aufführen, muss einen konkreten Bezug zu Ihrer Unterrichtsstunde aufweisen, den Sie nachvollziehbar darstellen.

Praxistipp   Angenommen, Sie sollen für eine Lehrkraft, die dienstlich verhindert ist, morgen eine Unterrichtsstunde übernehmen. Welche Dinge bezüglich der Lerngruppe würden Sie von der betreffenden Kollegin gern erfahren? – Genau *diese* Fragen sollte auch Ihre Analyse der Lehr- und Lernausgangslage zu beantworten im Stande sein.

Die Verschriftlichung Ihrer Analyse können Sie z. B. mithilfe der folgenden Tabelle vornehmen. Wenn Sie lieber Fließtexte verfassen möchten, ist dies natürlich ebenfalls möglich:

Aspekt/Merkmal	Ausprägung/Diagnose	Konsequenzen für die geplante Stunde
z. B. Zusammensetzung der Lerngruppe	z. B. Anteil m/w, Migrationsgeschichte	z. B. Zusammensetzung von Gruppen

Folgende Aspekte bzw. Merkmale könnten Sie u. a. in der Analyse der Lehr- und Lernausgangslage ansprechen:

- Zusammensetzung und Struktur der Lerngruppe
- Lern- und Arbeitsverhalten der Lerngruppe
- Soziales Gefüge und Beziehungsstrukturen in der Lerngruppe
- Vermutete bzw. bekannte fachliche und methodische Vorkenntnisse der Lerngruppe, Sprachkompetenz, besondere Lernschwierigkeiten wie z. B. Kinder mit AD(H)S, Dyskalkulie usw.
- Aus der Lebenswelt und Lebenswirklichkeit der Lernenden stammende Bezüge zum Thema der Stunde
- Mögliche Besonderheiten des (Fach-)Raums und der Unterrichtsstruktur (z. B. 60-Minuten-Takt)
- Verfügbare Werkzeuge (Bücher, Medien usw.)

Begründung zentraler didaktisch-methodischer Entscheidungen

Kein Bereich der schriftlichen Unterrichtsplanung ist nach meiner Erfahrung in der Ausbildung (und darüber hinaus) problembehafteter als dieser. Nicht selten kommt es hier zur Schreibblockade.

Dabei ist die didaktisch-methodische Analyse eigentlich gar nicht so kompliziert, wie häufig angenommen wird, wenn man dabei einige Punkte beachtet und vor allem strukturiert an die Sache herangeht: *Alle* Entscheidungen einer Stundenplanung zu begründen, würde sicherlich den Rahmen jeder schriftlichen Planung sprengen.

Ihre Aufgabe besteht deshalb darin, die *wesentlichen* Entscheidungen und Akzentuierungen in Ihrer Stundenplanung zu *lokalisieren* und von denjenigen Entscheidungen abzugrenzen, die sich zwangsläufig daraus ergeben. Hierzu ein (zugegebenermaßen unterrichtsfernes) Beispiel:

> **Praxistipp** Stellen Sie sich vor, Sie kleiden sich für eine Feier ein. Zuerst entscheiden Sie über den Stil: Elegant oder leger? Kleidungsstücke und Accessoires wählen Sie passend dazu aus. Manche davon akzentuieren Ihr Erscheinungsbild stärker als andere. Manches müssen Sie lange bedenken, anderes ergibt sich von selbst. Genauso ist es auch bei der Planung einer Unterrichtsstunde.

Überlegen Sie daher, mit welchen Elementen des Planungsprozesses Sie sich besonders intensiv auseinandergesetzt haben. Das kann z. B. eine bestimmte Methode, die Idee zum Einstieg oder ein bestimmtes Arbeitsblatt sein. So finden Sie die wesentlichen Entscheidungen.

Im Weiteren geht es nun darum, die lokalisierten Entscheidungen schlüssig zu begründen. Hierbei sind auch fachwissenschaftliche und pädagogische Aspekte einzubeziehen. Neben dieser theoretischen Untermauerung sollten widerspruchsfreie Bezüge zu den Konsequenzen aus der Bedingungsanalyse hergestellt werden können. Zusätzlich kann es sinnvoll sein, mögliche Alternativen zu benennen. Aber tun Sie dies bitte nur dann, wenn Sie diese Alternativen im Planungsprozess auch ernsthaft erwogen haben. Bitte vermeiden Sie es, die „didaktische Analyse" in Form einer „Nacherzählung" Ihrer geplanten Stunde umzusetzen. Dies ist sicherlich nicht zielführend, denn dafür gibt es ja den Verlaufsplan.

Sie können sich für dieses Teilkapitel ein **Kompetenzerwerbsschema** aus dem Internet herunterladen. Webcode: RK162567-004

3 Miteinander reden und handeln

Wer mit dem Herzen redet, ist allen verständlich.
Albert Schweitzer

Unterrichtssituationen mithilfe professioneller Kommunikation meistern

Kommunikationselemente als Unterrichtskonstituenten • Körpersprache richtig deuten und authentisch auftreten • Die Stimme bewusst einsetzen und gezielt trainieren • Verbale Unterrichtskommunikation • Praxiselement **Gesprächsführung im Unterricht**

Eine Situation aus der Praxis Wieder einmal gibt es eine Rauferei auf dem Schulhof. Zwei hochgewachsene Zehntklässler ringen miteinander. Die zierliche Frau M. geht dazwischen und sofort gehen die Kontrahenten auseinander. *„Wie hat die das bloß geschafft?"*, fragt sich Referendarin Marianne. *„Bei mir reagieren die Schüler überhaupt nicht. Und außerdem weiß ich nie, ob es nur eine Rangelei oder ein ernsthafter Streit ist ..."*

Erschließungsfragen

- Wie deute ich verbale und nonverbale Kommunikation?
- Woran erkenne ich gelungene Kommunikationsprozesse?
- Was muss ich zur Umsetzung zielführender Kommunikation beachten?
- Wie kann ich mithilfe gelungener Kommunikation meinen Unterrichtserfolg steigern?

Kommunikationselemente als Unterrichtskonstituenten

Unterricht ohne Kommunikation ist undenkbar. Bei der Beobachtung und Analyse von Unterricht spielen sichtbare, aber auch verborgene Kommunikationselemente eine wichtige Rolle.

Prozesskonstituenten

Beim Ablauf einer Unterrichtsstunde spielen unterschiedlich gut beobachtbare Konstituenten eine Rolle, die sich auf Handlungs-, Entwicklungs- und Verständigungsprozesse beziehen.

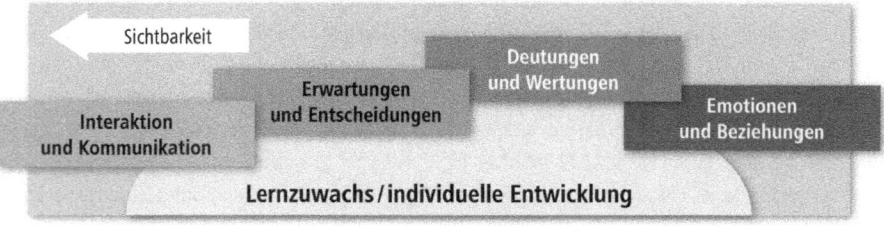

Abb. 3.1: Konstituenten des Unterrichtsprozesses

Durch diese Prozesskonstituenten nimmt der Unterricht überhaupt erst Gestalt an. In ihnen spiegelt sich die Lern- und Lehrperspektive und sie werden geprägt von den Konstituenten der Planung.

Lernzuwachs und individuelle Entwicklung

Jeder Unterrichtsprozess trägt zu einer individuellen Entwicklung bei Lernenden und Lehrenden bei. In diesem Sinne gibt es keinen Unterricht ohne Wirkung und es gibt immer auch einen Lernzuwachs. Die Frage ist „nur" die, ob und in welchem Maße der *erfolgte* Lernzuwachs dem *beabsichtigten* Lernzuwachs entspricht.

- Die wichtige Schlussfolgerung daraus lautet, dass in jedem Unterricht eine Bewusstmachung des Lernzuwachses erfolgen sollte.
- Hierzu bedarf es entsprechender kommunikativer Strukturen, also z. B. wertschätzender Feedbackkultur oder Evaluationsstrukturen.

Emotionen und Beziehungen

Lernförderliche Emotionen und Beziehungen bilden ein wichtiges Fundament im Unterrichtsprozess, welches aber meist nur in einem langfristigen Prozess beeinflussbar ist.

- Das Wissen um die Bedeutung und um die Beschaffenheit von Emotionen und Beziehungen unterstützt den Lehrenden dabei, sich situativ angemessen zu verhalten und adäquat zu kommunizieren.
- Die dafür notwendige Voraussetzung ist **Empathie,** also die Fähigkeit, sich in die Gefühle anderer hineinversetzen zu können.

Deutungen und Wertungen

Wie in jedem Kommunikationsprozess finden auch im Unterricht fortlaufend Deutungen und Wertungen statt: „War das jetzt ernst gemeint?" „Sie traut sich bestimmt nur nicht, es zu sagen" – Nicht nur *verbale*, auch und im Besonderen *nonverbale* Signale in der Kommunikation unterliegen permanenter Deutung und Wertung.

- Seien Sie sich dessen bewusst, dass alle Wahrnehmungen immer bereits Deutungen und Wertungen beinhalten, die nicht unbedingt zutreffend sein müssen und gehen Sie vorsichtig mit Deutungen um.
- Bemühen Sie sich um Eindeutigkeit. Dazu benötigen Sie kommunikative Selbstkompetenz, aber auch innere Strukturiertheit.

Erwartungen und Entscheidungen

In einer Unterrichtsstunde finden in jeder Minute wahrscheinlich eine Vielzahl von Entscheidungen im Kontext verschiedener Erwartungen statt. Durch die gegenseitigen Erwartungen wird Einfluss auf diese Entscheidungen genommen: Nehmen Sie z. B. wahr, dass zwei Schüler miteinander reden, so wäre folgende Sichtweise denkbar:

„Ich erwarte, dass ich störendes Verhalten durch minimale Interventionen beenden kann. Also entscheide ich mich, meinen Unterricht nicht zu unterbrechen und die Störenden lediglich streng anzublicken."
Aus Schülersicht könnte es so aussehen:

„Ich erwarte, dass mein Nachbar weiß, was wir jetzt zu tun haben. Also entscheide ich mich dafür, ihn danach zu fragen."

Es wird Sie in der Analyse Ihres Unterrichts überraschen, wie viele auf den ersten Blick „unvorhersehbare" Dinge auf Ihre eigenen bewussten oder unbewussten Entscheidungen zurückgehen. Umgekehrt werden Sie möglicherweise feststellen, dass Sie bei mancher vermeintlichen Entscheidung gar keine echte Entscheidungsfreiheit hatten.

- Machen Sie sich bewusst, in welcher Weise Ihre Entscheidungen von Ihren Erwartungen geprägt werden, und entschlüsseln Sie diese Wirkungszusammenhänge auch bei den Lernenden.
- Klären Sie im Unterrichtsprozess die gegenseitigen Erwartungen und machen Sie Entscheidungen so transparent wie möglich.

Kommunikation und Interaktion

Kommunikations- und Interaktionsprozesse im Unterricht sind diejenigen Aspekte, die man am eindeutigsten beobachten kann:

- Was sagt die Person?
- Wie sagt sie es?
- Wie sind Körperhaltung, Mimik und Gestik?
- Welche Position im Raum nimmt sie ein?
- Was macht die Person?
- Wie reagiert sie?
- Wie verhält sie sich in bestimmten Situationen?

Auf Basis dieser Beobachtungen lassen sich Rückschlüsse auf die zuvor beschriebenen Prozesskonstituenten ziehen: Beziehungen und Emotionen oder Deutungen spiegeln sich z. B. in bestimmten Formulierungen. Beobachten Sie deshalb möglichst genau und versuchen Sie, sich erst einmal auf die Wahrnehmung zu beschränken, statt vorschnell zu deuten.

Seien Sie sich dessen bewusst, dass Sie (hoffentlich) permanent von allen Lernenden wahrgenommen werden. Lernende beobachten sehr genau und können Ihnen oft überraschende Details rückmelden.

Praxistipp Es ist selbst bei einer Gruppenhospitation fast unmöglich, alle Interaktions- und Kommunikationsprozesse im Unterricht genau zu erfassen. Hier kann *Videografie* helfen: Damit können Sie sich hinterher „Schlüsselszenen" wiederholt anschauen und abschnittsweise – ggf. mit zusätzlicher Expertenhilfe – analysieren. Beachten Sie beim Videografieren aber unbedingt den Datenschutz!

Die Bedeutung konsistenter Kommunikation

Stellen Sie sich vor,

- Sie erhalten von jemandem eine E-Mail oder eine SMS,
- Sie telefonieren mit jemandem,
- Sie führen ein Gespräch von Angesicht zu Angesicht.

Nur im letzteren Fall haben Sie die Chance, wirklich die Gesamtheit der ausgesendeten Botschaften zu erfassen.

Der amerikanische Psychologe Albert Mehrabian fand bei Studien Ende der 1960er Jahre heraus, dass bei inkonsistenter Kommunikation (d. h. sich widersprechenden verbalen und nonverbalen Signalen) die nonverbalen wesentlich stärker als die verbalen Signale wirken. Im Einzelnen wirkte der sprachliche Inhalt nur zu 7 %, der stimmliche Ausdruck zu 38 % und der mimische Ausdruck zu 55 %.

Bei Inkonsistenzen „glaubt" Ihr Gegenüber demnach am meisten Ihrer Körpersprache. Es ist deshalb wichtig, in Inhalt, Stimme und Körpersprache immer einheitlich und widerspruchsfrei aufzutreten.

Körpersprache richtig deuten und authentisch auftreten

Um (nicht nur im Unterricht) überzeugend und authentisch auftreten zu können, sollten Sie für sich folgende Fragen sorgfältig klären:

- *Wie* wirke ich körpersprachlich?
- Will ich *so* wirken?
- Wie *will* ich wirken?
- Wie *erreiche* ich eine konsistente Wirkung?

Die Gefahr beim gezielten „Trainieren" von Körpersprache besteht in der **Manipulation** des Gegenübers. Dies ist z. B. bei professionellen Schulungen von Verkäufern oder in der Politik beabsichtigt. Auch wenn wir uns als Lehrkräfte manchmal als „Verkäufer" unserer Lehrinhalte und Erziehungsziele fühlen, sollten wir uns an diesem Trainingsziel nicht orientieren, denn uns geht es hauptsächlich um Authentizität und Konsistenz und weniger um Wahlerfolge oder die Steigerung von Verkaufszahlen mithilfe manipulativer Methoden. Wichtig ist, die eigene Wirkung zu kennen und um deren Grenzen und Chancen zu wissen.

Neben der eigenen Wirkung kommt der Deutung fremder Körpersprache eine wichtige Rolle zu. Dies ruft weitere Fragen hervor:

- Wie *deute* ich Körpersprache?
- Deute ich sie *zutreffend*?
- Wie kann ich *Fehldeutungen* vermeiden?

Übrigens　Es besteht die latente Gefahr einer Überinterpretation körpersprachlicher Signale. Manchmal ist eine als „verschlossen" gedeutete Körperhaltung nur Ausdruck einer zu geringen Raumtemperatur …

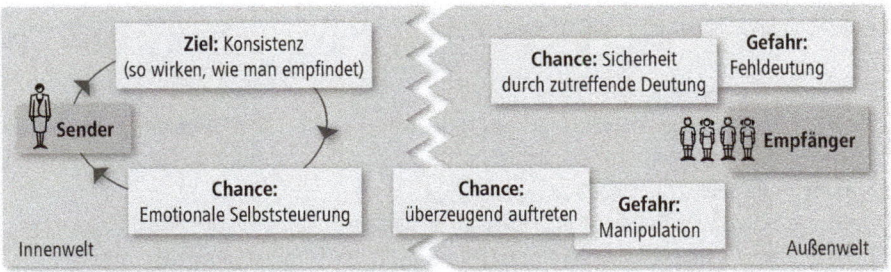

Abb. 3.2: Deutungen und Wirkungen von Körpersprache

Die Abbildung zeigt als weiteren Bereich die Rückwirkung der eigenen Körpersprache auf die Innenwelt, d. h., auf Ihre eigenen Gefühle und Befindlichkeiten.

Die sich hieraus ergebenden Fragen lauten:

- Wie beeinflusst meine Körpersprache meine Stimmung?
- Kann ich eigene Stimmungen körpersprachlich beeinflussen?

Im Folgenden möchte ich Ihnen Möglichkeiten aufzeigen, wie Sie an die Beantwortung der hier aufgeworfenen Fragen herangehen könnten. Diese Sammlung von Anregungen und Tipps kann und soll kein Ersatz für praktische Übungen in Ausbildungs- und Fortbildungsprogrammen für Lehrkräfte darstellen.

Praxistipp Die Lehrerausbildung bietet für eine zeitintensive Aus- und Weiterbildung im Bereich der Körpersprache meist nicht genügend Raum. Fragen Sie Ihre Ausbilder hier nach Möglichkeiten für intensivere Schulungen. Gute Erfahrungsmöglichkeiten bieten z. B. theaterpädagogische Workshops.

Die Wirkung der eigenen Körpersprache

- Der erste Schritt zur Annäherung an die eigene körpersprachliche Wirkung besteht in einer bewussten Selbstwahrnehmung.
- Nehmen Sie sich begrenzte Beobachtungsaufgaben vor: Achten Sie z. B. darauf, an welchen Stellen im Klassenraum Sie sich während einer Unterrichtsstunde oft aufhalten und wie Sie sich dort fühlen.
- Versuchen Sie, auf bestimmte Details zu achten, z. B. auf die Position Ihrer Schultern, Ihres Kopfes, Ihrer Hände, auf Ihren Gang usw. Nehmen Sie immer nur eines dieser Details in den Blick.
- Sie können die Wirkung Ihrer Körpersprache im Spiegel überprüfen: Versetzen Sie sich dazu in eine bestimmte Situation hinein (z. B.: „Ich komme in die Klasse und möchte mit dem Unterricht beginnen."). Spüren Sie sich genau in diese Situation hinein und betrachten Sie sich im Spiegel: Wie wirkt das auf Sie? Entspricht diese Wirkung Ihrer Intention?
- Versuchen Sie, in bestimmten Situationen Ihre körpersprachlichen Signale bewusst einzusetzen, z. B., indem Sie auf bestimmte Begriffe an der Tafel deuten, indem Sie bewusst verschiedene Standorte im Klassenraum einnehmen und „testen", oder indem Sie ausprobieren, auf welche Weise Sie zu Stundenbeginn in die Klasse hineinkommen und die Aufmerksamkeit der Klasse gewinnen können.

Praxistipp Machen Sie die Körpersprache auch zum Thema Ihres Unterrichts. In Präsentationen ist es z. B. sinnvoll, die Lernenden einmal auf die körpersprachliche Wirkung der Präsentierenden achten zu lassen – natürlich mit wertschätzenden Rückmeldungen!

Die Deutung von Körpersprache

- Auch bei der Deutung fremder Körpersprache besteht der erste Schritt darin, die *Wahrnehmung* körpersprachlicher Signale zu schärfen: Schauen Sie genau hin, und versuchen Sie, Kommunikation immer als *ganzheitlichen* Prozess zu sehen.
- Nehmen Sie zunächst diejenigen Situationen in den Blick, in denen Ihnen alle kommunikativen Komponenten konsistent erscheinen. Achten Sie dabei auf alle Details. Wenn Sie einmal erlebt haben, mit welchen nonverbalen Signalen Ihr Gegenüber eine bestimmte „Haltung" zum Ausdruck bringt, können Sie auf dieses Wissen in Situationen zurückgreifen, in denen Sie weniger deutungssicher sind.
- Besonders auffällige „Haltungen" können Sie manchmal auch dadurch entschlüsseln, dass Sie sie spiegeln – natürlich nicht im Unterricht, sondern z. B. zu Hause. Nehmen Sie genau die Haltung ein, die die betreffende Person eingenommen hat, und spüren Sie sich in diese Haltung hinein: Was empfinden Sie dabei? So könnten Sie z. B. feststellen, dass eine als besonders provokant empfundene Körperhaltung vielleicht einfach nur bequem ist.
- Versuchen Sie, offen mit Deutungswidersprüchen umzugehen. Sie können manchmal auch ganz einfach nachfragen, wenn Ihnen eine Person mehrdeutige Signale sendet. Fragen Sie deutungsoffen, z. B. so: „Bist du ärgerlich oder denkst du nur über etwas nach?"

- Scheuen Sie letztlich aber auch nicht davor zurück, die Wirkung der körpersprachlichen Signale Ihres Gegenübers zurückzumelden. Darüber, wie Sie etwas empfinden, kann übrigens nicht diskutiert werden. Allenfalls kann die *erzielte* Wirkung anders als die *beabsichtigte* Wirkung sein. Dies gilt umgekehrt natürlich auch für *Ihre* körpersprachliche Wirkung auf andere.
- Eine gute Beobachtungsmöglichkeit für die Körpersprache stellt der Pausenhof dar. Nutzen Sie die oft ungeliebte Pausenaufsicht doch einmal dazu, Situationen nur mithilfe nonverbaler Informationen zu deuten: Ist ein Streit ernst oder nur spielerisch? Wo gibt es Spannungen, wo ist es „chillig"?

> **Kurz und knapp**   Versuchen Sie bitte nicht, Deutungsexperte für Körpersprache zu werden, sondern belassen Sie es dabei, ==körpersprachliche Wirkungen bewusster wahrzunehmen== und mögliche Widersprüche aufzulösen – entweder für sich allein oder im Rahmen von Metakommunikation mit Ihrem Gegenüber.

Die Selbstwirkung von Körpersprache

Es mag Ihnen zunächst vielleicht etwas „magisch" erscheinen, dass Sie mithilfe von Körpersprache auch Einfluss auf sich selbst nehmen können. Trotzdem wirkt Körpersprache „bidirektional", d. h. sie spiegelt nicht nur Ihre Gemütslage, sondern sie vermag sie auch zu beeinflussen.

> **Zwei Beispiele**
> - Sie sind auf dem Weg in die 8c. Beim letzten Mal war alles ganz chaotisch, Sie hatten keine Chance, Ihren Unterricht „durchzuziehen" und vermuten, dass Ihnen diese Erfahrung nun erneut droht …
> - Sie werden von einer Kollegin gebeten, auf dem Schulhof nach dem Rechten zu sehen. *„Sie sind doch letztes Mal auch so beherzt dazwischen gegangen, da war sofort Ruhe. Könnten Sie das vielleicht noch einmal so toll regeln?"*

Im ersten Beispiel werden Sie wahrscheinlich die ungute Erwartung mit Ihrer Körpersprache spiegeln und dadurch in eine noch gedrücktere Stimmung geraten, die dazu verleitet, bei Ihrer Ankunft im Klassenraum mit Ihrer gesamten Körpersprache auszudrücken, dass Sie jetzt am liebsten ganz weit weg wären.

Im zweiten Beispiel werden Sie sich wahrscheinlich durch die positive Erwartung aufgrund Ihrer Vorerfahrung („Das kann ich erfolgreich klären!") und des Vertrauens Ihrer Kollegin in einer positiv verstärkenden Körperhaltung auf den Weg machen und somit in selbstbewusster, zielstrebiger Haltung am Ort des Geschehens ankommen.

In beiden Fällen wird Ihre Wirkung entscheidenden Einfluss auf Ihren Erfolg oder Misserfolg haben – die 8c wird also wahrscheinlich wieder nicht auf das reagieren, was Sie wünschen, während die Kombattanten auf dem Schulhof bereits respektvoll auseinander gehen werden, sobald Sie am Ort des Geschehens auftauchen.

Mit einer entsprechenden **inneren** Haltung (nach dem Motto: „Dieses Mal wird es bestimmt besser!") könnten Sie in der 8c mit einer geeigneteren Körpersprache auftreten. Aber zu einer positiven inneren Haltung können Sie sich zunächst einmal nicht zwingen.

Viel einfacher als die Änderung der inneren Haltung ist es dagegen, Ihre *Körper*haltung zu verändern. Diese zunächst erzwungene und inkonsistente **äußere** Haltung kann Ihre innere Haltung dahingehend beeinflussen, dass sie sich Ihrer Körperhaltung anzupassen versucht.

> **Kurz und knapp** Diese Art von „Selbstmanipulation" ist wesentlich effektiver als eine nach außen gerichtete manipulative Körpersprache. Sie funktioniert aber nur dann, wenn genügend Zeit für die Anpassung Ihrer inneren Haltung an Ihre äußere Haltung zur Verfügung steht.

Die Stimme bewusst einsetzen und gezielt trainieren

Untersuchungen zufolge leiden über die Hälfte aller Lehrkräfte im Laufe Ihres Berufslebens an Stimmproblemen. Diese Probleme können sich zu **chronischen Erkrankungen** weiterentwickeln, wenn dagegen nicht gezielt etwas unternommen wird.

Es lassen sich im Wesentlichen drei Gründe dafür anführen, warum es im Unterricht wichtig ist, auf die Stimme zu achten:

1. Eine bewusst eingesetzte Stimme steigert den Lehrerfolg und erhöht dadurch die Berufszufriedenheit.
2. Eine im Unterricht bewusst eingesetzte Stimme hat Vorbildcharakter für die Lernenden.
3. Eine bewusst eingesetzte und gut trainierte Stimme erhält Sie länger gesund.

Nachfolgend sollen drei Fragestellungen geklärt werden:

- Wie entsteht die Stimme?
- Wie wirke ich stimmlich?
- Wie halte ich meine Stimme gesund?

Auch in diesem Teilkapitel ist es mein Hauptanliegen, Ihnen einen kurzen Überblick über die Thematik zu verschaffen und Ihnen einige Tipps und Tricks an die Hand zu geben, die Ihnen im Schulalltag helfen können. Damit kann und soll ein professionelles Stimmtraining keinesfalls ersetzt werden!

Wie entsteht die Stimme?

Für Ihre Stimme sind im Wesentlichen drei Prozesse maßgeblich: Die **Atmung** (Respiration), die **Stimmbildung** (Phonation) und die **Lautbildung** (Artikulation). Diese drei Prozesse laufen beim Sprechen gleichzeitig unter Beteiligung von Muskeln und Organen ab.

Wenn Sie einmal versuchen, stimmhaft auszuatmen (also z. B. mit einem lauten „Aaaah"), so werden Sie feststellen, dass Sie dabei sehr viel langsamer ausatmen, als wenn Sie dies stimmlos tun. Das liegt daran, dass Ihre Luftröhre beim Sprechen von Ihren *Stimmlippen* im *Kehlkopf* auf einen schmalen Spalt verengt wird. Dadurch wird die Strömungsgeschwindigkeit im Schlitz erhöht und gleichzeitig durch den sogenannten Bernoulli-Effekt ein Unterdruck erzeugt, der Ihre Stimmlippen in eine Schwingung versetzt. Beim Sprechen atmen wir also immer aus und wir können mit einer einzigen Luftfüllung unserer Lunge relativ lange sprechen. Wenn Sie dies tun und lange auf einem Atemzug sprechen, werden Sie gegen Ende immer mehr „pressen" müssen, um noch einen Ton herauszubringen.

Daher sollten Sie Ihr Sprechen mit Ihrer Atmung in Einklang bringen. Sprechen Sie so, dass an den richtigen Stellen genügend Zeit zum Einatmen zur Verfügung steht. Es ist nicht erforderlich und auch nicht zuträglich, wenn Sie in den Sprechpausen ganz tief Luft holen. Es reicht aus, die Lungen so zu füllen, wie Sie es beim normalen Atmen tun.

Den Prozess des Einatmens können Sie übrigens im Rahmen eines entsprechenden Stimmtrainings so optimieren, dass er fast unbemerkt abläuft. Dieses als *„Abspannen"* bezeichnete reflektorische Einatmen geschieht durch eine sehr schnelle Zwerchfellkontraktion in einem Zeitraum von lediglich 0,2 Sekunden (!).

Theoretisch könnte man so permanent reden – vielleicht einer der wenigen Gründe, die *gegen* ein Stimmtraining sprechen.

Die **Tonhöhe** des in Ihrem Kehlkopf durch Schwingung der Stimmlippen entstehenden Tones wird umso höher, je schneller die Stimmlippen schwingen. Um höhere Töne zu erzeugen, müssen die Stimmlippen stärker gespannt und verkürzt werden.

Die **Lautstärke** des entstehenden Tons wird über die austretende Luftmenge reguliert. Je mehr Luft durch die Stimmritze gepresst wird, desto lauter ist der resultierende Ton.

Die im Kehlkopf gebildeten in Tonhöhe und Lautstärke variierbaren Töne werden durch Bewegungen Ihres Mundes und Ihrer Zunge in **Sprachlaute** umgewandelt.

Dadurch, dass die Luftschwingungen mit dem sogenannten *Ansatzrohr* (Mund-, Nasen- und Rachenraum) einen Resonanzraum erhalten, wird Ihrer Stimme zu ihrem persönlichen Klang *(Timbre)* verholfen. In unterschiedlichem Maße beeinflussen noch weitere Faktoren (z. B. die Kieferöffnung, Beteiligung von Brustraum oder Schädelknochen) den individuellen Klang und damit auch die Wirkung Ihrer Stimme.

> **Kurz und knapp**   Ihre Stimme ist das Ergebnis eines komplexen Zusammenwirkens Ihrer Atmung mit Ihrem Stimmapparat im Kehlkopf und dem sprachlautbildenden und sprachklangfärbenden Resonanzraum im Ansatzrohr und anderen Resonatoren.

Wie wirkt Ihre Stimme?

Sollten Sie einmal die Gelegenheit gehabt haben, einer Aufzeichnung Ihrer eigenen Stimme zuzuhören, so wird diese Ihnen in der Regel fremdartig und ungewohnt erscheinen. Die Erklärung, dies läge an der Tonaufzeichnung, ist offensichtlich falsch: Die aufgezeichneten Stimmen aller *anderen* hören sich schließlich ganz „normal" an.

Der Grund dafür ist der, dass die eigene Stimme innerhalb des eigenen Körpers entsteht und dass wir deswegen unsere Stimme gleichzeitig von außen und von innen wahrnehmen.

Ob wir eine Stimme als angenehm oder unangenehm empfinden, ist individuell verschieden und hängt u. a. von folgenden Faktoren ab:

- Sprechtempo und (Sprech-)Stimmlage
- Lautstärke und Lautstärkenänderung
- Deutlichkeit der Aussprache
- Betonungen und Pausenverhalten
- Sprachliche Besonderheiten (z. B. Dialekt)
- Individueller Klang

Die genannten Faktoren beeinflussen sowohl die Verständlichkeit als auch die durch die Stimme ausgelösten Empfindungen und sind unterschiedlich leicht „trainierbar". Es ist sinnvoll, zuerst diejenigen Aspekte zu optimieren, die Sie leicht beeinflussen können, z. B. das Sprechtempo, die Lautstärke oder das Pausenverhalten.

Um die Wirkung Ihrer Stimme in Erfahrung zu bringen, sollten Sie zunächst versuchen, sie in einer möglichst praxisnahen Situation bewerten zu lassen. Dies kann z. B. in „simulierten" Sprechsituationen oder im Rahmen von Unterrichtshospitationen geschehen.

Praxistipp Damit Sie eine Rückmeldung nur bezogen auf Ihre Stimme erhalten, kann man die Zuhörenden bitten, die Augen zu schließen. Einen ähnlichen, aber leider nicht unterrichtsbezogenen Effekt erreichen Sie dadurch, dass Sie sich in Ihrem Umkreis einmal nach Ihrer „Telefonstimme" erkundigen. Durch diese Frage gelingt es den Befragten leichter, alle nonverbalen Aspekte auszublenden.

Auf diese Weise erhalten Sie wahrscheinlich einige Hinweise auf Optimierungsmöglichkeiten, z. B. auf zu schnelles Sprechen oder auf eine ungenaue Aussprache. Wo Ihre genauen stimmlichen „Baustellen" liegen und was Sie gezielt trainieren sollten, ist aber im Wesentlichen nur mithilfe eines professionellen Stimmtrainings mit entsprechenden Übungen in Erfahrung zu bringen.

Verständlichkeit

Es ist eigentlich ziemlich schwierig, völlig unverständlich zu sprechen. Das liegt daran, dass das menschliche Gehirn beim Dekodieren einer Botschaft enorme Leistungen zu erbringen imstande ist.

Praxisbeispiel Folgende schriftliche Entschuldigung einer Mutter, die nicht zum Elternsprechtag erschien, soll angeblich so in der Schule abgegeben worden sein:
HAP KEIN BEIM KLEIN

Tipp Durch lautes Lesen erschließt sich der Sinn viel besser („Auflösung" im Anhang, S. 138).

Achten Sie einmal darauf, wie viele Wortendungen (besonders mit der Endung „en") „verschliffen" werden. Dies ist auch bei professionellen Sprechern normal, ohne dass es zu Verständnisproblemen führt. Kommen jedoch ungünstige Faktoren hinzu (z. B. Umgebungsgeräusche oder sehr leises Sprechen), so wird das Zuhören spürbar anstrengender, denn das Gehirn hat schließlich mehr Dekodierungsleistung zu erbringen. Auf Dauer kann das sehr ermüdend sein, und noch bevor man wirkliche Verständnisschwierigkeiten bekommt, beginnt man negative Gefühle dem Sprecher gegenüber zu entwickeln.

- Versuchen Sie deshalb, **deutlicher** zu sprechen. Gerade im Unterricht ist es ein immer wiederkehrender Irrglaube, dass die Sprache allein durch eine größere Lautstärke verständlicher würde. Mit einer deutlicheren Aussprache können Sie die Verständlichkeit wesentlich besser und darüber hinaus viel stimmschonender optimieren.
- Die Deutlichkeit der Aussprache sollte aber nicht durch eine überbetonte Aussprache „verschlimmbessert" werden. Sprechen Sie also z. B. die Endungen auf „en" aus, aber betonen Sie sie nicht, denn das würde sich eher wie ein logopädisches Training anhören.

Die Bedeutung der Sprachmelodie

Die richtige Sprachmelodie ist nicht nur beim Vortrag von Gedichten entscheidend, sondern ein weiteres Instrument, die Verständlichkeit Ihrer Sprache zu erhöhen und Ihre Zuhörer positiv von sich einzunehmen. Die deutsche Sprache verfügt zwar z. B. im Vergleich zum Englischen über keine so ausgeprägte Sprachmelodie, aber trotzdem ist es wichtig, darauf zu achten. So sollten alle Satzzeichen „hörbar" sein, z. B. durch das Anheben der Tonlage am Ende eines Fragesatzes.

- Wählen Sie eine Stimmlage, die Sie hinsichtlich der Umsetzung einer guten Sprachmelodie nicht unnötig einschränkt. Sprechen Sie z. B. nicht permanent „zu hoch".

- Achten Sie darauf, sich nicht allzu weit von Ihrer *mittleren Sprechstimmlage* zu entfernen. Ihre mittlere Sprechstimmlage können Sie mithilfe von „Urlauten" (z. B. stimmhaftes Gähnen) oder durch möglichst monotones Zählen von 1 bis 10 (Ze…eehn) ermitteln.

Die richtige Betonung

Wie wichtig eine bewusst eingesetzte Betonung beim Sprechen ist, können Sie sich an folgendem Beispiel selbst klarmachen.

Praxisbeispiel   Betonen Sie jeweils das unterstrichene Wort:
Kannst du das erledigen?   *Kannst du das erledigen?*
Kannst du das erledigen?   *Kannst du das erledigen?*

Durch bewusste Betonungen setzen Sie also wichtige Akzente.
- Betonen Sie „Schlüsselwörter" (z. B. Fachbegriffe) und achten Sie bei diesen auf eine besonders deutliche Aussprache.
- Begeistern Sie die Lernenden durch betontes Sprechen, z. B. bei einem Lehrervortrag.
- Thematisieren Sie die Bedeutung betonten Sprechens im Unterricht, z. B. bei Referaten.

Übrigens   Jede Lehrkraft sollte dazu in der Lage sein, einen Text so vorzutragen, dass es Spaß macht, dabei zuzuhören. Sie wecken damit Freude an der Sprache und Freude am Lesen!

Wie halte ich meine Stimme gesund?
- Sprechen Sie atemrhythmisch angepasst, d. h. sorgen Sie durch Pausen im Sprachfluss für eine ausgewogene, dem Sprechen angepasste Atmung. Dadurch vermeiden Sie das anstrengende „Pressen".
- Vermeiden Sie zu lautes Sprechen. Verleihen Sie Ihrer Stimme lieber größere Fülle, indem Sie die körpereigenen Resonanzräume optimal einbeziehen. Das funktioniert z. B. allein schon dadurch, dass Sie im Stehen statt im Sitzen sprechen. Zusätzlich trägt Ihre Stimme auf diese Weise weiter.
- Schreien oder (stimmloses) Flüstern vermeiden Sie bitte völlig. Beides ist gleichermaßen gesundheitsschädigend und kann zu chronischen Erkrankungen des Stimmapparates führen. Nutzen Sie notfalls Klangstäbe, Klingeln oder andere Signalgeber.
- Vermeiden Sie wiederholtes Hüsteln oder Räuspern. Auch dies ist stimmschädigend. Husten Sie notfalls einmal kräftig ab, oder wirken Sie dem Räusperzwang mit Schlucken entgegen.
- Verzichten Sie – insbesondere vor intensiven Sprechanlässen – auf Nikotin, Alkohol, scharfe oder zu heiße Speisen und Getränke.
- *Trinken* Sie regelmäßig Wasser – auch im Unterricht! Das hält Ihre Stimme länger fit.
- Halten Sie Ihren Stimmapparat warm. Vermeiden Sie Zugluft, notfalls indem Sie hochgeschlossene Kleidung oder einen Schal tragen.
- Eine gute Luftfeuchtigkeit ist wichtig für Ihre Stimme. Vermeiden Sie trockene Luft, besonders im Winter. Beugen Sie dem durch regelmäßiges Stoßlüften im Klassenraum vor.
- Zur Vorbeugung und bei aufkommenden Stimmproblemen hilft Salbei – als Tee, als Lutschbonbons oder zum Inhalieren.

> **Praxistipp** Nehmen Sie die Gefahren für Ihre Stimme ernst und unterrichten Sie „stimmgerecht" – schließlich ist Ihre Stimme eines der wichtigsten Werkzeuge in Ihrem Unterricht.

Verbale Unterrichtskommunikation

Ohne verbale Kommunikation ist Unterricht nicht denkbar. Wesentliche Gelenkstellen des Unterrichts, Arbeitsanweisungen, Informationen, aber auch die Ermittlung von Vorwissen, der Vergleich und die Präsentation von Ergebnissen werden – wenn nicht *allein* – so doch in aller Regel *unterstützt* durch verbale Kommunikation gestaltet.

Kommunikationsmodelle

Auf die Arbeit des Psychologen Paul Watzlawik lässt sich die Aussage „*Man kann nicht nicht kommunizieren*" zurückführen. Alles – eben auch das Schweigen – lässt sich als Kommunikationsbotschaft deuten. Watzlawik geht des Weiteren davon aus, dass jede verbale Botschaft einen Inhalts- und einen Beziehungsaspekt beinhaltet.

Dieses Modell wurde vom Psychologen und Kommunikationswissenschaftler Friedemann Schulz von Thun zum **„Kommunikationsquadrat"** (auch als „4-Ohren-Modell" bekannt) weiterentwickelt. Angewandt auf ein Beispiel im Unterricht kann das Kommunikationsquadrat wie folgt verdeutlicht werden:

Schülerin:
„Ich verstehe das nicht!"

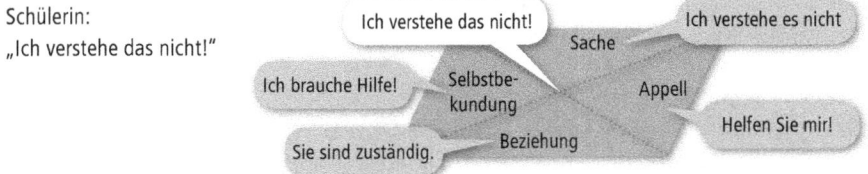

Abb. 3.3: Kommunikationsquadrat (Beispiel)

Es ist zunächst Sache des Empfängers der Botschaft, auf welchem Ohr er sie hauptsächlich hören möchte. Leider geschieht die Deutung oft unbewusst und führt zu Reaktionen, die beim Sender der Botschaft gar nicht intendiert waren. So könnte im Beispiel oben die Reaktion je nach „Ohr" völlig unterschiedlich ausfallen: Entweder „*OK. Ich helfe dir.*" Oder „*Du musst es allein schaffen!*"

Die im Beispiel dargestellten Ebenen bilden allerdings nur *eine* Möglichkeit dessen ab, was in der Botschaft mitschwingen könnte. Andere Deutungen sind ebenfalls möglich, z. B. die folgenden:

Abb. 3.4: Kommunikationsquadrat (Beispiel, alternative Deutungen)

Es hängt also von der Interpretation des Hörenden ab, ob überhaupt eines seiner „vier Ohren" richtig hören *kann*, wobei die Deutung u. a. von der Beziehung zum Sprecher oder den Umständen abhängt. Die einzige Konstante stellt die Sachebene einer Nachricht dar. Es wäre aber nicht sinnvoll, als Konsequenz daraus alle Nachrichten nur noch auf dem „Sachohr" zu hören. Dies würde in den meisten Fällen dem Anliegen des Sprechers nicht gerecht.

Die alltägliche Kommunikation funktioniert in den meisten Fällen dennoch zufriedenstellend, weil nonverbale Kommunikationsanteile hinzukommen. Indem Sie verbale und nonverbale Kommunikation auf einen Nenner bringen, kommen Sie zu einer besser abgesicherten Einschätzung darüber, welches Ihrer „vier Ohren" angesprochen wird.

Kommunikation im Unterricht

Die Ausgangslage im Unterricht ist schwieriger als in einem Vier-Augen-Gespräch, da alle Beteiligten sich auf eine Vielzahl verschiedener Kommunikationspartner einstellen müssen.

Zudem liegen völlig unterschiedliche Voraussetzungen vor: Die Lehrkraft ist (hoffentlich!) der Kommunikationsprofi, während die Lernenden Kommunikations*anwender* sind. Unter anderem deshalb kommt der Lehrkraft die hauptsächliche Verantwortung für eine gelungene Unterrichtskommunikation zu.

Die Kommunikation im Unterricht besteht im Wesentlichen aus drei Komponenten, mit denen unterschiedliche Anliegen verfolgt werden:

Abb. 3.5: Kommunikationsebenen im Unterricht

Kommunikationsgegenstand

Der Kommunikationsgegenstand ist der Anlass, aufgrund dessen Kommunikation im Unterricht „eigentlich" stattfindet. Die Ziele der Unterrichtskommunikation können auf verschiedenen Ebenen liegen:

- **Fachliche** Ebene: Vermittlung fachlicher Informationen, Austausch über den fachlichen Informationsstand, Austausch von Arbeitsergebnissen, Rückmeldungen zum Lernerfolg usw.
- Ebene des **Unterrichtsprozesses**: Erteilen von Arbeitsaufträgen, Klärung von Arbeitsprozessen, Gestaltung von Überleitungen zwischen Unterrichtsphasen, Klärung von methodischen Abläufen usw.
- **Beziehungsebene**: Herstellung von Rollenklarheit, Rückmeldung zu erwünschtem und unerwünschtem Verhalten, Klärung von Beziehungsstörungen, Formung von Beziehungsstrukturen usw.

Kommunikationsprozess

Im Kommunikationsprozess wird Kommunikation angewendet und erprobt. Dazu sind bestimmte Voraussetzungen erforderlich:

- Die Kommunikationsbedingungen sollten dem Kommunikationsprozess förderlich sein. Dies fängt z. B. mit der Sitzordnung an.

Praxistipp Wie häufig haben Sie sich schon im Bus oder in der Straßenbahn mit den vor oder hinter Ihnen sitzenden Fahrgästen unterhalten? Wahrscheinlich noch nie. Wenn Sie also möchten, dass die gesamte Lerngruppe miteinander ins Gespräch kommt, müssen sich alle Beteiligten von Angesicht zu Angesicht sehen können, z. B. in einem Stuhlkreis, statt im „Straßenbahnsystem" hintereinander zu sitzen. Auch wenn wechselnde Sitzordnungen Aufwand bedeuten: Nehmen Sie sich in Ihrem Unterricht die Zeit dafür!

- Alle Beteiligten sollten sich an gemeinsam vereinbarte Kommunikationsregeln halten, z. B. wertschätzenden Umgang miteinander, andere ausreden lassen, angemessene Lautstärke, aktiv zuhören usw. Es empfiehlt sich, diese Gesprächsregeln z. B. als Plakat im Klassenraum zu visualisieren.
- Der Kommunikationsprozess soll sich am Stand der Kommunikationskompetenz der Lernenden orientieren: Die Art und Weise, sich auszudrücken, muss zur Lerngruppe passen, ohne dass die Lehrkraft die Lerngruppe kommunikativ imitiert. Sie sollten das aktuelle Vokabular der Jugendsprache kennen, aber nicht selbst in unangemessener (als anbiedernd interpretierbare) Weise verwenden.

Praxisbeispiel Frau K. will einem ständig gehänselten Schüler beistehen: *„Ich finde es echt traurig, dass Marc immer zum Opfer gemacht wird!"* – *„Geil, jetzt wird der auch noch von Frau K. gedisst!"*, freuen sich die Mitschüler (der Begriff „Opfer" wird in der Jugendsprache als Schimpfwort verwendet).

Metakommunikation

Mithilfe von Metakommunikation (d. h. Kommunikation über Kommunikationsprozesse) können kommunikative Prozesse im Unterricht analysiert und optimiert werden.

Sie sollten im Unterrichte z. B. Rückmeldungen zur Kommunikationskompetenz geben und Gesprächsregeln erarbeiten und erproben. Metakommunikation sollte regelmäßig geübt werden. Sie erfordert viel Fingerspitzengefühl, weil sie ja selbst ebenfalls in einem Kommunikationsprozess abläuft.

- Vermeiden Sie daher im Unterricht spontane „Schnellschüsse": Metakommunikation muss von allen Beteiligten beherrscht werden.
- Führen Sie Metakommunikation nicht defizitorientiert aus. Besprechen Sie die gelungenen Elemente und die Gründe für das Gelingen.

▶ ▶ ▶ Praxiselement Gesprächsführung im Unterricht

Grundsätzlich sind hinsichtlich der Gesprächsführung im Unterricht folgende Aspekte zu beachten:
- Seien Sie selbst ein kommunikatives *Vorbild* für die Lerngruppe. Bleiben Sie klar und bleiben Sie in Ihrer Rolle. Achten Sie z. B. auf eine angemessene Wortwahl und wertschätzendes Feedback.

Praxistipp Bringen Sie nicht durch ständig wiederholte „Lieblingswörter" (z. B. „so", „beispielsweise", „äh") ungewollte Komik in den Unterricht. Manche Lernende führen darüber Strichlisten.

- Zu einer erfolgreichen Gesprächsführung im Unterricht gehört neben einer klaren und strukturierten Kommunikation eine hohe Flexibilität. Kommunikationsprozesse sind dadurch gekennzeichnet, dass ihre detaillierte Planung in aller Regel unmöglich ist.

- Suchen Sie Gesprächsanlässe da, wo sie der Motivation der Lerngruppe entspringen. Lassen Sie die Lernenden z. B. am Montagmorgen für einen festgelegten Zeitraum über ihre Erlebnisse am Wochenende berichten und gehen Sie ab und zu auch einmal auf „wegführende" Fragen oder solche zu tagesaktuellen Dingen ein.

- Loben Sie Ihre Schüler regelmäßig. Nicht alles muss ständig mit übertriebenen Prädikaten wie „super" oder „klasse" kommentiert werden, aber Lobenswertes sollte auf jeden Fall eine angemessene Wertschätzung erfahren.

- Geben Sie eindeutige Anweisungen. Dies gilt besonders für die zeitliche Abfolge von Aufträgen, z. B.: „Nehmt jetzt eure Ergebnisse heraus und geht dann in die Gruppenarbeit" anstelle von: „Geht in die Gruppenarbeit. Nehmt dazu eure Ergebnisse mit."

- Die Phrase „Kann jemand mal …" führt dazu, dass sich keiner angesprochen fühlt. Sprechen Sie Lernende direkt an, also z. B.: „Mike, Phillip, ihr solltet doch die Bücher herausholen!" anstelle von „Ihr habt immer noch nicht alle eure Bücher herausgeholt!"

- Schreiben Sie sich wichtige Formulierungen auf, z. B. Arbeitsaufträge, Informationen zu Gelenkstellen des Unterrichts usw. Hierzu eignen sich z. B. Moderationskarten. Verinnerlichen Sie darüber hinaus ein Repertoire hilfreicher Redewendungen und Floskeln.

Es gibt einige Dinge, die Sie unbedingt unterlassen sollten:

- Vermeiden Sie pauschalisierende Aussagen, sofern Sie nicht wirklich jeden einzelnen Lernenden meinen. Dies gilt sowohl für Positives („Ihr habt toll mitgemacht!") wie auch für Negatives („Eure Arbeitshaltung lässt zu wünschen übrig!"). Oft erreicht solch eine Aussage gerade diejenigen, an die sie gerichtet war, am wenigsten.

Übrigens   Mit Ausnahme der Oberstufe werden Sie Ihre Schüler duzen. Dieses „Du" schafft zwei Probleme: Unter Erwachsenen ist das „Du" ein Zeichen besonderer Vertrautheit und Offenheit. In der Schule handelt es sich nicht um dieses „vertraute Du". Darum sollte trotz „Du" den Lernenden gegenüber eine wertschätzende Distanz gewahrt bleiben. Schließlich erwarten Sie diese Wertschätzung Ihnen gegenüber (zu Recht) ebenfalls.

Zum Anderen wird das „Du" im Plural zum unverbindlichen „ihr", was beim „Sie" nicht der Fall ist. Bei schriftlichen Arbeitsaufträgen wird deshalb oft die Anrede „Du" verwendet. Falls es für Ihre Lernenden „passt", probieren Sie dies doch auch einmal bei mündlichen Aufträgen aus, also z. B.: *„Welche Verben findest Du in dem Text?"* anstatt: *„Welche Verben findet ihr in dem Text?".*

- Nehmen Sie Äußerungen nicht persönlich. Schüler äußern sich in aller Regel nicht so differenziert, wie Sie es z. B. von Kollegen oder Seminarausbildern erwarten dürfen.

- Vermeiden Sie in jedem Fall Ironie. Das Wesen der Ironie ist die Verstellung, d. h. es wird das Gegenteil dessen gesagt, was gemeint ist. Mit dieser gewollten Inkonsistenz kommen Kinder in aller Regel gar nicht und Jugendliche meist nur eingeschränkt zurecht.

- Verhindern Sie unbedingt Späße auf Kosten anderer, seien es Lernende oder Lehrende. „Lustig gemeint" kann das Gegenteil von lustig sein. Machen Sie klar, dass Sie dies in Ihrem Unterricht nicht dulden und seien Sie dabei bitte sehr konsequent.

Fragetechnik

Viele Schwierigkeiten im Unterricht ergeben sich aus einer suboptimalen Fragetechnik. Das liegt unter anderem daran, dass Unterrichtsfragen ganz häufig keine „echten" Fragen, sondern „verkleidete Aufgaben" darstellen. Hierauf sind die Lernenden in aller Regel so stark geprägt, dass Sie auch dort noch nach Arbeitsaufträgen suchen, wo eigentlich eine „echte" Frage intendiert war.

Zum Beispiel kann die Frage: *„Wer weiß, was heute für ein Tag ist?"* bei den Lernenden verschiedene Reaktionen auslösen. Die Überlegungen könnten folgendermaßen ablaufen:

Schüler A:	*„Es geht heute im Unterricht also um irgendeinen Feiertag. Und wir sollen erraten, um welchen!"*
Schülerin B:	*„Oje – habe ich etwa vergessen, dass heute ein Test geschrieben wird?"*

Im Unterricht sollten Sie Ihre Erwartung deshalb vorab offenlegen: Soll z. B. mit der Frage Vorwissen ermittelt werden oder geht es darum, vorausgesetztes Wissen abzufragen? Stelle ich nur eine „normale" Frage oder will ich auf irgendetwas Bestimmtes hinaus? Stelle ich die Frage als Bewertender, als Moderator, als Wissender oder als Unwissender? Nur mit einer vorherigen Klärung erhalten Sie die Rückmeldungen, die Sie mit Ihrer Frage beabsichtigt haben.

Anregungen für gelungene Fragen

- Manchmal sind *Aufforderungen* besser als Fragen. Beispiel: „Nennt mir bitte Flüsse in Europa" anstatt: „Wer kennt europäische Flüsse?"
- Versuchen Sie, mögliche Antworten der Lernenden *vorauszusehen*. Berücksichtigen Sie dabei, welchen fachlichen Kenntnisstand die Lernenden zum Zeitpunkt Ihrer Frage haben können und inwieweit sie über die Zielsetzung Ihrer Frage orientiert sein können.
- Präzisieren Sie Ihre Fragetechnik dahingehend, dass die Antworten in die richtige Richtung gehen. Vermeiden Sie Fragen, bei denen die Lernenden meinen erraten zu müssen, was Sie hören möchten.
- Unterscheiden Sie zwischen *offenen* (z. B.: „Was muss man beachten, wenn man sich ein Haustier anschaffen möchte?") oder *geschlossenen* Fragen („Wovon ernährt sich ein Hund?").
- Haben Sie „Mut zur Pause": Warten Sie nach einer Frage so lange ab, dass alle Lernenden eine Chance haben, darüber nachzudenken.

> **Übrigens** Testen Sie doch einmal, wie lang Sie die „Spannung" der Stille nach einer Frage aushalten können. Sie werden überrascht sein, wie kurz die „gefühlte Ewigkeit" in gemessener Zeit tatsächlich ausfällt.

Folgende Dinge sollten Sie besser vermeiden:

- Wiederholen Sie nicht die Antworten der Lernenden. Dieses „Lehrerecho" erzieht die Lernenden dazu, nur Ihnen zuzuhören – die Beiträge der Mitschüler bekommen sie ja von Ihnen nachgeliefert.
- Vermeiden Sie Kettenfragen (z. B.: „Wie wirkt das Bild auf euch? – Wann könnte das Bild entstanden sein? – Was ist dargestellt?").
- Interpretieren Sie keine Antworten („Du meinst bestimmt das Richtige") und legen Sie den Lernenden v. a. keine Antworten in den Mund. Fragen Sie stattdessen nach, z. B.: „Was meinst Du genau?" oder „Kannst Du das genauer auf unser Problem beziehen?".
- Geben Sie Antworten lieber an die ganze Gruppe weiter, statt direkt darauf zu reagieren. Ansonsten

geraten Sie schnell in eine dialogische Gesprächssituation, von der der Rest der Lerngruppe ausgeschlossen ist. Falls Sie der Meinung sind, dass eine wichtige Antwort nicht bei allen angekommen ist, *lassen* Sie sie wiederholen.

- Vermeiden Sie es, räumlich auf die Antwortenden zuzugehen, die zu leise sprechen. Bewegen Sie sich stattdessen davon **weg** – das führt in den meisten Fällen dazu, dass die Stimme lauter wird.

◀ ◀ ◀

Sie können sich für dieses Teilkapitel ein **Kompetenzerwerbsschema** aus dem Internet herunterladen. Webcode: RK162567-005

Unterrichtsmethoden für heterogene Lerngruppen kennen und professionell einsetzen

Unterrichtsmethoden • Die Choreografie einer Unterrichtsstunde • Unterrichtsphasen • Die fragend-entwickelnde Methode • Kooperativ Lehren und Lernen • Praxiselement **Placemat-Methode •** Praxiselement **Gruppenpuzzle**

Eine Situation aus der Praxis   Referendar Bernd hat eine tolle Stunde geplant: In sechs verschiedenen Gruppen sollen die Lernenden erarbeiten, nach welchen Verfahren der Bundestag in Deutschland gewählt wird und dazu ein Plakat erstellen. Die Arbeit in den Gruppen funktioniert gut, auch die Ergebnisse sind sehr zufriedenstellend. Aber in der Präsentationsphase gerät auf einmal alles aus den Fugen: Den Präsentierenden wird überhaupt nicht zugehört. Bernd ist enttäuscht. *„Die haben doch so tolle Arbeit geleistet. Und jetzt das! Die Präsentationsphase läuft immer irgendwie schief ..."*

Erschließungsfragen
- Woran liegt es, dass manche Unterrichtsphasen nicht optimal ablaufen?
- Wie finde ich die richtige Methode für die richtige Gelegenheit?
- Welche Phasen sollte eine Unterrichtsstunde aufweisen?
- Gibt es bestimmte Standardmethoden, die immer gut funktionieren?

Unterrichtsmethoden
Unterricht ohne Einsatz von Methoden ist schlicht nicht denkbar. Die Antwort auf die Frage, was unter einer Methode zu verstehen sei, fällt unter Pädagogen aber meist sehr unterschiedlich aus. Zudem hat fast jede Fachdidaktik eigene Strukturen, in denen sie das, was sie unter dem Begriff „Methode" versteht, anordnet und hierarchisiert. Die von mir nun verwendete Definition greift auf die Planungskonstituenten des Unterrichts zurück: Unter dem Begriff „Methode" verstehe ich Organisationsformen, Handlungen und Verfahren im Unterricht, mit denen
- Kommunikation und Interaktion gestaltet,
- Werkzeuge eingesetzt,
- Inhalte erschlossen und angeeignet,
- Strukturen geprägt und vermittelt sowie
- Lehr-, Lern- und Erziehungsziele erreichbar gemacht werden.

> **Kurz und knapp** Alle Dinge im Unterricht, mit denen die Frage nach dem „Wie" beantwortet werden können, sind Methoden.

Diese Begriffsdefinition ist so umfassend, dass Sie hierunter wahrscheinlich auch Formen fassen können, die in einer Ihrer Fachdidaktiken nicht mehr unter deren jeweiligen Methodenbegriff fallen.

Überhaupt werden Sie immer wieder feststellen, dass viele Begriffe aus der Pädagogik nicht eindeutig definiert sind. Vermeintliche Widersprüche in der pädagogischen Diskussion gehen nicht selten auf solche unterschiedlichen Definitionshintergründe zurück.

Methoden können nach der hauptsächlichen Zielrichtung in folgende *Teilbereiche* aufgeteilt werden:

● **Kommunikations- und Interaktionsorientierte Methoden**

Hierzu zähle ich alle Methoden, die hauptsächlich zur Initiierung oder Steuerung von Kommunikations- und Interaktionssituationen eingesetzt werden, z. B. die *Meldekette* (Lernende rufen nach ihrem eigenen Beitrag die nächsten Lernenden auf) oder die Arbeit mit *Ruhezeichen* (z. B. Handzeichen, aber auch Verwendung von akustischen Signalen).

● **Werkzeugorientierte Methoden**

Methoden, bei deren Verwendung ein bestimmtes Werkzeug im Zentrum steht, fasse ich in dieser Kategorie zusammen. Hierzu zählen z. B. das Erstellen von *Lernplakaten* oder die *Metaplanarbeit* (Sammlung, Strukturierung und Visualisierung von Teilaspekten einer Sache mithilfe von Abfragekarten und einer Pinnwand).

● **Inhaltsorientierte Methoden**

Die Erschließung des Inhaltes steht bei diesen Methoden im Vordergrund, sei es z. B. ein Informationsinput wie beim *Lehrkraftvortrag* oder die Bearbeitung wichtiger inhaltlicher Fragestellungen wie z. B. bei der *fragend-entwickelnden Methode* (vgl. S. 80).

● **Strukturorientierte Methoden**

Hierzu gehören z. B. alle *Gruppenbildungsmethoden* oder das *Think-Pair-Share-Prinzip* aus dem kooperativen Lernen (vgl. S. 83). Methoden, die in diesen Bereich fallen, haben im Schwerpunkt die Aufgabe, den Lern- und Unterrichtsprozess zu strukturieren.

● **Evaluationsorientierte Methoden**

Hierunter fasse ich alle Methoden, deren Hauptziel die Reflexion und Auswertung des Lernprozesses ist. Dazu gehören Abfragemethoden wie die große Zielscheibe, an der jeder Schüler seine individuelle Meinung abgestuft markieren kann, eine kurze Stellungnahme jedes Lerners zu einer Frage („Blitzlicht"), aber auch aufwändige Reflexionen des Lernprozesses, wie es z. B. mit dem Lerntagebuch möglich ist.

> **Praxistipp** Bei der schriftlichen Planung besteht häufig Unklarheit darüber, wie man eine bestimmte Methode benennen soll. Einige Methoden sind relativ klar definiert (z. B. das Stationenlernen). Falls Sie der Meinung sind, dass Sie eine solche Methode nicht zu 100 % umsetzen können, dürfen Sie sie selbstverständlich Ihren individuellen Bedürfnissen anpassen. Sprechen Sie in diesem Fall in Ihrer schriftlichen Planung einfach von einer „an die Methode X *angelehnten*" oder von einer „auf der Methode X *basierenden* Abwandlung" der ursprünglichen Methode.

Die oben aufgeführten Methodenbereiche stellen eine von vielen Möglichkeiten dar, wie man Unterrichtsmethoden strukturieren kann.

Eine andere Möglichkeit (z. B. im Rahmen der Lokalisierung wesentlicher didaktisch-methodischer Entscheidungen im Rahmen der schriftlichen Planung) besteht darin, Methoden hinsichtlich Ihres Prägungsgrades in Bezug auf den Unterricht zu strukturieren:

● **Reihenprägende Methoden**

Hiermit sind Methoden gemeint, die über mehrere Unterrichtsstunden hinweg eingesetzt werden. Das könnte z. B. eine *Projektarbeit* oder ein *Stationenlernen* sein. Bei der Projektarbeit wird in Teilgruppe eine komplexe Aufgabe (meist mit einem Produkt als Ergebnis) selbstständig bearbeitet. Beim Stationenlernen werden verschiedene Teilaspekte eines Themas „mit allen Sinnen" an Lernstationen erschlossen.

● **Unterrichtsprägende Methoden**

Methoden, die so verwendet werden, dass sie eine gesamte Stunde dominieren, kann man dieser Kategorie zuordnen. Dazu gehört z. B. die Lerntheke (ein differenziertes „Buffet" mit Aufgabenblättern).

● **Phasenprägende Methoden**

Wenn eine ganze Unterrichtsphase in der Hauptsache mittels einer bestimmten Methode gestaltet wird, so ist sie phasenprägend. Hierzu gehört z. B. das *Brainstorming* im Rahmen einer Hinführungsphase.

Praxistipp   Diese Strukturierung eignet sich besonders für die Planung und die Beschreibung *längerfristiger* Unterrichtszusammenhänge.

Im Prinzip dieser Strukturierung ist verankert, dass eine bestimmte Methode abhängig von ihrem Einsatz im konkret geplanten Unterrichtsvorhaben in jede der Kategorien fallen könnte.

Methodenauswahl

Dieses Buch kann und soll keine Sammlung und Beschreibung für Unterrichtsmethoden ersetzen. Hierfür gibt es eine Vielzahl einschlägiger Literatur sowie Internetquellen. Diese Vielfalt ist jedoch manchmal eher verwirrend und hinderlich als hilfreich. Deshalb nachfolgend einige Orientierungsfragen zur Auswahl geeigneter Methoden, angelehnt an die Planungskonstituenten (vgl. S. 42) sowie an die Lehr- und Lernperspektiven (S. 44):

● „Wohin?": Eignet sich die Methode bezogen auf die Zielsetzung der Stunde? Kann die gewählte Methode dazu beitragen, dass die Lern-, Lehr- und Erziehungsziele des Unterrichts erreicht werden?

● „Wann/Wo?": Ist die Methode bezüglich der angetroffenen und geplanten Strukturen geeignet? Passt die Methode zur Lernumgebung und kann sie in der verfügbaren Zeit umgesetzt werden?

● „Was?": Passt die Methode zum Inhalt? Lässt sich der Inhalt geeignet strukturieren oder aufbereiten, so dass die Methode effektiv einzusetzen ist? Zum Beispiel erfordert die Methode Gruppenpuzzle (vgl. S. 82), dass ein Inhalt in voneinander unabhängige Teilgebiete aufgegliedert werden kann.

● „Womit?": Passen die geplante Methode und die verwendeten Werkzeuge zusammen? Ist z. B. ein bestimmter Fachtext gut für eine bestimmte Texterschließungsmethode geeignet?

● Lehr- und Lernperspektive: Wird die Methode bereits beherrscht (Methodenkompetenz), passt sie zur herrscht Lerngruppe (Alter, Gruppengröße, Sozialstruktur), vermag sie zu motivieren, kann und will ich als Lehrkraft diese Methode so überhaupt einsetzen (z. B. stummer Impuls als Einstieg)?

> **Kurz und knapp** Die Wahl der geeigneten Methode setzt nicht nur voraus, verschiedene Methoden zu kennen, sondern Sie sollten darüber hinaus sehr genau wissen, welche Chancen jede Methode bietet und welchen Grenzen und Einschränkungen sie unterliegt. Es ist besser, *wenige* Methoden gut zu kennen und zu beherrschen, als *viele* Methoden unreflektiert und unprofessionell einzusetzen.

Die Choreografie einer Unterrichtsstunde

Eine Unterrichtsstunde kann in verschiedene, als Unterrichtsphasen bezeichnete Abschnitte aufgeteilt werden. Eine typische Stundenphasierung könnte z. B. so aussehen:

Unterrichtsgeschehen	Unterrichtsphase
Im Unterricht ankommen und auf das Thema einstimmen, Intentionen klären und Motivation wecken	Einstieg
Erwartungen offenlegen und Strukturen schaffen	Hinführung
Entwicklungsangebote bereitstellen und nutzen	Erarbeitung
Lernergebnisse klären, strukturieren, veröffentlichen und vernetzen	Sicherung
Anwendungsmöglichkeiten finden, bereitstellen und nutzen	Anwendung
Den erreichten Lernstand und Lernprozess evaluieren und reflektieren sowie ein persönliches Feedback geben	Evaluation
Entwicklungsmöglichkeiten aufzeigen und anregen	Ausstieg

Abb. 3.6: Unterrichtsphasen

Optionale Phasen

Eine in der oben aufgeführten Weise strukturierte Stunde kann in der Planung um optionale Phasen ergänzt werden. Dies heißt aber nicht, dass eine *optionale Phase* einfach ans Ende der Stunde gesetzt werden soll – es sei denn, es handelt sich um einen alternativen Stundenabschluss, der den eigentlich geplanten Abschluss ersetzt.

Eine zusätzlich eingeschobene oder eine alternative Phase ist eigentlich nur dann sinnvoll, wenn Sie es bei der Planung mit völlig unkalkulierbaren Bedingungen oder Voraussetzungen zu tun haben, z. B. wenn unter Umständen ein bestimmter zusätzlicher Input erforderlich wird oder wenn Sie eine stark technikabhängige Phase geplant haben, bei der ein gewisses Ausfallrisiko besteht.

In den meisten anderen Fällen ist es besser, die geplanten Einzelphasen zu flexibilisieren, z. B. mithilfe von *Zusatzaufgaben, ergänzenden* oder *vertiefenden Arbeitsaufträgen* o. Ä.

Der richtige Spannungsbogen

Unsere Aufmerksamkeit, mit der wir uns z. B. einen Film anschauen, ist nicht immer gleich hoch. Es gibt Phasen, in denen wir vom Geschehen gefesselt werden, aber auch Phasen, in denen man eine etwas stärkere emotionale Distanz zum Geschehen hat. Im Unterricht ist das ebenfalls zu beobachten: Es gibt Phasen, in denen man den Aufprall einer Stecknadel hören könnte, so leise ist es, während in anderen

Phasen ein stärkeres „Hintergrundrauschen" vernehmbar ist und häufiger Störungen auftreten. Die Konzentrationsfähigkeit der Lernenden hängt u. a. nicht nur davon ab, als wie fesselnd sie den Unterricht empfinden, sondern auch von der Zeitspanne, über die sie mit voller Konzentration arbeiten. Daraus leiten sich zwei wichtige Schlussfolgerungen ab:

- Unterrichtsphasen, die die Lernenden besonders begeistern und ihre Aufmerksamkeit besonders fesseln, sollten nicht zu lang ausfallen und im Wechsel mit etwas „ruhigeren" Phasen arrangiert werden.
- Gegen Ende einer Unterrichtsstunde wird es zunehmend schwieriger, die volle Aufmerksamkeit der Lernenden zu erzielen.

Entgegen dieser Erkenntnisse wird bei der Planung einer Stunde in der Regel häufig ein viel stärkeres Gewicht auf den Einstieg und auf die Hinführung gelegt als zum Beispiel auf den Stundenabschluss. Wenn man davon ausgeht, dass Sie sich bei besonders sorgfältig und aufwändig geplanten Unterrichtsphasen in besonderer Weise darum bemühen, die Lernenden zu motivieren und zu begeistern, so sollten Sie sich bei der Planung wesentlich mehr Gedanken um die *zweite* Hälfte der Stunde machen als um die *erste* Hälfte.

> **Praxistipp** Sie sollten dem besonderen Begeisterungsbedarf der Lernenden gegen Ende der Stunde entgegenkommen. Wenn alle „Knaller", nach 20 Minuten „abgebrannt" sind, haben Sie nichts mehr für das Stundenende übrig. Planen Sie deshalb das Stundenende genauso intensiv wie den Stundenbeginn. Dadurch werden Sie weniger Disziplinprobleme in den wichtigen Endphasen der Stunde haben.

Eine Unterrichtsstunde sollte immer einen *Spannungsbogen* aufweisen, der idealerweise Aufmerksamkeit immer wieder genau an den Stellen (wieder-)herstellt, bei der die Konzentrationsfähigkeit und Aufmerksamkeit der Lernenden abzuflachen droht. Ein solcher Spannungsbogen könnte z. B. folgendermaßen aussehen:

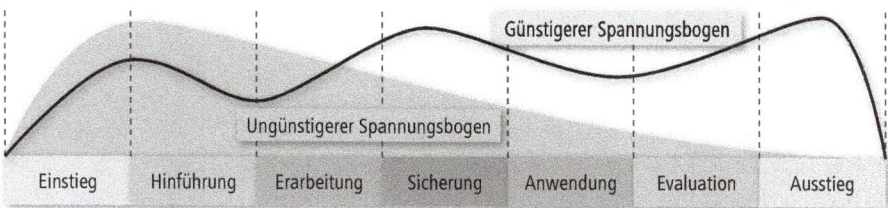

Abb. 3.7: Mögliche Spannungsbögen einer Unterrichtsstunde

Es ist erkennbar, dass Phasen mit einem höheren Spannungsniveau sich mit weniger intensiven Phasen abwechseln. Höhepunkte liegen z. B. beim Beginn, in der Sicherungsphase und am Ende der Stunde.

Unterrichtsphasen

Einstieg und Ausstieg

Häufig werden die zwei Phasen Unterrichtseinstieg und Unterrichtsausstieg zumindest teilweise nach wiederkehrenden Mustern gestaltet. Das schafft einen verbindlichen Rahmen und kann den Lernenden helfen, an Gewesenes anzuknüpfen und Bevorstehendes anzubahnen. Meist sind Einstieg und Ausstieg mit ritualisierten Handlungsabläufen verknüpft, z. B. dem Aufstehen zur Begrüßung oder dem Erteilen der Hausaufgaben zum Ende der Stunde.

Tipps für die Gestaltung von Einstiegen und Ausstiegen:

- Hauptfunktion des Einstiegs ist es, die Lernenden mit der leitenden Fragestellung oder der Problemstellung der Stunde zu konfrontieren. Hierzu eignen sich Aspekte aus der Lebenswelt und Lebenswirklichkeit der Lernenden. Idealerweise findet man hierfür eine „handfeste" Verkörperung in Form eines Gegenstandes (z. B. ein archäologisches Fundstück) oder eines Sinneseindrucks (z. B. ein Musikstück).

> **Praxistipp** Es scheint mancherorts der Irrglaube zu herrschen, man müsse die Lernenden erraten lassen, was das Thema der Stunde sein könnte. Das erscheint mir ähnlich effektiv wie die Aufforderung bei der Sprechstunde: *„Nun raten Sie mal, was mir fehlen könnte, Herr Doktor!"* Verzichten Sie auf solche Quiz-Stunden und geben Sie das Thema der Stunde einfach bekannt. Notfalls können Sie einen inhaltlichen oder methodischen Aspekt „unterschlagen", der erst später angesprochen werden soll.

- Für den Einstieg eignet sich eine Übersicht über den Ablauf der Stunde *(advance organizer)*, die zusätzlich visualisiert werden kann. Dabei ist es nicht erforderlich, schon alles zu „verraten", was Sie für den weiteren Verlauf der Stunde geplant haben. Es ist aber wichtig für die Lernenden, einen Überblick über den Ablauf der Stunde zu haben, an dem sie sich orientieren können.
- Eine typische Einstiegsmethode ist z. B. der **stumme Impuls**, bei dem ein Bild, ein Zeitungsartikel o. Ä. in Erwartung spontaner Äußerungen ohne weiteren Kommentar gezeigt wird. Hierbei können die Lernenden frei assoziieren und es werden Vorkenntnisse aktiviert.
- Eine Alternative hierzu ist der **informierende Einstieg**, bei dem die Lehrkraft zu Beginn der Stunde das Thema der Stunde sowie die wesentlichen Phasen der Stunde vorstellt.

Es ist sinnvoll, mit dem Ein- und Ausstieg den Anfang und das Ende eines „roten Fadens" der Stunde bereitzuhalten, der die Stunde zu einer Einheit zusammenfügt.

> **Praxistipp** Bei manchen Einstiegen werden Fantasiegeschichten als wahr präsentiert, z. B. Erlebnisse, die die Lehrkraft angeblich hatte. Ich halte nicht so viel davon. Dabei kann es Ihnen nämlich passieren, dass nachgefragt wird (z. B.: *„Warum will der Bürgermeister das denn ausgerechnet von uns wissen?"*) und Sie sich verzetteln. Meiner Meinung nach geht nichts von der Wirksamkeit verloren, wenn man an Stelle solcher „Lügengeschichten" einfach nach dem Motto: *„Was wäre, wenn…"* oder *„Stellt euch vor, dass…"* verfährt.

- Der Ausstieg sollte eine Frage oder eine Idee vom Anfang der Stunde wieder aufgreifen und einen Ausblick auf die kommende Stunde schaffen.
- Damit der Ausstieg nicht mit dem Pausenklingeln in hektischen Auflösungserscheinungen verpufft, sollten Sie eine Ritualisierung für den Stundenschluss finden, z. B. ein Kurzfeedback des Lehrers oder eines Schülers.
- Überlegen Sie sich genau, wie Sie die Stunde beenden möchten, und lassen Sie es sich nicht nehmen, es auch wirklich ohne übermäßige Zeitüberschreitungen selbst zu tun.

Hinführungsphase

Die Hinführungsphase hat die Funktion, die im Einstieg präsentierte leitende Fragestellung bzw. das Problem der Stunde zu klären und aufzuschlüsseln. In der Regel gibt es drei Hauptfunktionen in dieser Phase:

- Anknüpfung an Vorwissen, Interessen und Erfahrungen
- Erwerb des zur Bearbeitung der leitenden Fragestellung bzw. des Problems noch fehlenden Wissens und Aktivierung der erforderlichen methodischen Kompetenzen (Input)
- Verknüpfung dieser beiden Aspekte, um die leitende Fragestellung in ein „bearbeitungsfähiges" Format zu bringen

Diese drei Aspekte sollten Sie methodisch unterschiedlich realisieren:

- Zum Anknüpfen an Vorwissen, Interessen und Erfahrungen müssen diese systematisch erfasst werden. Dies ist z. B. mittels Kartenabfrage, Brainstorming oder auch mithilfe von Fragebögen möglich.
- Für den Input eignet sich dagegen z. B. ein Lehrkraftvortrag, ein Film oder das Lesen eines Informationstextes.
- Die Verbindung beider Aspekte kann z. B. durch ein fragend-entwickelndes Gespräch, aber auch im Lehrkraftvortrag ablaufen.

Praxistipp Ein gut gemachter Lehrkraftvortrag ist keineswegs „Unterricht von gestern", sondern er kann eine sehr effektive und dazu zeitökonomische Methode sein, fehlendes Wissen zu ergänzen und wichtige Fakten zu bündeln. Halten Sie Ihren Lehrkraftvortrag strukturiert, bleiben Sie in einem angemessenen zeitlichen Rahmen, verwenden Sie Visualisierungshilfen und seien Sie verbal und nonverbal mitreißend. So eingesetzt, bringen Sie eine besondere Stärke ins Spiel, über die Sie als Lehrkraft verfügen sollten: gut erklären zu können.

Erarbeitungsphase

Diese Phase besteht aus der Klärung des Arbeitsauftrages und des Erwartungshorizontes und der Bearbeitung des Arbeitsauftrages. Bei der Klärungsphase sollten Sie folgende Dinge beachten:

- Klären Sie genau, was Sie im Prozess und als Ergebnis erwarten und vergewissern Sie sich, ob den Lernenden bewusst ist, was von ihnen verlangt wird. Seien Sie in ihrer Formulierung präzise: *„Ein gutes Arbeitsergebnis wäre es, wenn du vier Aufgaben bearbeiten kannst"* anstelle von: *„Versucht mal, vier Aufgaben zu bearbeiten."*
- Vermeiden Sie unnötige Redundanzen: Ein schriftlicher Arbeitsauftrag muss nicht von Ihnen zusätzlich mündlich erläutert werden, das erzieht die Lerngruppe dazu, die Aufträge gar nicht mehr zu lesen. Lassen Sie alternativ z. B. die Schüler in eigenen Worten wiedergeben, wie sie den Auftrag verstanden haben, oder stellen Sie konkrete Fragen („Kevin, was wirst du gleich als Erstes erledigen?").
- Versuchen Sie nicht, die Verwirrung der Lernenden mangels Information durch ihre Verwirrung mittels Information zu ersetzen. Manche schriftlichen Arbeitsaufträge sind so kleinschrittig erklärt, dass die Textflut auf die Lernenden bereits abschreckend wirkt. Belassen Sie es in diesem Fall lieber bei einem kürzeren schriftlichen Arbeitsauftrag, den Sie ja noch mündlich präzisieren können.

Wichtig bei der Bearbeitung der Arbeitsaufträge ist u. a. Folgendes:

- Sorgen Sie für eine angemessene Arbeitsatmosphäre, indem Sie entsprechendes Material bereitstellen und eine Umgebung schaffen, die zu der jeweiligen Arbeitsform passt: Bei Partnerarbeit sollten sich die Partner z. B. gegenüber sitzen. Vor allem sollten Sie die Arbeit nicht durch Interventionen stören. Sprechen Sie bei Gruppenarbeit z. B. nur diejenigen gezielt an, die eine Anweisung oder Erläuterung von Ihnen benötigen und deswegen nicht arbeiten können oder wollen.

- Schaffen Sie nach Möglichkeit Differenzierungsmöglichkeiten für Lernangebote, z. B. durch Wahlaufgaben, Zusatzaufgaben oder alternative Lösungsmöglichkeiten. So vermeiden Sie Unter- oder Überforderungen und sichern jedem Lernenden einen individuellen Lernerfolg.

> **Praxistipp** Manchmal findet sich am Ende der Erarbeitungsphase ein wichtiges Prinzip oder eine Regel. Falls dieses z. B. in der Gruppe durch Lösungsblätter überprüft werden kann, besteht im Grunde keine Notwendigkeit mehr für eine zusätzliche Sicherungsphase. In diesem Falle verschmelzen Erarbeitungs- und Sicherungsphase miteinander.

Sicherungsphase

Die Sicherungsphase sollte in einem Spannungshöhepunkt der Stunde liegen, da hier die Lernergebnisse präsentiert und in das Bewusstsein der Lernenden gebracht werden sollen.

Oft ist diese in der Praxis nicht nur eine der wichtigsten, sondern auch eine der schwierigsten Phasen. Wenn die Lernenden unruhig werden, nicht zuhören wollen und nicht bei der Sache sind, ist dies meist eine Folge ungünstiger Planungsentscheidungen. Achten Sie deshalb auf Folgendes:

- Klären Sie in der Sicherungsphase bitte nur die Dinge, bei denen Klärungsbedarf besteht. Wenn Sie sicher sein können, dass alle Arbeitsergebnisse richtig sind, ergibt es keinen Sinn, dennoch die Arbeitsergebnisse vortragen zu lassen. Sparen Sie sich deshalb für die Sicherungsphase etwas auf, das wirklich noch für die Mehrheit der Schüler gesichert werden kann und muss.
- Gehen Sie flexibel auf typische Irrwege oder originelle Lösungsideen ein und bringen Sie sie in Beziehung zueinander.
- Vermeiden Sie redundante Ergebnispräsentationen: Wenn acht Gruppen hintereinander ähnliche Ergebnisse vorstellen, ist Langeweile vorprogrammiert, zumal die Präsentationen mangels Professionalität der Lernenden oft wenig mitreißend gestaltet sind.
- Lassen Sie in solchen Fällen z. B. jede der Gruppen nur ein Teilergebnis vorstellen und bitten Sie die anderen Gruppen, das präsentierte Ergebnis zu ergänzen. Das verkürzt die gesamte Sicherungsphase und motiviert zum aufmerksameren Zuhören.
- Motivieren Sie die Lerngruppe durch Höraufträge, Fragen oder Evaluationsaufträge dazu, Präsentationen aufmerksam zu folgen.
- Sorgen Sie dafür, dass alle Arbeitsergebnisse angemessen gewürdigt werden. Es ist wenig motivierend, wenn z. B. ein verfasster Text mangels Zeit nicht vorgestellt werden kann. Arrangieren Sie die Sicherung deshalb so, dass alle Lernenden eine Rückmeldung erhalten, zumindest zu einem Teilergebnis.

> **Praxistipp** Die Qualität von Schülerpräsentationen können Sie dadurch verbessern, dass Sie Präsentationsprodukte vorstrukturieren und Layouthilfen geben. So können Sie z. B. bei Plakaten farbige Papierstreifen vorgeben, die beschriftet und aufgeklebt werden. Das hat drei Vorteile: Erstens gibt die Höhe der

Streifen die Textgröße vor, zweitens können so alle Gruppenmitglieder beim Verfassen der Texte mithelfen, und drittens ist es möglich, alle fertigen Teilelemente des Plakates vor dem Ankleben noch zu verschieben.

Anwendungsphase

Die Anwendungsphase entspricht im kompetenzorientierten Unterricht der sogenannten **Performanzsituation,** d. h. der Gelegenheit, bei der gezeigt werden kann, dass eine Kompetenz erfolgreich erworben wurde. Im Prinzip ist es *ohne* Anwendungsphase nicht überprüfbar, ob eine Kompetenz nachhaltig erworben wurde oder nicht.

Es ist in manchen Unterrichtsstunden zeitlich gar nicht möglich, die Anwendungsphase noch unterzubringen. In diesen Fällen kann die Anwendung Schwerpunkt der Folgestunde sein. Jede Stunde muss aber auf jeden Fall eine geschlossene Einheit bilden. Hier nun noch einige Tipps zur Gestaltung der Anwendungsphase:

- Möchte man eine „echte" Anwendung haben, stellt das oft ein Problem dar, weil auf dem fachlichen Niveau des Unterrichts keine Beispiele aus der Realität gefunden werden können (z. B. bei mathematischen Problemen, die in ihrer Anwendung meist sehr komplex werden), weil diese bereitzustellen viel zu aufwändig werden würde (z. B. mit einem echten *native speaker* über eine bestimmte Sache zu diskutieren) oder weil es bestimmte Anwendungen gibt, die sich nur in nicht arrangierten Situationen ergeben (z. B. wenn es um die Kompetenz geht, tolerant und respektvoll gegenüber Anderen aufzutreten).
- Aus dem oben Gesagten folgt, dass es sich in den meisten Fällen allenfalls um eine „echte" Anwendung innerhalb einer künstlich arrangierten Umgebung handeln kann. Dies sollte den Lernenden dann aber auch bewusst gemacht werden.
- Es ist ebenso möglich, innerschulische Anwendungssituationen zu schaffen. Die Hauptsache dabei ist, dass die Lernenden erkennen, für was sie das Gelernte wirklich gebrauchen können und in welchem Maße sie die Situation zu bewältigen imstande sind.

Evaluationsphase

Auf das Thema „Evaluation" wird im Kapitel 6 (S. 120 ff.) ausführlich eingegangen. Hier nur einige Tipps:

- Planen Sie diese Phase bitte sehr sorgfältig. Überlegen Sie sich ganz genau, was Sie evaluieren möchten und wozu die Lernenden Ihnen überhaupt eine Rückmeldung geben können und wollen.
- Stellen Sie nicht nur Evaluationsfragen, sondern geben Sie Ihrerseits auch qualifiziertes Feedback. Schließlich möchten die Schüler von Ihnen erfahren, wie Sie sie einschätzen.
- Würdigen Sie die evaluierten Gegenstände erkennbar; zunächst einmal dadurch, dass Sie sich die Ergebnisse der Evaluation aufschreiben und im Weiteren dann dadurch, dass Sie aus Ihrer Evaluation erkennbare Konsequenzen ziehen.

Gestaltung von Phasenübergängen

Nicht nur auf die richtige Phasierung einer Stunde, sondern auch auf eine gelungene Gestaltung der Übergänge zwischen den einzelnen Phasen kommt es an. Daher müssen sie sorgfältig geplant werden:

- Auch wenn Ihnen klar ist, warum welche Phase wann abläuft, trifft das noch lange nicht auf die Lerngruppe zu. Fassen Sie daher das Ergebnis der vergangenen Phase zusammen und erklären Sie, warum es jetzt wie weitergeht. So ist der „rote Faden" für alle sichtbar.

Die fragend-entwickelnde Methode

Die fragend-entwickelnde Methode nimmt noch immer einen hohen Anteil der Unterrichtszeit ein. Sie kann durchaus erfolgreich eingesetzt werden, fordert – gut gemacht – den Lehrer aber stark heraus.

Vorteile der fragend-entwickelnden Methode

- Sie bezieht die Klasse in einen gemeinsamen Denkprozess ein.
- Sie kann flexibel an spontane Ideen, ungewöhnliche Lösungsansätze oder individuelle Verständnisschwierigkeiten angepasst werden.
- Sie lässt die Kontrolle über den Ablauf und die Entwicklung im Wesentlichen bei der Lehrkraft.
- Sie schult die kommunikativen Fähigkeiten der Lernenden (zuhören können, auf andere eingehen und eigene Gedanken strukturiert wiedergeben können).

Tipps zur fragend-entwickelnden Methode

- Die fragend-entwickelnde Methode verlangt als eine der schwierigsten Unterrichtsformen dem Lehrenden viel Geschick ab. Sie sollte deshalb im Vorfeld so gut wie möglich vorbereitet werden.
- Aus diesem Grund sollte sie nicht als Notlösung für die Phasen herhalten, bei denen Ihnen die Ideen ausgegangen sind oder die Sie nicht mehr ausreichend sorgfältig planen konnten. Das wird dieser Methode nicht gerecht und führt – sofern Sie kein ausgesprochenes Naturtalent sind – zu fortgesetzten Negativerlebnissen für Lehrende und Lernende.
- Die fragend-entwickelnde Methode sollte immer gut strukturiert ablaufen: Dazu gehören u. a. ein fester Zeitrahmen und eine passende kommunikative Sitzordnung (z. B. Stuhlkreis).
- Schaffen Sie Strukturen, mit deren Hilfe der „rote Faden" für alle Beteiligten sichtbar bleibt. Dazu gehört die Visualisierung der leitenden Fragestellung, das Festhalten wesentlicher Aspekte (z. B. an der Tafel) und die Aufschlüsselung in Haupt- und Nebenaspekte.
- Die wichtigsten Impulse sollten vorher aufgeschrieben werden, damit Sie sich nicht in Ihrem eigenen Fragendschungel verstricken. Verwenden Sie hierzu z. B. Moderationskarten.

Die häufigsten Fehler bei der fragend-entwickelnden Methode

- Die fragend-entwickelnde Methode wird dazu missbraucht, das Thema der Stunde bzw. einen bestimmten Begriff zu erraten.
- Die fragend-entwickelnde Methode wird spontan als Lückenbüßer eingesetzt, z. B. am Ende der Stunde zur „Pseudo-Evaluation".
- Intelligente, aber unpassende Beiträge werden abgewiesen, weil sie vom (nur der Lehrkraft bekannten) Ziel wegführen oder zu viel vorwegnehmen. Die Lernenden fühlen sich dann oft missverstanden.
- Es wird (irrig!) angenommen, dass *alle* Lernenden etwas verstanden haben, wenn *ein* Lernender das gewünschte Ergebnis genannt hat.
- Die fragend-entwickelnde Methode wird als „letztes Mittel" da eingesetzt, wo die Lehrkraft mit einer anderen Methode gescheitert ist.
- Es entwickelt sich ein dialogisches Zwiegespräch zwischen der Lehrkraft und einem Lernenden, während die anderen „abschalten".
- Die Lehrkraft beherrscht die **Fragetechnik** (vgl. S. 70) nicht gut genug oder ist unsicher in der Gesprächsleitung und in der Zielführung.

Praxistipp Wenn Sie einmal mit Ihrem „Latein" am Ende sein sollten und feststellen, dass Sie in Abweichung von Ihrer Planung noch etwas Wichtiges klären müssen, versuchen Sie es doch anstelle der fragend-entwickelnden Methode einmal mit einem Lehrkraftvortrag.

Kooperativ Lehren und Lernen

Im Folgenden möchte ich ein in den 1990er Jahren in Kanada entwickeltes Unterrichtsprinzip vorstellen, das immer häufiger im Unterricht eingesetzt wird: Das kooperative Lernen.

Grundannahmen des kooperativen Lernens

- Lernende möchten im Lernprozess kommunikativ und handelnd in Kontakt mit ihren Mitlernenden treten. Lernen wird als sozialer Prozess gesehen, dem dieses natürliche Bedürfnis entgegenkommt.
- Man lernt besser, wenn man gemeinsam etwas erarbeiten, anderen etwas erklären und dabei immer wieder zwischen der Rolle des Lehrenden und des Lernenden wechseln kann.
- Ebenso wichtig wie das Lernergebnis ist der Lern*prozess*. Die Reflexion des Lernprozesses ist ein wesentlicher Gegenstand des Unterrichts und dessen Auswertung.

Fünf Basiselemente kooperativen Lernens

1. Beim kooperativen Lernen werden die für eine effektive Teamarbeit erforderlichen sozialen Fertigkeiten angebahnt und weiterentwickelt.
2. Das kooperative Lernen findet hauptsächlich im Rahmen von direkter Kommunikation miteinander („Face-to-Face-Interaktion") statt.
3. Beim kooperativen Lernen übernimmt jeder Lernende persönliche Verantwortung für den eigenen Lernerfolg und für den des Teams.
4. Kooperative Gruppenarbeit findet in gegenseitiger positiver Abhängigkeit statt, d. h. jedes Teammitglied ist für den Lernerfolg wichtig.
5. Die ablaufenden Gruppenprozesse werden fortlaufend evaluiert.

Im kooperativen Lernen werden spezifische Methoden eingesetzt, deren Verwendung für sich genommen aber noch kein kooperatives Lernen darstellt. Da das kooperative Lernen von Teamarbeit geprägt ist, gehört hierzu u. a. eine Vielzahl von Teambildungsmethoden.

Eine der bekanntesten ist das *line up*, bei dem die Lernenden sich nach bestimmten Kriterien aufstellen und danach durch Abzählen Gruppen bilden. Kriterien können z. B. sein: Die Schuhgröße, die Länge des Schulwegs, die Quersumme der Telefonnummer usw.

Kurz und knapp Das kooperative Lernen ist ein Unterrichts*prinzip*, das auf reflektierte Lernprozesse in wechselnden Teams zum erfolgreichen Lernen setzt. Es ist weder einfach nur eine andere Form von Gruppenarbeit, noch lediglich eine Sammlung von Methoden, die zur Gruppenbildung und zur Gruppenarbeit eingesetzt werden kann.

Das kooperative Lernen folgt in der Regel einem festen Schema, das neurobiologische Erkenntnisse (vgl. hierzu S. 90) über den Lernprozess aufzugreifen versucht. Anhand zweier typischer methodischer Beispiele möchte ich verdeutlichen, wie dies umgesetzt werden kann:

▶ ▶ ▶ Praxiselement **Placemat-Methode**

Die Placemat-Methode („Platzdeckchen") dient dazu, in einer ersten Phase Vorwissen, Ausgangshaltungen oder Ideen einzelner Lernender zu erfassen, dies in einer zweiten Phase mit anderen Lernenden im Team abzugleichen, um das Teamergebnis schließlich in einer dritten Phase zu veröffentlichen. Dazu wird ein Plakat so aufgeteilt, dass jedes Teammitglied ein eigenes beschreibbares Feld vor sich hat.

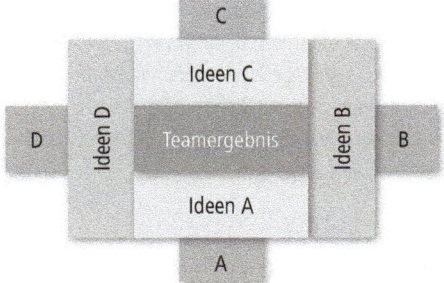

Abb. 3.8: Placemat-Plakat für vier Lernende

Ein Auftrag könnte z. B. lauten: „Schreibe auf, was dir zum Wort ‚Toleranz' einfällt." In dieser Einzelarbeitsphase findet noch kein Austausch statt. Entscheidend ist, das jeder Lernende sich eigene Gedanken zum Arbeitsauftrag machen und er damit einen Beitrag zum Teamergebnis leisten kann.

In der Teamphase stellt jedes Teammitglied seine Notizen vor. Alternativ kann man alle Teammitglieder die Notizen lesen lassen. Diese Phase stellt sicher, dass jedes Teammitglied seine eigenen Gedanken in das Team einbringen und damit zu Wort kommen kann.

Danach arbeitet das Team gemeinsam an einer vorgegeben Aufgabe auf Basis der Notizen, z. B.: *„Einigt euch im Team auf die drei wichtigsten Merkmale des Begriffs Toleranz."* Der Arbeitsauftrag sollte so gestellt sein, dass eine sinnstiftende Kommunikation im Team ermöglicht wird.

Im Anschluss an diesen Arbeitsauftrag werden die Ergebnisse präsentiert. Hierzu können verschiedene Methoden eingesetzt werden. Sollen die Teams ihre Ergebnisse vorstellen, so ist das richtige „Setting" entscheidend: Wie im Theater muss die „Präsentationsbühne" für alle gut sichtbar sein und die Präsentationsdauer muss bezogen auf die Anzahl der Präsentationen zumutbar bleiben. Als Alternative bietet sich die Methode Museumsgang an: Die Teams hängen ihre Ergebnisse an die Wand. Die Lernenden betrachten die Plakate individuell und notieren Fragen und Anregungen, die in einer anschließenden Feedbackphase geklärt und ausgetauscht werden.

Kurz und knapp Die Placemat-Methode ist ein guter Einstieg in kooperative Lernformen. Sie ist mit wenig Aufwand vielfältig einsetzbar und kann den Lernenden eine gute Vorstellung davon vermitteln, was kooperative Teamarbeit von traditioneller Gruppenarbeit unterscheidet.

▶ ▶ ▶ Praxiselement **Gruppenpuzzle**

Beim Gruppenpuzzle wird ein komplexes Thema durch arbeitsteilige Erschließung von Teilaspekten zeit-ökonomisch erarbeitet.

In der ersten Phase des Gruppenpuzzles eignen sich die Lernenden in *Einzelarbeit* jeweils einen von mehreren Teilaspekten eines Themas an, z. B. „Die rechtliche Stellung der Frau in Staat A, B, C usw."

Hierzu erhalten sie Texte, Bilder, Rechercheaufträge o. Ä. Wichtig ist ein klarer Bearbeitungsauftrag für die Einzelarbeit. „Lies den Text!" ist dabei in aller Regel nicht ausreichend.

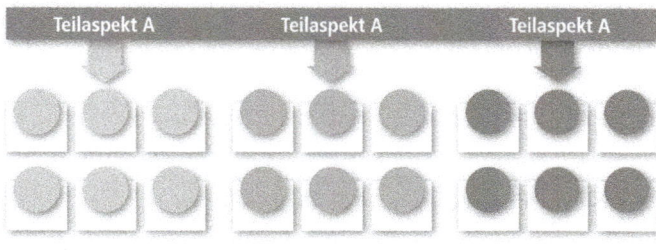

Abb. 3.9: Erste Phase: Einzelarbeit

Nach der Einzelarbeit bilden sich Teams, die jeweils einen gleichen Teilaspekt bearbeitet haben. Gab es nur wenige Teilaspekte zu bearbeiten, so können auch mehrere Teams pro Teilaspekt gebildet werden. Eine Teamgröße zwischen drei und sechs Lernenden ist anzustreben.

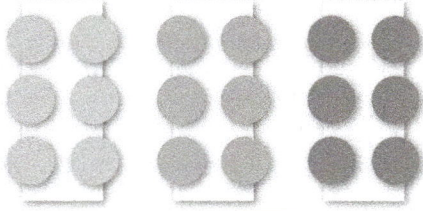

Abb. 3.10: Zweite Phase: Spezialistenteams

Im Team wird – ebenfalls anhand konkreter Arbeitsaufträge – ein gemeinsames Teamergebnis erarbeitet, z. B.: „Nennt die drei wichtigsten Merkmale der rechtlichen Stellung von Frauen im Land (A, B, ...)." Als wesentliches Ziel der Teamarbeit soll jedes Teammitglied dazu befähigt sein, das Teamergebnis präsentieren zu können. Dies ist für die sich anschließende zweite Teamphase wichtig.

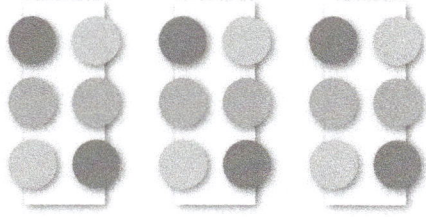

Abb. 3.11: Dritte Phase: Gemischte Teams

Es werden nun Teams gebildet, bei denen pro Team jeder Teilaspekt des Lerngegenstandes mindestens einmal vertreten ist. Ziel der zweiten Teamphase ist es, allen Teammitgliedern alle Teilaspekte zu vermitteln. Jedes Teammitglied ist dabei Lernender und Lehrender.

Das methodische Konzept des Gruppenpuzzles verlangt, dass jedes Team mindestens so viele Mitglieder haben muss, wie es Teilaspekte gibt. Bei einer „normalen" Lerngruppe von 25 – 30 Lernenden sollten Sie sich deshalb auf drei bis fünf Teilaspekte beschränken. Des Weiteren muss das Thema in mehrere gleich anspruchsvolle, nicht aufeinander aufbauende Teilbereiche aufgeteilt werden können.

> **Kurz und knapp** Das Gruppenpuzzle ist eine komplexe Methode mit hohen Anforderungen an Lehrende, Lernende und das Thema. Es sollte nur mit geeigneten Themen und erfahrenen Lernenden durchgeführt werden

◀ ◀ ◀

Das Think-Pair-Share-Prinzip

Think-Pair-Share ist eher ein Prinzip des kooperativen Lernens als eine Methode. Folgender Ablauf wird darunter verstanden:

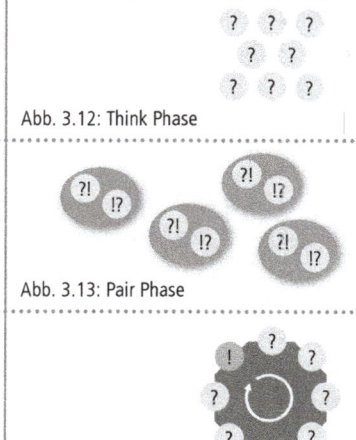

Think-Phase In der Think-Phase erhält jeder Lernende die Gelegenheit, sich einen Lerngegenstand, der Teil eines größeren Themas ist, individuell anzueignen oder über eine bestimmte Fragestellung nachzudenken und sie mit eigenen Vorkenntnissen zu verknüpfen.	Abb. 3.12: Think Phase
Pair-Phase In der Pair-Phase werden nach unterschiedlichen Methoden Zweierteams gebildet. Die Paare stellen ihre Gedanken oder Ideen vor, um sie zu hinterfragen und zu präzisieren. Ziel dabei ist es, die „Öffentlichkeitstauglichkeit" eigener Gedanken zu prüfen und zu optimieren.	Abb. 3.13: Pair Phase
Share-Phase In der Share-Phase werden die allein entwickelten und gemeinsam überarbeiteten Gedanken oder Ideen schließlich der gesamten Gruppe oder einem größeren Team vorgestellt. Ziel dieser Phase ist ein Austausch *aller* Beteiligten.	Abb. 3.14: Share Phase

> **Kurz und knapp** Nach dem *Think-Pair-Share-Prinzip* können alle Lernenden eigene Gedanken zu einem bestimmten Thema entwickeln, optimieren und präsentieren. Es ist z. B. gut für den Einstieg in ein Thema geeignet und stellt eine Alternative zur fragend-entwickelnden Methode dar.

Kooperative Teamarbeit

Bei der Untersuchung „herkömmlicher" Gruppenarbeitsphasen wurde eine interessante Entdeckung gemacht: In gut funktionierenden Gruppen moderierten einzelne Lernende mit strukturierenden oder zusammenfassenden Fragen den Gruppenprozess. Sie übernahmen – ohne dazu angewiesen oder dafür ausgebildet zu sein – eine von allen Teammitgliedern akzeptierte **„informelle Führungsverantwortung"** mit dem Ziel, für permanente Vollbeschäftigung in der Gruppe zu sorgen. Gruppenprozesse, bei denen niemand eine Führungsverantwortung übernimmt, entsprechen oft dem ironischen Akronym „TEAM = Toll, ein anderer macht's". Solche Gruppenarbeit wird von den Lernenden bestenfalls als „chillige" Alternative zum „normalen" Unterricht erlebt.

Kooperative Teamarbeit hat zum Ziel, optimale Gelingensbedingungen für die Gruppenarbeit zu schaffen, die weniger vom Zufall abhängen. Soll etwas im Team erledigt werden, dann muss es für jedes Teammitglied auch sinnvoller und effektiver sein, als allein zu arbeiten:

- Es muss hinsichtlich des Arbeitsauftrags ein arbeitsteiliges Vorgehen möglich sein, damit alle Team-mitglieder beschäftigt sind und eine tatsächliche Zeitersparnis durch Teamarbeit erleben.
- Die Teamarbeit sollte – je nach Erfahrung und Können der Schüler – auf enge Zeitfenster begrenzt werden und sich mit lehrerzentrierten Phasen abwechseln.
- Eine gemeinsame Verantwortlichkeit für den Erfolg und eine teamstärkende „positive Abhängigkeit" untereinander wird z. B. durch begrenztes Material, Wettbewerb oder durch Belohnungen erzeugt.
- Jedes Teammitglied muss sinnvolle Beiträge zur Teamaufgabe leisten können und am gesamten Prozess beteiligt sein, was differenzierte Aufgaben auf verschiedenen Niveaus erfordert.
- Die Vorteile der Teamarbeit müssen den Lernenden durch eine regelmäßige Prozessreflexion immer wieder bewusst gemacht werden.
- Die Teamprozesse müssen sinnvoll evaluiert werden, um Teamfähigkeit zu entwickeln und optimieren zu können. Regelmäßig sollten die Teams Einzelaspekte (z. B. die Lautstärke) in den Blick nehmen.
- Jeder Lernende muss in die Lage versetzt werden, auch in *wechselnden Teams* unterschiedlicher Größe effektiv arbeiten zu können.

Beim kooperativen Lernen erhält jedes Teammitglied zusätzlich zur Mitbearbeitung der gemeinsamen Aufgabe eine bestimmte *Funktion* im Team, z. B. Zeitwächter, Schriftführer, Teamleiter usw. Diese dient dazu, den Gruppenprozess zu steuern und die Verantwortung für den Gruppenprozess zu teilen.

Praxistipp   Noch wichtiger als die Zuweisung von Gruppenfunktionen ist die Klärung der genauen Aufgabe in der jeweiligen Funktion. Mit dem Wissen „Ich bin der Teamleiter" ist z. B. oft nicht klar, was genau zu tun ist. Hilfreich sind an dieser Stelle Moderationskarten, die in schülergerechter Formulierung beschreiben, für was der Teamleiter verantwortlich ist und – vor allem – wie er diese Verantwortung wahrnehmen kann, z. B. durch bestimmte vorformulierte Fragen: „Was haben wir bis jetzt erreicht?", „Wie hilft uns das weiter?".

Übrigens nimmt die Lehrkraft beim kooperativen Lernen über viele Phasen hinweg eine stark aktivieren-de Rolle ein: Sie strukturiert, informiert, steuert, motiviert, gibt Feedback usw. Dies alles geschieht in einem engen Zeittakt und erfordert eine starke Präsenz im Klassenraum. Die hin und wieder zu verneh-mende These, die Rolle der Lehrkraft beschränke sich mehr und mehr auf die Moderation von Lernpro-zessen, trifft somit zumindest auf das kooperative Lernen nicht zu. Vielmehr ist die Moderatorrolle als ein „Darüberhinaus" zu verstehen und auszufüllen. Die Haupterkenntnis der Hattie-Studie (siehe S. 34) ist also auch auf die erfolgreiche Umsetzung des kooperativen Lernens im Unterricht anzuwenden: „Auf die Lehrkraft kommt es an."

Fazit   Das kooperative Lernen wird oft vereinfacht als „neue" Form der Gruppenarbeit beschrieben. Dass wesentlich mehr dahintersteckt (z. B. ein hoher Grad an Lenkung außerhalb der Teamprozesse), konnte (hoffentlich) deutlich gemacht werden.

Sie können sich für dieses Teilkapitel ein **Kompetenzerwerbsschema** aus dem Internet herunterladen. Webcode: RK162567-006

4 Lern- und Entwicklungsprozesse verstehen

Die Erziehung ist das größte Problem und das Schwierigste,
was dem Menschen kann aufgegeben werden.
Immanuel Kant

Lern- und Entwicklungstheorien verstehen und Schüler individuell fördern

Theorien über das Lernen • Praxiselement **Prädikatives und funktionales Denken** • **Lernen aus wissenschaftlicher Sicht** • Praxiselement **Üben und Wiederholen** • Heterogenität aus entwicklungspsychologischer Sicht •Individualisierung und Differenzierung im Unterricht

> **Eine Situation aus der Praxis** Mario hat nicht verstanden, wie das neue Verfahren funktioniert. Nachdem Frau H. es dreimal auf unterschiedliche Weise erfolglos versucht hat, bittet sie die Klasse um Hilfe: *„Wer kann es Mario erklären?"* Rafael meldet sich. Frau H. ist entsetzt, wie umständlich er erklärt. *„Das würde ja selbst ich nicht verstehen"*, denkt sie noch, als Mario sichtlich erleichtert ruft: *„Ach so, ist ja ganz einfach. Frau H., warum haben Sie es denn so kompliziert gemacht?"*

Erschließungsfragen

- Woran liegt es eigentlich, dass jeder Mensch anders lernt?
- Wie erklärt man sich die Prozesse, die beim Lernen ablaufen?
- Kann man die Heterogenität der Lerngruppen nicht irgendwie reduzieren?
- Wie kann ich im Unterricht trotz der großen Heterogenität alle Lernenden erreichen?

Theorien über das Lernen

Es liegt auf der Hand, dass Lehrkräfte Experten für das Lernen sein sollten. Sie müssen jedoch nicht unbedingt *selbst* gute Lerner sein. Ganz im Gegenteil: Wenn Ihnen das schulische Lernen dann und wann schwerfiel, können Sie möglicherweise den Lernschwierigkeiten Ihrer Schüler aus einem ganz anderen Blickwinkel heraus begegnen.

Um dem, was beim Lernen geschieht, auf die Spur zu kommen, empfehle ich einen kleinen Selbstversuch:

> **Aufgabe** Merken Sie sich die folgenden Begriffspaare so, dass Sie eine fehlende rechte bzw. linke Seite neben dem Spiegelstrich ohne Hilfe ergänzen können:
>
> | | | | | |
> |---|---|---|---|---|
> | LRNPRZS | – | RZHNG | PW | – UVxIA |
> | martyrium | – | Zeugnis | GDAEHF | – FBEADG |
> | 2.357 | – | 11.131.719 | idiopathisch | – essenziell |
> | 0153040 | – | Spiel | Anapäst | – Elefant |

Vermutlich sind die Zeit, die Sie für das Auswendiglernen der Begriffspaare benötigt haben und die Nachhaltigkeit des Lernerfolges (woran erinnern Sie sich noch nächste Woche?) bei jedem von Ihnen unterschiedlich. Befragt man Personen zu ihren Lerngewohnheiten beim Auswendiglernen, erhält man z. B. folgende Antworten:

- *Ich muss mich beim Auswendiglernen bewegen. Ich lese die Begriffe laut und schlendere dabei durchs Zimmer.*
- *Ich kann mir die Begriffe am besten merken, wenn ich sie mir in absoluter Stille ganz konzentriert einen nach dem anderen anschaue.*
- *Ich lerne die Begriffe der Reihe nach: Zuerst nehme ich das erste Begriffspaar, dann das zweite, dann das dritte usw. Dazu läuft meine Lieblingsmusik im Hintergrund.*
- *Bei mir klappt es am besten, wenn mich von Anfang an jemand abfragt und mir immer die Begriffe vorliest, die ich noch nicht kann.*
- *Ich schreibe die Begriffspaare auf Karteikarten. Dann lerne ich nach System: Alle Karten, die ich kenne, nehme ich heraus!*

Kurz und knapp Für das Auswendiglernen der Beispiel-Begriffspaare sowie für das Lernen im Allgemeinen gibt es keine beste Methode für *alle*, sondern es gibt viele *individuelle* optimale Wege.
Bezogen auf den Unterricht bedeutet dies, dass Arrangements gefunden werden müssen, die diese individuellen Lernwege zulassen.

Die Faktoren, von denen der individuelle Lernerfolg abhängt, sind Ihnen bereits als Lernperspektiven aus dem zweiten Kapitel bekannt:

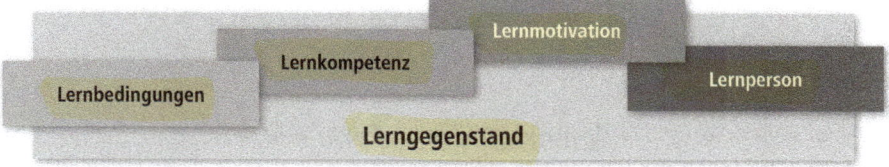

Abb. 4.1 Einflussfaktoren für das Lernen

Anhand unseres Ausgangsbeispiels sollen diese Einflussfaktoren nachfolgend untersucht werden:

Lernbedingungen
Zu welcher Tageszeit und in welcher Umgebung haben Sie die Begriffspaare gelernt? Waren Sie entspannt oder unter Zeitdruck? Wenn die entsprechenden Lernbedingungen fehlen, ist es oft nicht möglich, den optimalen Lernerfolg zu erzielen. Welche Lernbedingungen als optimal empfunden werden, hängt stark von der individuellen Lernperson ab. Manche Lernende können z. B. am besten bei Hintergrundmusik lernen, während andere absolute Stille benötigen.

Lernkompetenz
Welches Wissen über das Lernen konnten Sie verwenden? Haben Sie bestimmte Strategien angewendet? Mit dem entsprechenden Wissen darüber, wie unser Gehirn lernt, kann man wichtige Fehlerquellen ausschalten. So wurde z. B. empirisch nachgewiesen, dass aufregende Konsolenspiele als „Belohnung" direkt nach dem Lernen den Lernerfolg enorm abschwächen können.

Lernmotivation

Hatten Sie Lust dazu, die Begriffspaare auswendig zu lernen? Was hat Sie motiviert, sich die Begriffe einzuprägen? Gab es einen Anreiz? Grundsätzlich werden zwei Motivationsformen unterschieden:
- die extrinsische Motivation, die als Anreiz von außen zum Lernen anregt (z. B. eine bestimmte Belohnung), wobei der Lerngegenstand selbst eine untergeordnete Rolle spielt, sowie
- die intrinsische Motivation, die als eine im Lernenden liegende „Lust" am Lernen einer bestimmten Sache ohne einen äußeren Anreiz zu verstehen ist.

Lernperson

Können Sie sich gut Zahlen oder Begriffe merken? Jeder Mensch hat angeborene individuelle Stärken und Schwächen beim Lernen, denen er mit bestimmten Strategien gerecht zu werden versucht. Dies hat u. a. mit der Art der Informationsverarbeitung im Gehirn zu tun: Unser Gehirn ist selektiv in Bezug auf Wahrnehmungen und speichert in Form von individuellen Mustern und Kategorien. Je genauer man seine angeborenen Lernfähigkeiten kennt, desto gezielter kann man sie trainieren und nutzen. Mehr dazu im folgenden Praxiselement.

Lerngegenstand

Der Lerngegenstand steht in Wechselwirkung zu den vorgenannten Faktoren. Von ihm hängt ab, welche Lernbedingungen geeignet sind, welche Lernstrategien angewendet werden können, inwieweit ein Anreiz zum Lernen gegeben ist oder von außen zu schaffen ist und ob er zur Lernperson passt.

Bezogen auf das Beispiel mit den Begriffspaaren haben Sie sich vielleicht manche Paare leichter merken können als andere. Das hängt von individuellen Interessen, Vorkenntnissen oder Fähigkeiten ab.

In jedem Beispiel-Begriffspaar sind übrigens Merkhilfen oder Eselsbrücken verborgen. Sie finden die Lösungshinweise im Anhang ab Seite 139.

▶ ▶ ▶ Praxiselement **Prädikatives und funktionales Denken**

Die Art und Weise, an Probleme heranzugehen, wird u. a. dadurch bestimmt, ob Sie ein prädikativer oder ein funktionaler Typ sind. Mit nachstehendem Test finden Sie es heraus (Auswertung s. Anhang, S. 139):

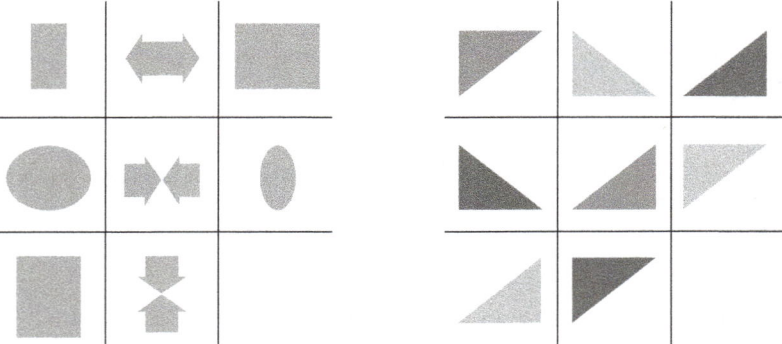

Abb. 4.2: Welches Symbol fehlt?

Sind Sie ein eher funktionaler Typ, so denken Sie in Ursache-Wirkungs-Zusammenhängen und suchen nach beschreibbaren Entwicklungen und Prozessen. Sie untersuchen, auf welche Weise sich etwas aus etwas anderem entwickelt haben könnte.

Sind Sie ein eher prädikativer Typ, so denken Sie in Ähnlichkeitskategorien: Was passt wozu, was ist auf welche Weise wem ähnlich? Sie untersuchen die Dinge in erster Linie hinsichtlich gemeinsamer und voneinander abgrenzender Eigenschaften.

Je nachdem, in welche Richtung Sie tendieren, verstehen Sie Erklärungen besser auf die eine oder auf die andere Weise. Ein vorwiegend prädikativ orientierter Mensch wird die Erklärung einer ebenfalls eher prädikativ ausgerichteten Lehrkraft besser und schneller verstehen als die einer funktional erklärenden Lehrkraft und umgekehrt.

> **Praxistipp** Es kann hilfreich sein, bei Lernproblemen lieber einen anderen Lerner erklären zu lassen, als es selbst immer wieder vergeblich zu versuchen. Ihr Scheitern muss nicht unbedingt bedeuten, dass Sie schlecht erklärt haben: Es kann auch sein, das Sie bezüglich der Erklärungs- und Verstehensansätze (prädikativ versus funktional) in diesem Fall einfach nicht gut zueinander passen. Bedenken Sie dies auch, wenn ein Schüler Ihnen eigene Lernwege zu erklären versucht.

Lernen aus wissenschaftlicher Sicht

Das Lernen war und ist Gegenstand vielfältiger wissenschaftlicher Untersuchungen. Meist beziehen diese sich nur auf ein bestimmtes Teilgebiet des Lernens. Ziel solcher Untersuchungen ist es, die Zusammenhänge beim Lernen aufzudecken, sie zu erklären und daraus abzuleiten, wie ein optimaler Lernerfolg sichergestellt werden kann. Es gibt unterschiedliche Sichtweisen und Erklärungsmodelle für das Lernen, die dem Lernenden unterschiedliche Rollen zuweisen.

Behaviorismus/Kognitivismus

Eine Reihe von Lerntheorien erklärt Lernen als Reaktion auf Anpassungsnotwendigkeiten an die Lebenswelt und Lebenswirklichkeit des Lernenden. Das Lernen wird als Verarbeitungsprozess interpretiert:

Eingabe	äußerer Anreiz, Störung
Verarbeitung	Abgleich mit vorhandenen Kenntnissen, Fähigkeiten, Fertigkeiten und Einsichten
Output	veränderte Kenntnisse, Fähigkeiten, Fertigkeiten und Einsichten

Der Lernerfolg hängt nach dieser Sichtweise vom richtigen Input ab, ist also in erster Linie Sache des Lernarrangeurs, während den Lernenden eine eher passiv-reagierende Rolle zugewiesen wird. Erwünschtes Verhalten wird durch steuernd eingesetzte Belohnungen positiv verstärkt. Als erlernt gelten Fähigkeiten, bei deren Ausführung man schließlich ohne positive Verstärkung auskommt.

Soziales Lernen / Modelllernen

Andere Theorien (z. B. Lernen am Modell) stellen den *sozialen* Aspekt des Lernens in den Vordergrund. Lernanreize ergeben sich danach durch soziale Interaktion und gehen vom Lernenden aus.

Das Lernen wird durch im Lernenden selbst begründete Anreize ausgelöst:
- Nachahmung („Das will ich auch können"),
- Identifikation („So will ich auch sein"),
- Erfolgsorientierung („Das will ich auch haben").

Lernen ist demnach auf das soziale Miteinander angewiesen und somit immer auch eine Beziehungsfrage. Die Rolle der Lernenden ist aktiv-auswählend. Eine positive Verstärkung von außen erfolgt nicht.

Konstruktivismus

Konstruktivistische Lerntheorien gehen davon aus, dass jeder Lernende seine individuelle Innenwelt auf Basis von Sinneseindrücken und Impulsen aus der Außenwelt fortlaufend aktiv konstruiert.

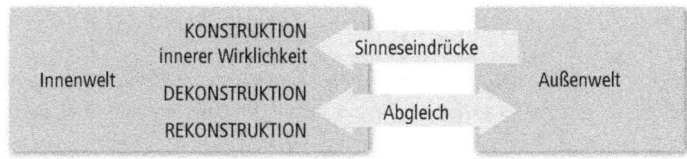

Abb. 4.3: Prinzipien des Konstruktivismus

Die permanente *Dekonstruktion* und *Rekonstruktion* der Innenwelt dienen der Optimierung von Interaktionsprozessen mit der Außenwelt. Das Lernen ist nach dieser Theorie ein aktiver Part des Lernenden als selbstverantwortlicher Konstrukteur seiner individuellen inneren Wissens- und Könnensstruktur.

Neurobiologische Ansätze

Das Lernen wird aus neurobiologischer Sicht auf Basis der im menschlichen Gehirn ablaufenden beobachtbaren Prozesse begründet. Das Gehirn als neuronales Netzwerk ist nicht statisch, sondern einer fortlaufenden Neu- und Umorganisation unterworfen. Um das Lernen und seine Voraussetzungen zu verstehen, untersucht man, wodurch die Bildung von Synapsen (neuronalen Verbindungen) begünstigt wird.

Die Verbindungen zwischen den Neuronen durch Synapsen kann man sich ganz vereinfacht mit folgendem Bild erklären: Man stelle sich einen Zeltplatz irgendwo auf einer Wiese vor. Je nachdem, welche Zelte bewohnt sind und wie oft Personen zwischen den Zelten hin- und hergehen, entstehen Trampelpfade. Sobald ein Trampelpfad nicht mehr regelmäßig benutzt wird, wächst das Gras nach und der Pfad verschwindet allmählich wieder. Je intensiver ein Trampelpfad genutzt wird, desto stärker ist er erkennbar und desto länger bleibt er auch bei Nichtnutzung noch erhalten.

 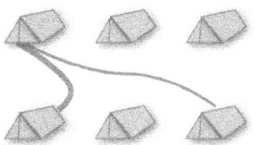

A: Zwischen den Zelten sind anfangs nur viele schwache Pfade ausgebildet.

B: Nach einiger Zeit haben sich zwei Pfade besonders stark ausgebildet, die anderen sind verschwunden.

Abb. 4.4: Zeltplatz mit verschiedenen Trampelfaden

Der Lernvorgang im Gehirn kann analog verstanden werden: Die Synapsendichte im Gehirn zeigt an, welche Bereiche besonders häufig und stark aktiviert werden und welche nicht.

Konkret hat die Neurobiologie folgende Erkenntnisse hervorgebracht:

- Beim Lernen erfolgt eine Umbildung und Neubildung eines Teils der 100 Billionen Synapsen im Gehirn.
- Dauerhafte Synapsenverbindungen entstehen umso leichter, je intensiver und vielschichtiger der Auslösereiz zur Entstehung dieser Verbindungen ist (Vielschichtigkeit).
- Die Entstehung von Synapsen wird durch positive Emotionen begünstigt und durch negative Emotionen behindert (Stimmungsabhängigkeit).
- Eine Synapse wird umso stabiler, je häufiger sie genutzt wird, und umso instabiler, je weniger sie genutzt wird (Nachhaltigkeit).

Aus diesen Erkenntnissen leiten Vertreter der sogenannten Neurodidaktik konkrete Forderungen an schulisches Lernen ab:

- Lernen soll mit allen Sinnen ermöglicht werden, d. h. es sollen unterschiedliche Lernkanäle angesprochen werden (übrigens wird kontrovers darüber diskutiert, ob die daraus abgeleiteten verschiedenen „Lerntypen" überhaupt wissenschaftlich fundiert sind!).
- Lerngegenstände müssen an Interessen, Vorerfahrungen oder Problemen der Lebenswirklichkeit der Lernenden anknüpfen.
- Lernen soll in einer angstfreien Atmosphäre stattfinden.
- Die Lerngegenstände müssen für den Lernenden bedeutsam sein.
- Nachhaltiges Lernen erfordert regelmäßiges Üben und Wiederholen.

Kurz und knapp   Aus der neurobiologischen Betrachtung von Lernprozessen ergeben sich keine bahnbrechend neuen Erkenntnisse. Es wird dadurch jedoch untermauert, was aus pädagogischer Sicht in Bezug auf das Lernen als sinnvoll und geboten angenommen wird. Insofern *bestätigt* und *begründet* die Neurodidaktik die bereits vorhandenen Erkenntnisse und Erfahrungen aus der Unterrichtspraxis.

Auch aus den anderen beschriebenen Lerntheorien lassen sich Erkenntnisse für die Unterrichtspraxis gewinnen:

- Lernprozesse sind in gewissem Maße *steuerbar*. Sie können von außen durch entsprechende Lernarrangements und motivierende *Lernanreize* und *Belohnungen* initiiert werden (*Konditionierung*).
- Lehrende sollten sich ihrer Rolle als *Lernvorbild* bewusst sein. Soziale Prozesse müssen beim Lernen berücksichtigt werden, da sie Lernprozesse fördern (*Lernen am Modell*).
- Lernarrangements müssen individualisiert und differenziert dargeboten werden. Den Lernenden muss der hohe Grad an Eigenverantwortung für den individuellen Lernerfolg bewusst gemacht werden (*Konstruktivismus*).

Erfolgreiches Lernen gelingt demnach in einem Unterricht,

- in dem die Lehrkraft nicht nur moderiert, sondern auch aktiviert: mit Feedback (vor allem Lob), aktiver Steuerung und Anleitung, klarer Strukturierung und einer transparenten Leistungserwartung;
- in dem der Inhalt anknüpfungsfähig, interessant, vielschichtig und anwendbar ist;
- in dem eine positive, wertschätzende Beziehung zwischen allen Beteiligten gepflegt wird;
- in dem Anstrengungsbereitschaft eingefordert und gezeigt wird;
- der in einem bedürfnisgerechten Lernumfeld stattfindet.

▶ ▶ ▶ Praxiselement **Üben und Wiederholen**

Wie bereits erläutert, sind regelmäßige Übung und Wiederholung (nicht nur) aus neurobiologischer Sicht eine Grundbedingung effektiver Lernprozesse, da sie eine Verfestigung der Synapsen bewirken. Das leider immer noch häufig anzutreffende „Lernen für den nächsten Test" schafft also kein zusammenhängendes Wissen. Die dabei entstehenden „Wissensinseln" gehen unter, wenn sie nicht regelmäßig angesteuert und in einem größeren Kontext eingebunden werden.

Dieser Kontext kann durch regelmäßiges Üben und Wiederholen geschaffen werden. Scheitern Lernende an neuen Inhalten, ist das oft darin begründet, dass keine Strukturen existieren, in die das Neue eingebunden werden könnte (z. B. Grundwissen über kunsthistorische, literarische oder historische Epochen, Kenntnisse über grundlegende naturwissenschaftliche Zusammenhänge, Vorstellungen über Zahlenräume oder Verinnerlichung grammatikalischer Strukturen usw.).

Beim Üben und Wiederholen sollte daher eine regelmäßige Vernetzung über Themen- und Fächergrenzen hinaus angestrebt werden.

So setzen Sie Übungs- und Wiederholungsphasen effektiv ein:

- Ritualisieren Sie Übungen und Wiederholungen, z. B. immer in den ersten fünf Minuten des Unterrichts in einer spielerischen Form.
- Beginnen Sie Übungs- und Wiederholungsphasen mit einer Diagnose von Stärken und Schwächen, damit genau die Bereiche wiederholt und geübt werden, für die es tatsächlich erforderlich ist.
- Wählen Sie Methoden, die einen hohen Grad an Selbststeuerung zulassen, z. B. Lerntheke, Stationenlernen o. Ä., damit jeder in seinem eigenen Tempo üben kann.
- Weisen Sie Schwierigkeitsgrade und Anforderungsbereiche aus, damit die Lernenden individuell bedarfsgerecht auswählen können.
- Wählen Sie offene Aufgabenformate mit selbstdifferenzierendem Potenzial (z. B. „Wie könnte man einem Kind den Begriff ‚Viskosität' erklären?"). Sie können die Lernenden z. B. auch Aufgaben zu einem bestimmten Sachgegenstand erfinden lassen.
- Eröffnen Sie den Lernenden Möglichkeiten, ihren individuellen Übungserfolg wahrzunehmen und einzuordnen, z. B. durch die Formulierung und Kontrolle selbst gesteckter Ziele.

Praxisbeispiel Lassen Sie die Lernenden doch einmal mit selbst entworfenen „Tabu"-Karten spielen. Beim Spiel „Tabu" muss ein Spieler einen Begriff durch Umschreibung erklären, der von den Mitspielern erraten werden soll. Beim Umschreiben sind fünf vorgegebene Schlüsselwörter verboten („tabu"). Geben Sie den Lernenden Begriffe oder Themenbereiche aus Ihrem Fach vor, zu denen Sie geeignete „Tabu-Begriffe" finden sollen. Damit erweitern sie den Sprachschatz, Sie fördern die Begriffsbildung und fordern vernetztes Denken heraus (Wie kann ich das ohne … erklären? Welche Begriffe müssen „tabu" sein, damit eine Umschreibung möglichst schwierig wird?). Lassen Sie z. B. zusätzlich auch den Schwierigkeitsgrad der erstellten Karten bewerten.

Heterogenität aus entwicklungspsychologischer Sicht

Bei der Beschäftigung mit der kindlichen Entwicklung kommt man an den kognitiven Entwicklungsstufen des Psychologieprofessors Jean Piaget nicht vorbei. Nach Piaget durchlaufen Kinder und Jugendliche verschiedene universelle kognitive Entwicklungsstufen in einer bestimmten Reihenfolge, wobei relativ kurzfristige Übergänge zwischen den Stufen von längeren Verweil- und Festigungsphasen innerhalb einer Entwicklungsstufe abgelöst werden.

Für die Altersstufen der Sekundarstufen I und II kommen zwei der vier von Piaget beschriebenen Entwicklungsstufen zum Tragen:

- Phase der konkret-operationalen Intelligenz (bis ca. zwölf Jahre)
- Phase der formal-operationalen Intelligenz (ab ca. zwölf Jahre)

Abhängig von der jeweiligen Entwicklungsphase, in der sich ein Lernender befindet, sind seine kognitiven Möglichkeiten unterschiedlich stark limitiert. Es gibt aber noch weitere Einflussfaktoren.

Entwicklungsbeeinflussende Faktoren

Die natürlichen Entwicklungsmöglichkeiten sind mehrfach limitiert:

- Eine dieser Limitierungen ergibt sich aus dem Entwicklungsalter. Es gibt den individuellen Entwicklungsstand im Vergleich zum Durchschnitt der Lernenden einer bestimmten Altersgruppe an. Bei Gleichaltrigen sind enorme Entwicklungsaltersunterschiede möglich.

- Die Entwicklung eines Lernenden hängt zudem von seiner Erziehung, seinem sozialen Umfeld, seiner schulischen Ausbildung, aber auch von seiner Gesundheit usw. ab. Für eine optimale Entwicklung müssen entsprechende Entwicklungsmöglichkeiten vorliegen.

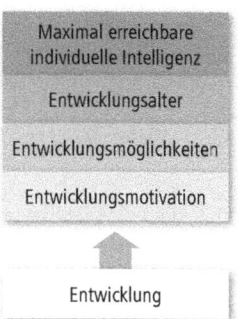

Abb. 4.5: Limitierende Faktoren

- Im Rahmen der vorhandenen Entwicklungsmöglichkeiten ist es eine Frage der aktiven Inanspruchnahme dieser Möglichkeiten, die darüber entscheidet, inwieweit das vorhandene Potenzial genutzt wird. Diese Entwicklungsmotivation kann geweckt und gefördert werden, ist aber letztlich eine vom Lernenden ausgehende Sache.

- Jeder Lernende besitzt darüber hinaus eine individuelle obere Begrenzung seiner Entwicklungmöglichkeiten. Diese könnte man als maximal erreichbare Intelligenz bezeichnen, wobei der Begriff der Intelligenz nicht klar definiert ist. Der amerikanische Psychologe Edwin Boring brachte es folgendermaßen auf den Punkt: „Intelligenz ist das, was der Intelligenztest misst".

Intrapersonelle Intelligenz

In Testverfahren für Intelligenz wird diese in verschiedene Kategorien aufgeteilt. Jeder Lernende erhält ein individuelles Intelligenzprofil, das Stärken und Schwächen in verschiedenen Bereichen verdeutlicht. Die Abbildung 4.6 zeigt ein solches Beispielprofil. Obwohl die getestete Person insgesamt einen altersgemäßen Entwicklungsstand aufweist, liegt sie in einigen Kategorien deutlich unter dem zu erwartenden Entwicklungsstand und in anderen klar darüber. Lernende mit identischem IQ können also völlig unterschiedliche individuelle Profile und Entwicklungspotenziale aufweisen.

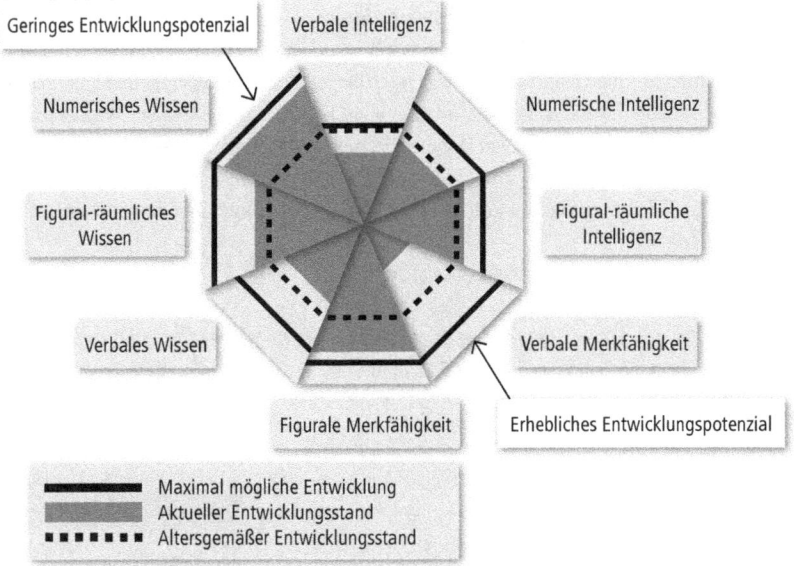

Abb. 4.6: Individuelles Intelligenzprofil (Beispiel: Intelligenz-Kategorien nach Intelligenz-Struktur-Test 2000R)

Schulische Heterogenität

Da eine völlige Homogenisierung offenbar unmöglich ist, müssen wir uns auf heterogene Lerngruppen in der Schule einstellen. Dennoch ist eine gewisse Einschränkung der *Bandbreite* von Heterogenität möglich und vielleicht auch sinnvoll. Dem wird z. B. durch die Einteilung in altersgleiche Lerngruppen, durch die Mehrgliedrigkeit des Schulwesens und durch schulische Differenzierungsmaßnahmen (z. B. Einteilung in E- und G-Kurse) Rechnung getragen.

Darüber hinaus differenzieren sich Lerngruppen aber auch nach weiteren Kriterien, bei denen eine Homogenisierung überhaupt nicht wünschenswert und/oder gar nicht realisierbar ist. Dazu gehören:

- Erziehung, Sozialisation, Migrationsgeschichte
- Herkunft, soziale Stellung, familiäre Bildungsaffinität
- Persönlichkeitsmerkmale, Vorlieben, Interessen und Orientierungen
- Arbeitshaltung, Ausdauer, Lernorganisation
- Geschlecht (hier gibt es allerdings Homogenisierungsansätze, z. B. im Sportunterricht)

Dies trägt alles zur Heterogenität einer Lerngruppe bei und ist bei der Unterrichtsplanung und -durchführung zu berücksichtigen.

Kurz und knapp Heterogenität im Unterricht stellt eine systemimmanente Notwendigkeit dar. Dies als *Chance* zu sehen und für den Unterricht zu *nutzen*, ist eine Herausforderung an Lehrende und Lernende.

Individualisierung und Differenzierung im Unterricht

Nach den Vorgaben der Kultusministerkonferenz hat jeder Schüler einen Anspruch auf individuelle Förderung. In den vorangegangenen Ausführungen wurde die Notwendigkeit dieses Anspruchs lerntheoretisch und entwicklungspsychologisch begründet.

Für die Lehrenden ergibt sich die Frage, inwieweit dieser Anspruch umsetzbar ist. Ein Gegenargument lautet: „In einer Klasse mit 30 Lernenden kann ich nicht jeden Einzelnen individuell fördern!" Aus meiner Sicht ist es in der Regelschule tatsächlich so gut wie unmöglich, *jeden* Lernenden *jederzeit* vollständig individuell zu fördern.

Dennoch kann man Unterricht so differenzieren und individualisieren, dass ein hoher Grad an Förderung für jeden einzelnen Lernenden dabei herauskommt, ohne dass man sich dabei selbst permanent überfordert. Wichtig erscheint mir dabei vor allem, das Bewusstsein des Lehrenden dafür zu schärfen, wo Differenzierung und Individualisierung im Unterricht bereits beginnt.

Beispiele

- Die Deutschlehrerin schreibt zusätzlich zur Note einen Kommentar zu Stärken und Entwicklungsmöglichkeiten unter die Klassenarbeit.
- Der Geschichtslehrer stellt in der Übungsstunde zwei verschiedene Quellentexte zum Auswählen zur Verfügung.
- Die Mathematikreferendarin bespricht mit Mike nach der Stunde, was er für die anstehende Klassenarbeit noch üben könnte.
- Der Physiklehrer gibt den schnellsten Gruppen beim Schülerexperiment einen zusätzlichen Entdeckungsauftrag, der einen weiteren Anwendungsbezug herstellt.
- Die Chemielehrerin bittet Annika darum, ein Referat über ihr Lieblingsthema zu halten.
- Der Sportlehrer bildet geschlechtshomogene Kleingruppen.
- In der Projektarbeit der Biologie-AG dürfen sich die Lernenden in Themengruppen selbstständig zuordnen und im Rahmen des Oberthemas eigene Schwerpunkte festlegen.
- Herr G. lobt Lisa: „Du beteiligst dich jetzt viel häufiger am Unterricht. Das ist toll! Mach bitte unbedingt so weiter."
- Frau M. lässt die Schüler ihrer Klasse ein Lerntagebuch führen, das sie regelmäßig im Unterricht thematisiert, indem sie zu Beginn jeder Stunde einen Eintrag vorlesen lässt.
- Bei den Übungsaufgaben für die Physikklausur wurde vom Lehrer der Schwierigkeitsgrad (einer bis vier Sterne) ausgewiesen.
- In der Gruppenarbeitsphase hat Frau M. Hilfekarten bereitgelegt.

Alle genannten Beispiele sind „irgendwie" Differenzierungs- oder Individualisierungsmaßnahmen. Sie unterscheiden sich nur im Organisations- und Durchführungsaufwand sowie im Grad der Differenzierung oder Individualisierung. Was können Sie darüber hinaus tun?

Möglichkeiten der Differenzierung und Individualisierung

- Berücksichtigen Sie bei den Lernwegen im Unterricht nicht nur Ihre eigenen Favoriten, sondern pflegen Sie Vielfalt. Arbeiten Sie z. B. nicht ständig mit Bildern, nur weil Sie damit gut zurechtkommen, sondern wechseln Sie immer wieder Methoden und Werkzeuge.
- Stellen Sie differenzierte Hausaufgaben, damit individuelle Schwerpunkte gelegt werden können.

- Greifen Sie individuelle Interessen oder Hobbies der Lernenden auf, indem Sie Referate oder Projektarbeiten initiieren, oder die Lernenden könnten z. B. einmal pro Woche ein Lieblingsbuch vorstellen.
- Nutzen Sie die Heterogenität der Klasse, indem Sie Vorkenntnisse und Erfahrungen der Lernenden in den Unterricht einbinden.
- Lassen Sie unerwartete Ideen zu, sofern sie zielführend sind oder neue Erkenntnisse liefern. Stellen Sie verschiedene Ansätze und Wege nebeneinander, wann immer dies möglich ist.

> **Praxistipp**   Finden Sie für jeden Ihrer Lernenden heraus, welches eine seiner besonderen Stärken ist. Auch die schwierigsten Lernenden haben *Stärken*. Machen Sie diese bewusst und bauen Sie darauf auf.

Herausforderung Inklusion

Inklusion ist als die höchste Entwicklungsstufe schulischer Integration zu verstehen. Alle Kinder lernen unabhängig von individuellen Besonderheiten gemeinsam in einer Klasse, wobei die jeweiligen Entwicklungsziele durchaus unterschiedlich sein können. Anders als bei anderen integrativen Konzepten wird bewusst nicht mehr zwischen Schülern mit und Schülern ohne Förderbedarf unterschieden, sondern jeder Lernende wird mit seinen persönlichen Stärken und Schwächen individuell gefordert und gefördert. Das Prinzip der Inklusion muss nach EU-Recht an allen Schulen implementiert werden, so dass keinem Kind mehr wegen einer körperlichen, emotionalen oder kognitiven Einschränkung der Zugang zu einer bestimmten Schule verwehrt werden kann. Damit ist die Frage nach dem „Ob" beantwortet, und es bleibt die Frage nach dem „Wie".

Aus pädagogischer Sicht bietet die Inklusion wertvolle Chancen:

- Inklusion intendiert eine Kultur der gegenseitigen Wertschätzung, Integration und Teilhabe. Sie wirkt damit Ausgrenzungs- und Diskriminierungstendenzen auch auf gesellschaftlicher Ebene entgegen.
- Inklusion bietet allen Lernenden optimale Lern- und Entwicklungschancen. Inklusive Unterrichtsstrukturen sind auch für solche Lernenden förderlich, die keinen besonderen Förderbedarf aufweisen.

Allerdings stellt das Thema Inklusion Lernende, Erziehungsberechtigte, Lehrkräfte und Schulen auch vor große Herausforderungen:

- Inklusive Strukturen müssen geschaffen werden. Dies erfordert personellen, materiellen und zeitlichen Aufwand, der oft nicht im erforderlichen Maß zur Verfügung gestellt werden kann.
- Eine inklusive schulische Kultur muss als gemeinsame Anstrengung aller Beteiligten definiert und etabliert werden. Hierbei gilt es, Widerstände aus Angst vor Unbekanntem, Neuem oder aus Überforderung ernst zu nehmen und im gemeinsamen Diskurs aufzulösen.

Auf dem Weg in inklusive Strukturen sind die Schulen unterschiedlich weit. Viele positive Beispiele zeigen, dass – trotz aller offen bleibenden Fragen – Inklusion machbar und wünschbar ist.

> **Praxistipp**   Nutzen Sie in Ihrer Ausbildung alle sich bietenden Möglichkeiten, sich mit den Herausforderungen von Inklusion auseinanderzusetzen.

Sie können sich für dieses Teilkapitel ein **Kompetenzerwerbsschema** aus dem Internet herunterladen. Webcode: RK162567-007

Den Erziehungsauftrag als Herausforderung wahrnehmen

Der Erziehungsauftrag • Die Lebenswelt und Lebenswirklichkeit der „Jugend von heute" • Erziehen durch Beziehung • Regeln und Rituale • Praxiselement Hausaufgaben

Eine Situation aus der Praxis   Maren benimmt sich oft respektlos und frech. Auf Anweisungen der Lehrer reagiert sie meist ablehnend oder mit Ignoranz. Referendarin Petra spricht Marens Mutter beim Elternsprechtag auf eine typische Äußerung von Maren in Bezug auf eine Zurechtweisung an: „Von Ihnen muss ich mir gar nichts gefallen lassen!" Marens Mutter reagiert darauf mit Empörung: „So etwas würde Maren nie sagen. Außerdem hat sie ein ganz starkes Gerechtigkeitsempfinden – so heftig reagiert sie nur, wenn sie ungerecht behandelt wird."

Erschließungsfragen

- In welchem Umfang sind Lehrkräfte für die Erziehung der Lernenden zuständig?
- Ist die „Jugend von heute" wirklich schlecht erzogen?
- Woran liegt es, dass man an manche Lernende fast nicht mehr herankommen kann?
- Welche Rolle spielt die Beziehung zu den Lernenden im Unterricht beim Erziehen?
- Mithilfe welcher Maßnahmen kann ich meine Erziehungsziele im Unterricht erreichen?

Der Erziehungsauftrag

In vielen Kollegien geht die Elternschelte um: Die Kinder seien einfach nicht mehr gut genug erzogen, um am Unterricht teilnehmen zu können. Wenn nun die Lehrkräfte auch noch die Erziehung übernehmen müssten, könne kein Unterrichtserfolg erwartet werden.

Es stellt sich die Frage, was unter „Erziehung" im Allgemeinen und „guter Erziehung" im Besonderen zu verstehen ist. Es gibt keine allgemeingültige Begriffsdefinition – eine Ihnen aus den vorhergegangenen Kapiteln bereits bekannte Problematik.

Erziehung verstehe ich als Anpassungsprozess an gesellschaftlich erwünschte Normen, Verhaltensweisen und Wertvorstellungen, der einen unterschiedlich hohen Selbst- und Fremdsteuerungsanteil aufweist. *Gute* Erziehung aus Sicht des Zöglings wäre eine solche, die eine optimale Anpassung an die Gesellschaft unter Wahrung eines Maximums an Individualität und Autonomie sicherstellt.

Der Gesetzgeber gibt darüber Auskunft, wer für die Erziehung der Kinder **zuständig** ist, nämlich Eltern, Schule und Gesellschaft (Grundgesetz der Bundesrepublik Deutschland, Artikel 6).

Die Erziehungs**ziele** sind länderspezifisch unterschiedlich formuliert und akzentuiert, weisen aber alle in eine ähnliche Richtung. Paragraph 7 der Landesverfassung Nordrhein-Westfalen verlangt: „Ehrfurcht vor Gott, Achtung vor der Würde des Menschen und Bereitschaft zum sozialen Handeln zu wecken, ist vornehmstes Ziel der Erziehung."

Gemäß der thüringischen Landesverfassung (Artikel 22) haben Bildung und Erziehung die Aufgabe, „selbständiges Denken und Handeln, Achtung vor der Würde des Menschen und Toleranz gegenüber der Überzeugung anderer, Anerkennung der Demokratie und Freiheit, den Willen zu sozialer Gerechtigkeit im Zusammenleben der Kulturen und Völker und die Verantwortung für die natürlichen Lebensgrundlagen des Menschen und die Umwelt zu fördern."

Weitere Erziehungsziele wie z. B. die Verbindlichkeit der **Gesundheits- und der Medienerziehung** an Schulen sind in den jeweiligen Landesschulgesetzen festgelegt.

Das bedeutet aber nicht, dass Erziehung widerspruchsfrei ablaufen könnte, denn alle *unterhalb* der gesetzlichen Forderungen liegenden Ausprägungen, Konkretisierungen und Schwerpunktsetzungen bleiben eine Sache der Erziehenden.

Genau das kann zu Problemen führen: Die geforderte partnerschaftliche Verwirklichung der Erziehungsziele stößt nämlich dort an ihre Grenzen, wo in einer Lerngruppe so viele unterschiedlich ausgeprägte Erziehungskonzepte, wie es Lernende in der Klasse gibt, auf die individuellen Erziehungsvorstellungen der Lehrenden treffen.

Mögliche Konflikte liefern z. B. folgende Fragen: Welcher Grad an Selbstständigkeit soll angestrebt und wie stark soll die Selbstverantwortung betont werden? Ab wann stößt Toleranz an die Grenzen des Wertebewusstseins, wie viel Mitbestimmung ist erwünscht?

Aufgrund dieser Problemlage ist es sinnvoll, die schulische Erziehung und die häusliche Erziehung voneinander abzugrenzen.

- Für die Eltern und Erziehungsberechtigten erfordert das die Kompromissbereitschaft, schulische Erziehungskonzepte anzuerkennen, auch wenn sie nicht vollständig den eigenen, zu Hause praktizierten Erziehungsvorstellungen entsprechen.

- Für die Lehrenden bedeutet es, unterschiedlich akzentuierte Erziehungskonzepte so zu integrieren, dass ein möglichst hoher Grad an Vielfalt erhalten bleibt. Dies verlangt, auf unnötig enge Grenzziehungen zu verzichten, tolerant gegenüber fremden Erziehungskonzepten zu sein und die eigenen konkreten Erziehungsvorstellungen nicht vollständig auf die Lerngruppe anwenden zu wollen.

- Im gegebenen Fall bedeutet es aber auch die Verpflichtung der Lehrenden, die Erziehenden auf eklatante, für das Kind offensichtlich schädliche Abweichungen von den verfassungsgemäßen Erziehungszielen hinzuweisen und notfalls in Zusammenarbeit mit außerschulischen Partnern darauf hinzuwirken, dass der Anspruch der Kinder auf eine Erziehung im Sinne dieser Ziele auch im häuslichen Bereich umgesetzt werden kann.

Erziehungskonzepte

Es werden verschiedene Erziehungskonzepte unterschieden, die je nach Vertreter unterschiedlich benannt und charakterisiert werden. Ein Beispiel hierfür ist die Unterscheidung der Erziehungskonzepte nach Baumrind, hier tabellarisch skizziert:

Konzept	autoritär	autoritativ	permissiv
Erziehung durch ...	Gehorsam	Einsicht und Gehorsam	Einsicht
Erziehungsmittel	Bestrafung	Lob, Ermutigung, emotionale Wärme	Selbstverantwortung
Rolle des Zöglings	passiv	Mitgestaltung	aktiv

Konzept	autoritär	autoritativ	permissiv
Autonomie des Zöglings	beschränkt; kaum Austausch durch Diskussionen	wird respektiert, aber „letztes Wort" bei den Erziehenden	wird nicht eingeschränkt
Verantwortung für die Erziehung	liegt ausschließlich beim Erziehenden	liegt hauptsächlich beim Erziehenden	liegt ausschließlich beim Zögling

Das autoritative Konzept wird in Bezug auf unsere verfassungsgemäßen Erziehungsziele als das am besten geeignete angesehen.

Erziehungskonzepte sind aber immer einer gewissen Mode unterworfen: Auf eine Zeit eher autoritärer Erziehungskonzepte folgt eine Phase eher permissiver Konzepte. So wird die mit der 1968er-Bewegung begonnene „antiautoritäre" Haltung, mit der ein Kontrapunkt gegen die damals vorherrschend autoritäre Erziehungsvorstellung gesetzt wurde, nun allmählich wieder vom Ruf nach mehr Disziplin abgelöst.

Die Lebenswelt und Lebenswirklichkeit der „Jugend von heute"

Schon immer galt die Jugend als respektlos und schlecht erzogen. So wird dem griechischen Philosophen Aristoteles aus dem dritten vorchristlichen Jahrhundert bereits die folgende Klage über die „Jugend von heute" zugeschrieben:

Ich habe überhaupt keine Hoffnung mehr in die Zukunft unseres Landes, wenn einmal unsere Jugend die Männer von morgen stellt. Unsere Jugend ist unerträglich, unverantwortlich und entsetzlich anzusehen.

Aristoteles

Wenngleich die Klagen über eine schlecht erzogene Jugend offenbar so alt wie die Menschheit sind, so hat doch jede Zeit ihre individuellen Problemlagen. Somit ist es sinnvoll zu fragen, wodurch die Situation von Kindern und Jugendlichen in unserem Kulturkreis heute vor allem geprägt ist. Dabei kommt man zu folgenden Erkenntnissen:

Gesellschaftlicher Bereich

- Der Anteil von Kindern und Jugendlichen an der Gesellschaft liegt bei sinkender Tendenz derzeit bereits unter 20 %.
- Jedes fünfte Kind in Deutschland ist von Armut betroffen.
- Die Zukunft ist zunehmend von Ängsten und Perspektivlosigkeit individueller (z. B. Arbeitslosigkeit, Leistungsdruck) oder auch globaler Prägung (z. B. Klimawandel, Wirtschaftskrise) gekennzeichnet.
- Lebenswelten mit unterschiedlichen Wertvorstellungen und Lebensweisen divergieren zunehmend in Richtung paralleler Gesellschaftsstrukturen mit immer weniger Ausgleichstendenzen.
- Immer kürzere Innovationszyklen führen zu starkem Konsumverhalten. Gleichzeitig belastet der Anpassungsdruck an technologischen Fortschritt oft stärker, als die Kosumgüter zu befriedigen vermögen.

Familiärer Bereich

- Circa ein Viertel aller Kinder in Deutschland sind Einzelkinder. Somit stellen teilweise bis zur Einschulung Erwachsene die wichtigsten und regelmäßigsten Kontakt- und Spielpartner dar.

- Jede zweite Ehe wird geschieden, in jedem zweiten Fall sind davon auch Kinder betroffen. Immer mehr Kinder leben dadurch in alternativen Strukturen zur „klassischen" Familie, z. B. in Patchwork-Familien oder in Mutter- bzw. Vater-Kind-Haushalten.
- Nahezu unbegrenzte Kommunikationsmöglichkeiten führen zu einer fortschreitenden Trivialisierung von Kommunikations- und Beziehungsstrukturen (z. B. hunderte „Freunde" in sozialen Netzwerken).

Kurz und knapp Die Situation von Kindern und Jugendlichen ist zunehmend von Verunsicherung durch den Verlust verbindlicher Strukturen geprägt. Diese wird häufig durch eine betont „coole" Außenfassade verborgen und oft durch die Flucht in mediale Ersatzwelten oder durch zwanghaftes Konsumverhalten zu kompensieren versucht.

Erziehung durch Beziehung

Es ist eine bekannte Tatsache, dass die an der Erziehung eines Menschen beteiligten Personen oder Institutionen im Laufe seiner Entwicklung unterschiedliche Bedeutung für die Erziehung haben. Mit zunehmendem Entwicklungsalter erfolgt eine immer autonomere Auswahl der Orientierung gebenden und prägenden Personen.

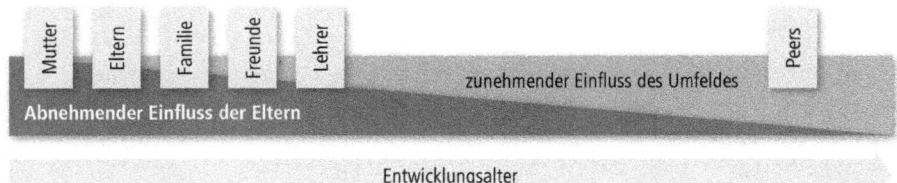

Abb. 4.7: Erziehungsprägende Beziehungen in Abhängigkeit vom Alter

Angelehnt an die bereits im Teilkapitel über das Lernen vorgestellten Aussagen zum sozialen Lernen (vgl. S. 89) könnte man den Erziehungsprozess auch als sozialen Lern- und Anpassungsprozess verstehen. Während z. B. kleine Kinder in der Regel den gleichen Beruf und den gleichen Lebensentwurf wie die Eltern favorisieren, erfolgt mit der Pubertät eine (notwendige!) Abgrenzung und Umorientierung hin zu anderen Vorbildern, wie z. B. gleichaltrigen Jugendlichen.

Der im sozialen Prozess erforderliche Wunsch zur Nachahmung, Identifikation oder Erfolgsorientierung setzt normalerweise eine positive Beziehung zu der Person voraus, an der der Zögling eine (zumindest partielle) Orientierung sucht.

Kurz und knapp Eine positive, wertschätzende und rollenklare Beziehung zum Heranwachsenden ist die Grundvoraussetzung für eine gelungene Erziehung. Dadurch kann der Wunsch nach Orientierung am Erziehenden geweckt und gefördert werden. „Erziehen durch Beziehung" sichert demnach eine nachhaltige Umsetzung von Erziehungszielen.

Klar definierte und konstruktive Beziehungen sind gleichfalls auch auf der Ebene der Erziehenden untereinander sehr wichtig:

- Lehrende sollten die Eltern grundsätzlich als Experten für das Besondere des einzelnen Kindes und seiner Entwicklung respektieren.
- Die Eltern sollten die Lehrkräfte als Lernexperten und Fachleute für ihr Kind im Zusammenhang mit seiner schulischen Entwicklung anerkennen.
- Gegenseitig sollte vorausgesetzt werden können, dass allen Beteiligten primär am Wohl des Kindes gelegen ist – auf diesen gemeinsamen Nenner sollte man notfalls immer zurückgreifen können.

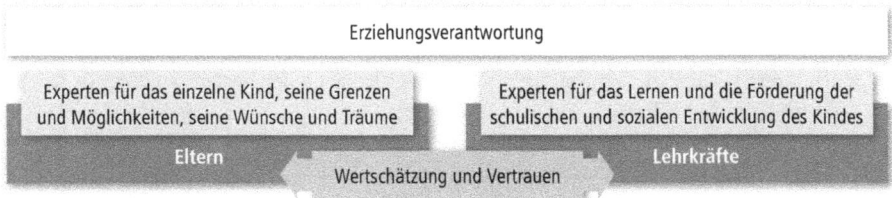

Abb. 4.8: Beiträge zur gemeinsamen Erziehungsverantwortung

Beziehungsstörungen als Ursache von Erziehungsproblemen

Gelungene Erziehung setzt die Existenz einer funktionierenden Beziehung voraus. Beziehungsprobleme mindern somit die Erziehungschancen. Der Facharzt für Kinderpsychiatrie und Psychotherapie Michael Winterhoff unterscheidet drei Grundtypen von Beziehungsstörungen. Diese bewirken, dass die Kinder in einem Entwicklungsalter verharren, das nicht ihrem biologischen Alter entspricht, was seiner Ansicht nach die Ursache typischer Erziehungsprobleme darstellt.

Partnerschaftlichkeit

Wenn zu viel Erziehungs(mit)verantwortung aus Unsicherheit der Erziehenden heraus zu früh mit dem Kind geteilt wird, entsteht die partnerschaftliche Beziehungsstörung. Aus Angst vor der Alleinverantwortung für die Erziehung werden im Diskurs mit dem (dazu meist noch unfähigen) Kind Erziehungsfragen entschieden. Eine Überforderung des Kindes durch zu frühe Mitverantwortung ist die Folge.

- In der Schule haben partnerschaftlich erzogene Kinder Schwierigkeiten damit, die Rolle der Lehrkräfte als „letzte Instanz" zu akzeptieren, eine Haltung, in der sie von den Eltern noch bestärkt werden.
- Partnerschaftlich erziehende Lehrkräfte handeln z. B. Hausaufgaben oder Zensuren aus, statt sie fundiert begründet zu erteilen. Sie appellieren ausschließlich an die Vernunft und Einsicht der Kinder ohne wahrzunehmen, dass sie damit der von ihnen erwarteten Leitfunktion und Verantwortung nicht gerecht werden können.

Projektion

In der Projektion übertragen die Erziehenden eigene Bedürfnisse auf das Kind, insbesondere die Befriedigung des Wunsches nach Liebe und Bestätigung. Um geliebt zu werden, wird auf Verbote, Steuerung und Anweisungen verzichtet. Beim Kind entwickelt sich dadurch keine ausreichende Frustrationstoleranz. Es handelt rein lustbetont.

- In der Projektionsbeziehung stehende Kinder zeigen in der Schule kaum Durchhaltevermögen. Sie sind gelangweilt oder stören, es sei denn, der Unterricht trifft genau die aktuelle Bedürfnislage. Die zum widerständigen Lernen notwendige Anstrengungsbereitschaft fehlt.

● Lehrende in der Projektion stellen möglichst geringe Anforderungen und gefallen sich darin, Liebling der Klasse zu sein. Mit guten Noten wird z. B. die Zuneigung der Lernenden zu erkaufen versucht.

Symbiose

Bei der symbiotischen Beziehungsstörung wird das Kind quasi zu einem Teil des Erziehenden. Damit kann aus dessen Sicht nichts *willentlich* Falsches tun. Die erzieherische Einwirkung reduziert sich allenfalls auf die automatisierte Korrektur unerwünschten Verhaltens und wird vom Kind nicht als solche erlebt. Aufgrund der Passivität seiner Erzieher lernt das symbiotisch aufgewachsene Kind seine Mitmenschen nicht als selbstbestimmte Individuen einzuordnen und behandelt sie wie willenlose Gegenstände.

● In der Schule fallen Kinder in einer symbiotischen Beziehungsstörung dadurch auf, dass sie sich an keinerlei Regeln halten können, distanz- und respektlos mit Lehrkräften und Mitschülern umgehen und aggressiv auf Begrenzungen und Widerstand reagieren.

● Lehrende in einer symbiotischen Beziehungsstörung erkennen problematisches Verhalten nicht oder nicht rechtzeitig. Sie versuchen, abweichendes und störendes Verhalten der Lernenden „wegzuerklären" und lassen sich leicht von den Lernenden manipulieren.

Bedeutung der Beziehungsstörungen für den Unterricht

Die Folgen der von Winterhoff beobachteten Beziehungsstörungen sind im Prinzip in jeder Schulklasse zu sehen. Problematisch ist das Fehlen eines über das Verstehen hinausgehenden Konzepts, wie Lehrkräfte mit diesen Erscheinungen umgehen sollten. Aus meiner Sicht bleibt nur der Versuch, mit einer altersgemäßen Beziehungsgestaltung zwischen Lehrkraft und Lernenden einen Kontrapunkt zu setzen:

● Klären Sie sorgfältig die Rollen und verhalten Sie sich rollenbewusst. Seien Sie wertschätzend, aber auch abgegrenzt. Ein zu „kumpelhaftes" Verhalten erzeugt Verunsicherung bei den Lernenden und verhindert einen angemessen respektvollen Umgang miteinander.

● Vermeiden Sie Überforderungen durch die Beteiligung an rollenfremden Entscheidungsprozessen. Die Noten werden z. B. ausschließlich von der Lehrkraft verantwortet und damit auch erteilt.

● Projizieren Sie nicht „erwachsene" Vorstellungen auf Heranwachsende: Ein Zwölfjähriger ist entwicklungspsychologisch nicht in der Lage, die Bedeutung seiner Lernanstrengung für künftige Berufswahlchancen zu erfassen. Er lernt aus seiner Sicht erstrangig für Sie!

● Lassen Sie sich nicht instrumentalisieren. Treten Sie für die Lernenden ein, aber lassen Sie diese auch (altersgemäß) für ihr Verhalten einstehen. Loben Sie z. B. gewünschtes Verhalten genauso angemessen, wie Sie ungewünschtes Verhalten zu tadeln pflegen.

Kurz und knapp *Erziehungs*schwierigkeiten in der Schule können mit verschiedenen Arten von *Beziehungs*störungen erklärt werden. Die damit einhergehenden unbewussten Erziehungskonzepte hemmen eine altersgerechte Entwicklung und verhindern so ein angemessenes, rollenbewusstes und entspanntes Miteinander im Unterricht.

Regeln und Rituale

Erziehung braucht verlässliche Regeln, die Orientierung und Halt geben. Ohne Regeln herrschen Willkür und Unsicherheit. Regeln sind zudem für die Entwicklung der Lernenden von enormer Bedeutung: Sich nicht an Regeln zu halten ist genauso problematisch, wie sie niemals in Frage zu stellen.

Regeln in der Schule und im Unterricht

Jede Schule hat mit der Schulordnung ihr eigenes Regelwerk, an das sich alle Beteiligten zu halten haben. Mit Klassenregeln können Sie dieses Regelwerk im Unterricht konkretisieren und akzentuieren. Die Lernenden sollten daran beteiligt werden, ohne dass Sie auf die Ihnen wichtigen Aspekte verzichten. Gehen Sie dabei z. B. so vor:

1. Lehrkraft und Lernende formulieren einzeln ihnen angenehme Lern- und Lehrbedingungen und gewichten sie. So entsteht eine gemeinsame Zielperspektive.
2. Gemeinsam wird überlegt, welche Regeln dazu möglich bzw. erforderlich sind, diese Bedingungen sicher zu stellen.

Tipps zum Umgang mit Regeln im Unterricht

- Regeln sollten gut sichtbar im Klassenraum aufgehängt werden.
- Damit die Zielsetzung klar wird, sollten Regeln in einen Begründungszusammenhang gestellt werden, z. B. durch eine Präambel.
- Es erhöht die Verbindlichkeit von Regeln, wenn sie in einer persönlichen Form formuliert werden (z. B. „ich" statt „man") und wenn die Lernenden sich formal zur Einhaltung verpflichten, z. B. als „Klassenvertrag", der von allen unterschrieben wird.
- Es muss klar sein, welche Konsequenzen die Nichteinhaltung einer Regel nach sich zieht. Diese müssen Sie dann aber auch umsetzen!
- Regeln sollten einer regelmäßigen Überprüfung ihrer Wirksamkeit und Notwendigkeit unterzogen und ggf. angepasst werden.

Rituale im Unterricht

Jede Gesellschaft verwendet Rituale, z. B. Begrüßungs- oder Sterberituale. Rituale sind automatisierte Abläufe mit einer verborgenen tieferen Bedeutung, die u. a. strukturieren, integrieren und entlasten. Aus diesem Grund werden Rituale auch in der Schule eingesetzt. Sie können z. B. die Umsetzung von Regeln unterstützen und erleichtern, bergen allerdings auch die Gefahr der Ausgrenzung „Nicht-Eingeweihter".

Praxisbeispiel Die Klassenregel „Es spricht nur der, der drangenommen wird!" soll angepasst werden: Wer etwas ganz Wichtiges sagen will, soll sofort reden dürfen. Gemeinsam wird dafür ein Ritual vereinbart: Wer sich mit *beiden* Händen meldet, wird sofort drangenommen.

So setzen Sie Rituale im Unterricht ein:

- Stimmen Sie die Rituale im Kollegium ab. Es ist z. B. sinnvoll, ein gemeinsames Ruhezeichen zu verwenden. Klären Sie vor Einführung eines neuen Rituals, ob es bereits ähnliche Rituale gibt.
- Setzen Sie Rituale konsequent ein. Ich erlebe z. B. manchmal Klassen, in denen die Lernenden in die Klasse rufen und gleichzeitig das Ruhezeichen verwenden. Es festigt sich dabei dann nur noch die ritualisierte Handlung, nicht aber die Bedeutung dahinter.
- Setzen Sie Rituale nicht inflationär ein. Zu viele Rituale im Unterricht können kontraproduktiv für den Lern- und Erziehungsprozess sein. Reflektiertes Handeln sollte im Vordergrund stehen.

▶ ▶ ▶ Praxiselement **Hausaufgaben**

Hausaufgaben sollen die schulische Arbeit ergänzen, sie aber nicht ersetzen. Mithilfe von Hausaufgaben sollen die Lernenden im Unterricht Gelerntes wiederholen und vertiefen oder sich auf den Unterricht vorbereiten, z. B. mit Erkundungsaufgaben. Hausaufgaben tragen zum Erziehungsziel „Selbstständigkeit" bei, da sie den Lernenden die Verantwortung für die Lernorganisation partiell übertragen.

Befürworter von Hausaufgaben führen weitere Vorteile ins Feld:

- Hausaufgaben zwingen die Lernenden dazu, sich mit dem Gelernten noch einmal auseinanderzusetzen und ggf. Lücken aufzudecken.
- Hausaufgaben bieten die notwendige Zeit und Ruhe zum Üben und Wiederholen, die im Unterricht leider allzu oft fehlt.
- Hausaufgaben schaffen eine Verbindung zwischen Schule und häuslichem Umfeld und bieten Eltern einen Einblick in den Lernprozess.

Was spricht gegen Hausaufgaben?

- Hausaufgaben sind nirgendwo verbindlich vorgeschrieben. Manche Schulen verzichten sogar komplett darauf, und bei Schulen mit Ganztagsbetrieb sind Hausaufgaben nur eingeschränkt erlaubt.
- Die Lernenden verbringen z. T. bereits so viel Zeit in der Schule, dass nach der Schule keine Zeit mehr für die Hausaufgaben bleibt. Regelmäßige Familien- und Vereinsaktivitäten sind so unmöglich.
- Bei Hausaufgaben zur Wiederholung und Übung kann es dazu kommen, dass Fehler sich verfestigen, wenn die Kontrolle fehlt – und diejenigen, die keine Fehler machen, benötigen keine weitere Übung.
- Hausaufgaben werden häufig nicht selbstständig, sondern in Zusammenarbeit mit den Eltern oder Geschwistern erledigt. Soziale Benachteiligungen verschärfen sich, wenn die häusliche Hilfe fehlt.
- Hausaufgaben sorgen für häuslichen Unfrieden. Eltern fühlen sich als Hilfslehrkräfte und Erfüllungsgehilfen der Schule missbraucht.
- Die Besprechung der Hausaufgaben kostet wertvolle Unterrichtszeit.

Grundsätze für den Umgang mit Hausaufgaben

Hausaufgaben müssen einen Bezug zum Unterricht haben. Daraus folgt u. a., dass sie im Unterricht zu besprechen sind. Die Menge der Hausaufgaben, die in einer Klasse anfallen, muss durch kollegiale Absprachen begrenzt werden (die maximal zulässigen Zeiten und weitere Bestimmungen zu Hausaufgaben werden in der Regel durch Erlasse zu den jeweiligen Schulgesetzen geregelt). Hausaufgaben müssen ohne fremde Hilfe erledigt werden können. Damit das für alle Lernenden möglich ist, sind sie ggf. in Schwierigkeitsgrad und Umfang zu differenzieren.

Kurz und knapp Es liegt in Ihrem Ermessen, ob und wie viel Hausaufgaben Sie erteilen. Wenn Sie es tun, müssen Sie dies bereits in der Planung Ihres Unterrichts berücksichtigen.

◀ ◀ ◀

Sie können sich für dieses Teilkapitel ein **Kompetenzerwerbsschema** aus dem Internet herunterladen.
Webcode: RK162567-008

Lern- und Entwicklungsprozesse aktiv begleiten

Es ist nicht genug, zu wissen, man muss auch anwenden. Es ist nicht genug, zu wollen, man muss auch tun.
Johann Wolfgang von Goethe, Wilhelm Meisters Wanderjahre

So ungestört wie möglich lernen und lehren

Classroom-Management • Ursachen und Deutungen von Unterrichtsstörungen • Strategien für einen störungsarmen Unterricht • Wenn nichts mehr geht – Erziehungs- und Ordnungsmaßnahmen

Eine Situation aus der Praxis Referendar Matthias hat sich für die als „schwierig" geltende 7c etwas ganz Besonderes ausgedacht: In Form einer Abenteuergeschichte sollen die Lernenden durch Versuche selbst herausfinden, wie man eine Salz-Wasser-Sand-Mischung in ihre ursprünglichen Bestandteile zerlegen kann. Leider geht es in dieser Stunde drunter und drüber: Es ist laut, die Lernenden spielen mit den Versuchsmaterialien herum und hören überhaupt nicht mehr auf Matthias. Trotz aller Appelle und Ermahnungen versinkt die Stunde im Chaos. (Lösungshinweise am Kapitelende auf S. 110)

Erschließungsfragen
- Wodurch können Unterrichtsstörungen entstehen?
- Ist ungestörter Unterricht überhaupt möglich?
- Was kann man gegen Unterrichtsstörungen unternehmen?
- Wie kann man im Vorfeld verhindern, dass es zu Unterrichtsstörungen kommt?
- Welche rechtlichen Möglichkeiten habe ich, wenn alle anderen Maßnahmen erfolglos bleiben?

Classroom-Management

Die Bedeutung der Lehrkraft in Bezug auf den Lernerfolg wurde in der bereits vorgestellten Hattie-Studie analysiert. Aber nicht nur für den Lernerfolg, sondern auch in Bezug auf Unterrichtsstörungen spielt die Lehrkraft eine wichtige Rolle. Dies wurde in einer Studie des amerikanischen Erziehungswissenschaftlers Jacob Kounin nachgewiesen: Mitte der 1970er Jahre untersuchte Kounin die Wirksamkeit von Störungsinterventionen im Unterricht. Dabei fand er heraus, dass die Art der Intervention eine untergeordnete Rolle gegenüber der individuellen Art der Klassenführung durch die jeweilige Lehrkraft spielt. Dies führte zu weiteren Untersuchungen, deren Schwerpunkt nun beim Führungsstil der Lehrkraft lag. Die Ergebnisse zeigten, welcher Führungsstil besonders wirksam zu sein scheint.

Aspekte erfolgreichen Classroom-Managements nach Kounin
- Allgegenwärtigkeit der Lehrkraft, d.h. gleichzeitige Wahrnehmung der wichtigsten im Unterricht ablaufenden Prozesse
- Parallele Problembehandlung, d.h. Störungen können „nebenbei" behandelt werden und unterbrechen nicht den Unterrichtsablauf
- Aufmerksamkeitskontinuität, d.h. die Lernenden erhalten keine Gelegenheit, sich partiell „auszuklinken", weil sie permanent im Aufmerksamkeitsfokus der Lehrkraft zu sein scheinen.

- Einfordern echter Teilnahme, d. h. vorgetäuschte Teilnahmestrategien der Lernenden wie z. B. die einstudierte „interessierte Haltung" werden erkannt und verhindert
- Stringenz, d. h. der Unterrichtsfluss erfolgt kontinuierlich entlang eines „roten Fadens" ohne Sprünge oder Brüche – der Ablauf folgt einem logisch nachvollziehbarem Gesamtkonzept.
- Ablaufkontinuität, d. h. der Unterrichtsfluss wird nicht unnötig durch organisatorische und logistische Mängel unterbrochen und es entsteht kein Leerlauf.
- Gelenkstellenmanagement, d. h. Übergänge zwischen Unterrichtsphasen werden zeitökonomisch, aber frei von Brüchen organisiert

Der individuelle Führungsstil

Ob und in welchem Maße die oben genannten Aspekte im Unterricht umgesetzt werden können, ist nicht ausschließlich eine Frage erlernbarer Strategien und zu erwerbender Kompetenzen, sondern es wird auch von der individuellen Persönlichkeit der Lehrkraft bestimmt.

Offenbar schaffen es bestimmte Lehrkräfte aufgrund ihrer Persönlichkeit quasi „von selbst", die Aspekte eines guten Classroom-Managements zu erfüllen. Das heißt nicht, dass es anderen Lehrkräften nicht gelingen könnte, es bedarf dazu aber einer intensiven und nachhaltigen Persönlichkeitsentwicklung in den Grenzen dessen, was vom Einzelnen noch authentisch repräsentiert werden kann.

Kurz und knapp Die Frage des individuellen Führungsstils einer Lehrkraft entscheidet maßgeblich über die Störungsanfälligkeit ihres Unterrichts. Ein Führungsstil ist nicht ohne weiteres erlernbar, sondern wird von den individuellen Persönlichkeitsmerkmalen einer Lehrkraft geprägt.

Zur Ermittlung des eigenen Unterrichtsstils gibt es Schülerfragebögen, mit denen die Ausprägungen Ihres Führungsstils in verschiedenen Bereichen erfasst werden können. Daraus fügt sich ein „typisches" persönliches Profil innerhalb der zwei Koordinatenpaare „Dominanz – Unterwerfung" und „Kooperation – Opposition", das sich einem bestimmten Führungsstil zuordnen lässt.

Jedes Profil hat eine unterschiedliche Akzeptanz bei den Lernenden: Es wurde herausgefunden, das Lernende mit bestimmten Führungsstilen besser zurechtkommen als mit anderen. Zu den Favoriten gehören solche Lehrstile, die dominante und kooperative Aspekte vereinen, z. B. „der Boss", „der freundliche Helfer" oder „der Verständnisvolle". Weniger gut schneiden Stile wie z. B. „der Unsichere" oder „der aggreessive Nörgler" ab (vgl. Lohmann).

Falls Sie feststellen, dass Sie mit Ihrem Führungsstil nicht in die favorisierten Kategorien fallen, müssen Sie dennoch nicht verzweifeln:

- Classroom-Management ist von der Tagesform der Klasse abhängig: Ein Führungsstil mit grundsätzlich hoher Akzeptanz kann in manchen Situationen weniger günstig sein als ein anderer Führungsstil.
- Classroom-Management ist keine Konstante, sondern ein permanenter Entwicklungsprozess, der von Erfolgs- und Misserfolgserfahrungen gesteuert und geprägt wird. Betrachten Sie Ihren aktuellen Führungsstil daher als Momentaufnahme und nicht als Endzustand.
- Viel wichtiger als die "Darstellung" eines geeigneten Führungsstils ist es, authentisch, verlässlich und ehrlich als die individuelle und wertvolle Persönlichkeit vor die Klasse zu treten, die Sie sind.

Ursachen und Deutungen von Unterrichtstörungen

Mit den von Winterhoff (vgl. Kapitel 4, S. 101 f.) beschriebenen Beziehungsstörungen kann bereits ein großer Teil störenden Verhaltens im Unterricht erklärt werden, der in der Persönlichkeit der Lernenden und der Lehrenden sowie Ihrer Beziehung zueinander begründet liegt.

Grundsätzlich stellt sich die Frage, was unter einer „Störung" verstanden werden soll. Meine eigene Definition lautet folgendermaßen:

> Eine **Störung** bringt das Unterrichtsgefüge in einen Zustand des Ungleichgewichts. Die den Unterricht prägenden Konstituenten (Lern- bzw. Lehrperspektive, Ziele, Strukturen, Inhalte, Kommunikations- und Interaktionsprozesse, Beziehungen, usw.) erfahren durch Störungen Anstöße zur Veränderung und Entwicklung in unterschiedliche, intendierte oder nicht intendierte Richtungen.

Auf diese Weise definiert erscheint eine Störung des Unterrichts nicht unbedingt negativ, denn genau auf Entwicklungsanstöße kommt es im Unterricht ja an. Die schon angesprochenen Lerntheorien gehen davon aus, dass es beim Lernenden sogar erst einer Störung bedarf, damit der Lernprozess eingeleitet werden kann. So verstanden bilden Störungen eigentlich die Grundlage erfolgreichen Unterrichts. Aber damit allein werde ich Sie wahrscheinlich nicht zufriedenstellen ...

Produktive und destruktive Störungen

Natürlich können nicht alle Unterrichtsstörungen als lernfördernde Anstöße verstanden werden. Deshalb möchte ich zwischen zwei Arten von Unterrichtsstörungen unterscheiden: Die produktive und die destruktive Störung. In der folgenden Tabelle ist anhand unterschiedlicher Beispiele aufgeführt, was darunter verstanden werden soll:

Störungsquelle	Destruktive Störung	Produktive Störung
Lehrkraft	fehlendes Einfühlungsvermögen	Einforderung von Leistungen
Lernende	permanente Unruhe, Respektlosigkeit	Benennung von Lernwiderständen
Inhalte	fehlender Bezug zur Lebenswirklichkeit	Eingehen auf ein tagesaktuelles Problem

Ziel bei der Beschäftigung mit Unterrichtsstörungen ist aus meiner Sicht nicht deren völlige Vermeidung, sondern die Fähigkeit,

- Ursachen von Störungen zu analysieren,
- Interventionsstrategien einzusetzen, die eine produktive Auseinandersetzung mit der Störung ermöglichen und ihre Beseitigung herbeiführen sowie
- individuelle Präventionsstrategien zu entwickeln, die dazu beitragen, den Anteil destruktiver Störungen im Unterricht zu verringern.

Analyse von Störungen

Bei der Analyse von Unterrichtsstörungen sind alle Unterrichtskonstituenten im Zusammenhang zu berücksichtigen: Störungen können im Bereich der Lehr- und Lernperspektiven auf persönliche, intentionale, konditionale oder kompetenzbezogene *Dissonanzen* zurückgeführt werden. Fehlendes Können oder Wollen, situativ unpassendes oder unangepasstes „so sein" sowie ungeeignete Bedingungen finden auf der Umsetzungsebene des Unterrichts ihren Widerklang in gestörter Interaktion oder Kommunikation, in übersteigerten Erwartungen und ungünstigen Entscheidungen, sie bewirken unzutreffende Deutungen und Wertungen, lösen negative Emotionen aus und beeinflussen die gegenseitigen Beziehungen in ungünstiger Weise.

Auch im Bereich der Planungskonstituenten können sich Ursachen für Störungen ergeben, z. B. durch die Themen-, Methoden- und Werkzeugwahl, aber auch aufgrund der vorgegebenen Strukturen.

Praxisbeispiel In der Gruppenarbeitsphase wird es sehr unruhig. Die Gruppen führen Nebengespräche und bearbeiten die Aufträge nicht richtig.

Was könnte die im Beispiel beschriebene Störung hervorrufen? Die Darstellung aller Konstituenten in einer gemeinsamen Grafik erlaubt vielfältige Deutungsmöglichkeiten:

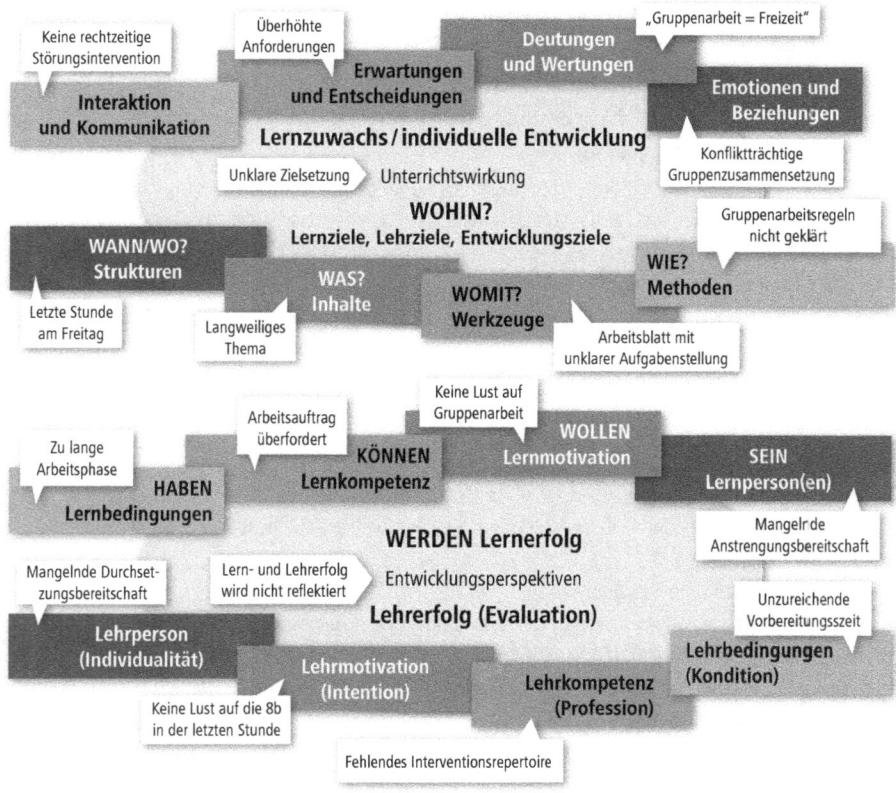

Abb. 5.1 Analyse von Störungsursachen

Sie können sich die Grafik zum Ausfüllen aus dem Internet herunterladen. Webcode: RK162567-009

Meist kann man im Nachhinein nicht sicher entscheiden, welche Ursachen tatsächlich die „richtigen" sind. In diesem Fall ist es sinnvoll, zuerst diejenigen Faktoren zu optimieren, auf die man selbst einen hohen Einfluss hat und die leicht zu beeinflussen sind.

Strategien für einen störungsarmen Unterricht

Störungen analysieren und deuten

* Gehen Sie abgegrenzt und distanziert mit Störungen als Unterrichtsphänomen um. Interpretieren Sie Störungen nicht einseitig als persönliches Versagen, Bosheit der Lernenden oder gesellschaftliches Phänomen, sondern bleiben Sie deutungsoffen.
* Versuchen Sie, in allen auftretenden Störungen produktive Anteile zu finden: So kann eine Auseinandersetzung mit einem Lernenden Ihnen diagnostische Erkenntnisse über dessen Konfliktverhalten verschaffen. Oder angelehnt an ein Zitat von Albert Einstein: Mit jeder *nicht* funktionierenden Strategie haben Sie eine weitere Erkenntnis darüber gewonnen, was *nicht* funktioniert.
* Bleiben Sie in Bezug auf Störungen klar und vor allem beständig in Ihrer Rolle als Lehrkraft. Das bedeutet nicht, dass Sie sich immer gleich verhalten müssen, sondern vielmehr, situativ angepasst berechenbar zu bleiben. Wenn Sie sich permanent unvorhersehbar verhalten, verunsichern Sie die Lernenden und verhindern dadurch den Aufbau einer nachhaltigen vertrauensvollen Beziehung.

Präventive Maßnahmen

* Stellen Sie eine stabile Beziehung zu *allen* Lernenden her. Eine besondere Nähe oder Distanz zu Einzelnen grenzt die anderen aus und kann Neid oder Diskriminierungen untereinander hervorrufen.
* Handeln Sie in Ihrem Unterricht so, dass Sie von allen Lernenden respektiert werden können und gehen Sie mit allen Lernenden auf altersgerechte Weise erkennbar respektvoll um.
* Geben Sie den Lernenden klare Strukturen: Legen Sie (ggf. gemeinsam mit der Lerngruppe) verbindliche Regeln fest und setzen Sie wiederkehrende Rituale ein (z. B. Aufstehen zur Begrüßung, Verwendung akustischer oder optischer Ruhesignale usw.).
* Seien Sie situativ flexibel und geben Sie den natürlichen Motivationen und Bedürfnissen der Lernenden so viel Raum, wie es Ihnen möglich ist. So ist es z. B. besser, mit den Lernenden fünf Minuten eine aktives Bewegungsspiel durchzuführen, als 45 Minuten lang gegen den Bewegungsdrang der Lernenden anzukämpfen.
* Nehmen Sie nicht nur störendes, sondern auch positives Verhalten wahr und loben Sie es angemessen. Wenn zwei Lernende in Ihrer Klasse stören, gibt es noch 28 andere, die mitmachen und zuhören. Leider wird in deutschen Klassenzimmern immer noch zu stark nach dem Prinzip „Nicht gescholten ist genug gelobt" gehandelt.

Kurz und knapp Erteilen Sie als gute Lehrkraft guten Unterricht, der die Lernenden motiviert, mitreißt, fördert und fordert (vgl. Kapitel 1 und 2, S. 14 und 31).

Störungsintervention

- Spielen Sie nie eine bestimmte Rolle, sondern bleiben Sie authentisch. Nur Ihr eigenes Selbst vermögen Sie auf Dauer überzeugend und engagiert zu repräsentieren. Probieren Sie darum bitte auch keine „Störungs-Rezepte" aus, die Ihrer Person nicht entsprechen.

- Geben Sie den Lernenden nicht das Gefühl, nur durch Störungen Ihre Aufmerksamkeit erlangen zu können. Häufig widmen Lehrkräfte Störern viel mehr Zeit als den ruhigen, unauffälligen Lernenden. Geben Sie störendem Verhalten im Unterricht weniger Raum. Lassen Sie z. B. nicht zu, dass Lernende Diskussionen über ihr Fehlverhalten vor der Klasse inszenieren, sondern verlagern Sie das erforderliche erzieherische Gespräch in die Zeit nach dem Unterricht.

- Kündigen Sie nur die Konsequenzen an, die Sie selbst umzusetzen bereit und in der Lage sind. Lernende finden es schnell heraus, wenn Konsequenzen nur als Drohmittel eingesetzt werden. Überdies haben sie meist eine genaue Vorstellung davon, welche Konsequenzen wirklich möglich sind. Klären Sie also vorher z. B. im kollegialen Austausch ab, welche Maßnahmen erlaubt und praktikabel sind.

- Seien Sie in Ihrem Handeln durchgängig konsequent. So erlebe ich z. B. häufig, dass Referendare immer wieder betonen, dass die Lernenden erst reden dürfen, wenn sie „dran sind", dann aber doch immer wieder auf Hereinrufende z. B. so reagieren: „Das war ein toller Beitrag, aber beim nächsten Mal melde dich doch bitte!". Für den Lernenden bleibt in der selektiven Wahrnehmung primär das Lob in Erinnerung. So wird das unerwünschte Verhalten positiv verstärkt.

- Definieren Sie für sich eine situativ angepasste individuelle Toleranzschwelle, ab der Sie intervenieren. Behalten Sie dabei auch die Bedürfnisse und Möglichkeiten der Lernenden im Auge: Einem Leistungskurs im 12. Jahrgang können Sie z. B. disziplinarisch mehr abverlangen als einer 7. Klasse.

- Positionieren Sie sich Störenden gegenüber räumlich. Bewegen Sie sich z. B. im Unterricht dorthin, wo „Unruheherde" entstehen. Manchmal reicht das bereits aus, um Störungen zu beseitigen.

- Sprechen Sie Störende direkt und konkret auf ihr störendes Verhalten hin an. Anstelle von „Seid doch mal etwas ruhiger!" sagen Sie z. B. besser: „Tom und Bianca, bitte hört auf, miteinander zu reden!"

- Manchmal kann es auch helfen, das Thema „Störungen" zum Unterrichtgegenstand zu machen und im Stuhlkreis darüber zu reden, wer oder was gerade stört. Dies ist aber stark situationsabhängig!

- Gehen Sie mit der inneren Überzeugung in einen Konflikt, ihn auch lösen zu können, denn Ihre Haltung spiegelt sich in Ihrem Äußeren – was Sie sich zutrauen, das verkörpern Sie auch.

Praxistipp Was hätte Referendar Matthias aus der Eingangssituation (S. 105) konkret tun können? Als Erstes wäre zu analysieren, was in der Stunde schiefgelaufen ist. Eine mögliche Ursache liegt in der starken Motivation der Lerngruppe: Das Versuchsmaterial übt einen so starken Reiz auf die Schüler aus, damit herumzuspielen, dass keine geordnete Arbeit mehr möglich ist. Dies könnte durch zu offene Arbeitsaufträge, zu lange Phasen der Selbsttätigkeit und eine zu späte Störungsintervention des Lehrers verstärkt worden sein. Da es sich um eine „schwierige" Klasse handelt, sind die Schüler wahrscheinlich einen eher lehrkraftzentrierten Unterricht gewohnt. Die offene Arbeitsweise überfordert sie vielleicht. Letztlich kann auch das Auftreten des Referendars eine Rolle spielen: Wie stark „glaubt" die Klasse (und auch er selbst) daran, dass er sich durchsetzt und dass er z. B. konsequent die Arbeit abbricht, wenn es zu unruhig wird? Beachten Sie hierzu auch Kapitel 3, S. 59 ff. zur Körpersprache und zur Kommunikation im Unterricht.

Wenn nichts mehr geht – Erziehungs- und Ordnungsmaßnahmen

Erziehungsmaßnahmen sind Einwirkungen, die dazu dienen, unerwünschtes selbst- oder fremdschädigendes Verhalten abzustellen. Erziehungsmaßnahmen sind rechtlich nicht vorgegeben, stehen also im Ermessen der Lehrkraft. Erziehungsmaßnahmen können z. B. sein:

- Ermahnungen im Unterricht
- Einzelgespräche außerhalb des Unterrichts
- Beratungen mit den Eltern bzw. Erziehungsberechtigten
- Kurzfristiger Ausschluss von der laufenden Unterrichtsstunde (Achtung, eine angemessene Aufsicht muss gewährleistet sein!)
- Nacharbeiten unter Aufsicht

Praxistipp Ein Elterngespräch ist nur dann sinnvoll, wenn es nicht als Anklage geführt wird. Klären Sie zu Beginn, dass es ein gemeinsames Ziel gibt (nämlich das Wohl und den Lernerfolg des Kindes!). Erläutern Sie Ihr Anliegen: *„Ich möchte herausfinden, wie unser gemeinsames Ziel erreicht werden kann und wer auf welche Weise etwas dazu beitragen könnte. Dazu benötige ich Ihre Unterstützung."*

Erziehungsmaßnahmen können auch auf schulischer Ebene koordiniert werden. Ein Beispiel hierfür ist das sogenannte **Trainingsraumkonzept**. Hierbei erhält der Störende die Gelegenheit, in einem Raum außerhalb der Klasse durch angeleitetes Nachdenken zu einem angemesseneren Verhalten zurückzufinden. Dahinter steckt ein ritualisierter Ablauf nach der Wahrnehmungskontrolltheorie: Der Lernende entscheidet sich quasi selbst dazu, den Trainingsraum aufzusuchen.
Nicht an allen Schulen wird der Trainingsraum mit dem kompletten konzeptionellen Unterbau genutzt. Er dient dann primär der Betreuung Lernender, die kurzfristig vom Unterricht ausgeschlossen wurden.
Des Weiteren gibt es an manchen Schulen **Streitschlichterprogramme**. Hier werden interessierte Schüler dazu ausgebildet, bei Streitigkeiten von Mitschülern auf deren Wunsch hin ein Schlichtungsgespräch zu führen. Streitschlichter können so mögliche Probleme frühzeitig und ohne Beteiligung von Lehrkräften lösen. Konflikte bleiben dadurch im Idealfall gänzlich außerhalb des Unterrichts.
Deeskalationstrainings oder andere Programme für auffällige Lernende, die von der Schule allein oder mit außerschulischen Partnern zusammen organisiert werden, dienen ebenfalls der Förderung des sozialen Miteinanders in Schule und Unterricht.

Praxistipp Nutzen Sie Ihre Ausbildungszeit für die gegenseitige Vorstellung solcher Konzepte und Programme. Die Gelegenheit eines schulübergreifenden Austausches wird sich Ihnen nach Abschluss der Ausbildung in dieser Form in aller Regel leider nicht mehr bieten.

Ordnungsmaßnahmen

Wenn alle erzieherischen Mittel ausgeschöpft wurden, sieht der Gesetzgeber als letztes Mittel zur Wahrung der Schulordnung die sogenannten Ordnungsmaßnahmen vor. Sie sind rechtlich genau definiert, bedürfen bestimmter Voraussetzungen und einer bestimmten Form.

> **Kurz und knapp** Die genauen Bestimmungen zu schulischen Ordnungsmaßnahmen lesen Sie bitte in den Schulgesetzen Ihres Bundeslandes nach!

Funktionen von Ordnungsmaßnahmen

- Wahrung des Schulfriedens
- Ahndung unangemessenen Verhaltens
- Schutz vor Willkür und Selbstjustiz
- Wiederherstellung der schulischen Ordnung
- Abschreckung von der Nachahmung unerwünschten Verhaltens

Verfahren und Bestimmungen bei Ordnungsmaßnahmen

Je nach Tragweite der Ordnungsmaßnahme sind unterschiedliche Personen oder Gremien am Beschluss von Ordnungsmaßnahmen beteiligt. Hierzu gehören die Schulleitung, gewählte Teilkonferenzen, Vertrauenslehrkräfte, die Lehrerkonferenz und z. T. auch die Schulaufsicht. Bei der Beratung sind immer auch der betroffene Schüler bzw. seine Erziehungsberechtigten anzuhören. Gegen Ordnungsmaßnahmen kann mit einem **Widerspruchsverfahren** (vgl. S. 136) vorgegangen werden.

Eine Reihenfolge von Ordnungsmaßnahmen muss normalerweise nicht eingehalten werden. Es gilt das juristisch klar definierte Prinzip der **Verhältnismäßigkeit:**

- Die Ordnungsmaßnahme muss *erforderlich* sein (z. B., weil andere Maßnahmen wirkungslos waren oder wären). In der Regel – aber nicht unbedingt – sollte es also bereits eine „Vorgeschichte" geben.
- Sie muss *geeignet* sein, den erwünschten Zweck (Gefahrenabwehr, Beseitigung der Störung) zu erfüllen. Dieses Kriterium erfüllt z. B. ein Ausschluss vom Unterricht wegen Schulschwänzens sicher nicht.
- Die Maßnahme muss der Tragweite des Fehlverhaltens *entsprechen* (man spricht von „Verhältnismäßigkeit im engeren Sinne"). Dies schließt z. B. einen Schulverweis wegen einer kleinen Rauferei aus.

> **Praxisbeispiel** Jeder Fall ist individuell, und deshalb gibt es keine pauschalen Tipps zur Auswahl der „richtigen" Ordnungsmaßnahme. Es kann hilfreich sein, im konkreten Fall über mögliche Tatvarianten nachzudenken: Welche würden eine noch härtere Ordnungsmaßnahme erfordern, und welche könnten als „mildernde Umstände" gelten? So kommt man zu einer klareren Einschätzung des Fehlverhaltens.

Arten von Ordnungsmaßnahmen

- Schriftlicher Verweis
- Längerfristiger Ausschluss vom Unterricht (einige Tage bis zu mehreren Wochen, länderspezifisch verschieden)
- Begrenzte oder dauerhafte Versetzung in eine parallele Lerngruppe
- Schulverweis (mit vorausgehender schriftlicher Androhung)
- Verweis von allen öffentlichen Schulen (mit vorausgehender schriftlicher Androhung)

Sie können sich für dieses Teilkapitel ein **Kompetenzerwerbsschema** aus dem Internet herunterladen.
Webcode: RK162567-010

Schulische Beratungssituationen meistern

Grundlagen der Beratung • Schulische Beratungskonstellationen • Praxiselement **Eltern-sprechtag** • Praxiselement **Kollegiale Fallberatung** • Kooperation mit schulischen und außerschulischen Partnern

Eine Situation aus der Praxis Referendarin Christine wird von Maren aus der 10c angesprochen: *„Meine Noten haben sich verschlechtert, und ich weiß nicht, wie es weitergeht. Meine privaten Probleme lenken mich zu sehr ab. Ich muss mal mit jemanden darüber reden …"*

Erschließungsfragen
- Welche Beratungssituationen können an der Schule auftreten?
- Wie führe ich ein gutes schulisches Beratungsgespräch?
- Muss ich mich auf jeden Beratungswunsch einlassen?
- Von wem und wie kann ich mich unterstützen lassen?

Grundlagen der Beratung

Beratung ist ein bedeutsames Handlungsfeld von Lehrkräften. In Ihrer Ausbildung finden Sie sich selbst häufig in Beratungssituationen wieder, z. B. bei Unterrichtsnachbesprechungen oder bei fallbezogener Beratung in Einzel- oder Gruppenberatungen im Seminar. In Nordrhein-Westfalen stellt die regelmäßige personenorientierte Beratung mit Coaching-Elementen von Referendaren durch dafür professionell geschulte Seminarausbilder sogar ein verbindliches Ausbildungselement dar.

Allerdings wird der Begriff „Beratung" oft auch da verwendet, wo eigentlich gar keine Beratung stattfindet. Beratung orientiert sich an verbindlichen Prinzipien, die im Folgenden vorgestellt werden.

Prinzipien der Beratung
- Beratung ist immer eine freiwillige Angelegenheit. Der Ratsuchende muss dazu bereit sein, sich beraten zu lassen. Ebenso darf auch der Berater einen Ratsuchenden ablehnen, wenn er sich nicht zu einer erfolgreichen Beratung in der Lage sieht.
- Gute Beratung verlangt eine gut vorbereitete und zeitlich strukturierte Umgebung. Daher sollte man sich nicht auf eine „spontane" Beratung zwischen Tür und Angel einlassen.
- Ein wichtiges Element der Beratung ist die vorherige Rollenklärung: Welche Funktion hat der Berater, in welcher Beziehung steht der Berater zum Ratsuchenden und zum Beratungsgegenstand?
- Eine Beratung sollte immer eine klare und transparente Zielsetzung haben, die im Idealfall vom Ratsuchenden formuliert wird.
- Die Beratung sollte immer einen klaren und strukturierten Ablauf haben, der vor der Beratung offengelegt wird.
- Gute Beratung besteht zu einem großen Teil aus aktivem Zuhören und Strukturieren. Die entsprechenden Kommunikationstechniken sollten von jedem Berater gut beherrscht werden.
- Bei der Beratung ist es wichtig, eigene Beobachtungen wertfrei benennen zu können und sie klar von subjektiven Interpretationen und Deutungen oder von Gefühlen und Befindlichkeiten abzugrenzen.

- Beratung ist eine Suche nach Lösungen, die vom Ratsuchenden selbst zu finden sind („Wer das Problem hat, hat auch die Lösung …!"). Darin unterscheidet sie sich deutlich vom „Ratgeben".
Die Abbildung verdeutlicht das: Der Berater (B) eröffnet dem Ratsuchenden (R) eine veränderte Perspektive, mit der er eine mögliche Lösung für sein Problem erkennen kann, die für ihn zuvor noch nicht sichtbar war.

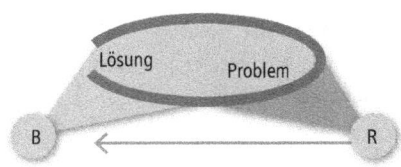

Abb. 5.2: Beratung als Perspektivwechsel

- Professionelle Beratungsmethoden dürfen nur eingesetzt werden, wenn der Berater diese beherrscht und deren Einsatzspektrum kennt. Von eigenen therapeutischen Experimenten ist *dringend* abzuraten.
- Beratung stößt trotzdem manchmal auf Grenzen der Professionalität. Diese sind unbedingt zu beachten. Im Zweifel muss immer Rücksprache mit kooperierenden Beratern gesucht werden (z. B. Beratungslehrkraft, Regionale Schulberatung, Jugendamt).
- Beratung ist ein zielorientierter Prozess, der evaluiert werden muss. Deshalb sind Vereinbarungen festzuhalten und die Wirksamkeit von Maßnahmen in einem Folgegespräch auszuwerten.
- Beratung ist keine Endlosschleife. Abhängig von der beobachteten Progression in Bezug auf das gesetzte Ziel ist die Beratung an einer geeigneten Stelle möglichst einvernehmlich zu beenden.

Professionelle Beratung orientiert sich an bestimmten Beratungsmodellen, z. B. systemische Beratung, kooperative Beratung, lösungsorientierte Beratung und läuft in unterschiedlichen Formen ab, z. B. Supervision, Coaching, kollegiale Fallberatung usw.

Schulische Beratungskonstellationen

Als Lehrkraft werden Sie in verschiedensten Beratungssituationen tätig und nehmen als Ratsuchender Beratung in Anspruch. Nicht immer ist hierbei eine vollständige Orientierung an den Prinzipien professioneller Beratung möglich. In den wenigsten Fällen wird eine professionell ausgebildete Beratungsperson beteiligt sein, und in den meisten Fällen treten Sie als Berater in Erscheinung. Typische schulische Beratungssituationen sind z. B.:

Beratung von Lernenden	Beratung von Erziehungsberechtigten
• Lernberatung (z. B. Vorbereitung auf Prüfungen) • Entwicklungsberatung (z. B. Wahl von Neigungsfächern) • Berufsorientierung (z. B. im Vorfeld des Betriebspraktikums)	• Elternsprechtag • Erziehungsberatung (z. B. begleitend bei schulischen Erziehungsmaßnahmen)
Beratung von und durch Kollegen	**Beratung von und durch die Schulleitung**
• Kollegiale Beratung (z. B. Umgang mit „schwierigen" Klassen) • Lehrberatung (z. B. Nachbesprechung einer Hospitation)	• Laufbahnberatung (z. B. Bewerbung um Funktionsstellen) • Fachliche Beratung (z. B. Sicherheit im Fachunterricht)

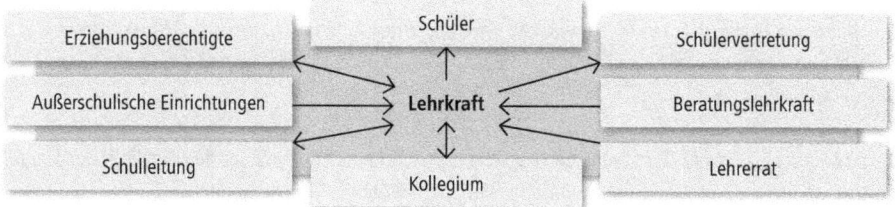

Abb. 5.3: Schulische Beratungskonstellationen

Je nach Beratungssituation gibt es in der Schule verschiedene Beratungskonstellationen. Diese unterliegen meist anderen Bedingungen als professionelle Beratungssituationen (z. B. in der Psychotherapie):

- Sie sind als Lehrkraft in aller Regel immer auch Teil des Problems, über das eine Beratung stattfinden soll (s. Abb. 5.3). Bei starker persönlicher Betroffenheit ist es deshalb sinnvoll, unbeteiligte Dritte hinzuzuziehen oder die Beratung an unbeteiligte Dritte abzugeben.
- Meist stehen die Beteiligten in schulischen Beratungssituationen in einem Abhängigkeitsverhältnis. So werden die Lernenden, die Sie beraten, in der Regel auch von Ihnen benotet.
- Manchmal können Sie in schulischen Beratungssituationen in einen Interessenkonflikt geraten. Wird ein Beratungswunsch in einer Sache an Sie herangetragen, bei der Sie sich unsicher, unwohl oder überfordert fühlen (z. B. bei Konflikten mit Kollegen oder mit der Schulleitung), lehnen Sie die Beratung besser ab.
- In manchen Fällen schulischer Beratung wird das Beratungsgespräch auf Initiative des Beraters oder eines betroffenen Dritten geführt (z. B. wird der Schüler bei Lernschwierigkeiten zur Beratungslehrkraft „geschickt"). Da Freiwilligkeit ein Grundprinzip erfolgreicher Beratung darstellt, kann das problematisch werden: Zuerst muss die Bereitschaft geweckt werden, sich auf die Beratung einzulassen.

▶ ▶ ▶ Praxiselement **Elternsprechtag**

Der Elternsprechtag ist der „Klassiker" unter den Elternberatungen, die ich selbst von beiden Seiten des Pults aus erlebt habe. Unter Eltern ist es häufig ein mit Stress und Ängsten besetzter Termin:

- Aufgrund der hohen Zahl von Beratungsgesprächen am Elternsprechtag werden von Lehrkräften Termine vergeben und Gesprächswünsche geäußert. Das führt zu langen Wartezeiten vor den Klassenräumen und häufig bereits im Vorfeld zu familiären Dissonanzen durch „nervige" Terminvereinbarungen und Absprachen.
- Eltern befürchten die Konfrontation mit schlechten Nachrichten und sehen sich als Erziehungsversager vorgeführt.
- Eltern erleben die Schule häufig nicht als neutralen Ort: Ihre Sinneseindrücke an der Schule wecken zum Teil unbewusste negative Erinnerungen an die eigene Schulzeit und lassen sie in die gefühlte „schwache" Rolle als Schüler zurückfallen.
- Eltern wollen das Beste für ihr Kind. Deshalb versuchen sie, ihre Kinder vor einer schlechten Beurteilung zu schützen, indem sie vermeintlich „notenschädliche" Aussagen über ihr Kind zurückweisen und so schnell in eine Verteidigungshaltung hineingeraten.

Kurz und knapp Für viele Eltern ist der Elternsprechtag aufgrund gemachter Erfahrungen eine eher unangenehme, mit Stress, unguten Gefühlen und familiären Auseinandersetzungen konnotierte Pflichtveranstaltung.

Seitens der Lehrkräfte ist der Elternsprechtag ebenfalls häufig nicht unbedingt das Highlight des Schulalltags, sondern ein anstrengender Beratungsmarathon mit hohem Konfliktpotenzial:

- Im Vorfeld muss Klarheit über den Leistungsstand jedes Lernenden gewonnen werden. Deshalb geht dem Elternsprechtag meist eine sehr arbeitsintensive Zeit voraus.
- Termine und Gesprächswünsche sind abzuklären, wobei man die Lernenden meist längere Zeit immer wieder an abzugebende Terminzettel oder Elternbriefe zu erinnern hat.
- Der Elternsprechtag selbst zwingt die Lehrkräfte in ein sehr enges Zeitraster, bei dem sie sich in kurzer Zeit auf die unterschiedlichsten Gesprächspartner und Problemlagen einzustellen haben.
- Häufig werden nur geringe Erwartungen an den Elternsprechtag gestellt. Oft gehörte Kommentare sind: „Die, bei denen es nötig wäre, kommen ja doch nicht." Oder: „Man kann sowieso bei den meisten immer nur das Gleiche sagen." Sie sprechen für sich.

Unter den Lernenden wird der Elternsprechtag nicht selten als „Tag der Abrechnung" verstanden. Selbst leistungsstarke Kinder und Jugendliche haben oft diffuse Befürchtungen, worüber wohl gesprochen werden könnte. Manchmal ist auch die Hoffnung auf eine Lösung von Problemen mit Lehrkräften oder zumindest auf mehr Verständnis für Schwierigkeiten damit verbunden.

Um dem Elternsprechtag zu einem besseren Image zu verhelfen und ihn vor allem als persönlich ertragreich erleben zu können, sollten Sie als Lehrkraft Chancen und Grenzen des Elternsprechtages kennen.

Der Elternsprechtag kann Antworten auf folgende Fragen liefern:

Für Lernende	Für Eltern	Für Lehrkräfte
• Wie werde ich in der Schule und im Unterricht wahrgenommen? Wie komme ich an? • Wie ist mein aktueller Leistungsstand? • Wie kann ich mein Lern- und Arbeits- und Sozialverhalten verbessern? • Wie können mich meine Eltern und meine Lehrkräfte dabei unterstützen?	• Was ist die Lehrkraft für ein Mensch? • Wie nimmt die Lehrkraft unser Kind in der Schule wahr? • Wie lernt und wie verhält sich das Kind in der Schule? • Wie ist der Lern- und Leistungsstand unseres Kindes? • Auf welche Weise können/müssen wir unser Kind fördern oder fordern?	• Wie sind die Eltern einzuschätzen? • Wie nehmen die Eltern das Kind wahr? Wo liegen seine Stärken? • Wie lernt und wie verhält sich das Kind zu Hause? • Wie ist die häusliche Situation des Kindes? Womit beschäftigt es sich? • Was berichtet das Kind zu Hause über die Schule? • Wie kann/muss ich das Kind fördern oder fordern?

Das sollte der Elternsprechtag auf keinen Fall sein:

- Klage- oder Anklagebank
- Beratungsforum für besondere Lern- oder Verhaltensprobleme
- Börse für Erziehungs- und Lernrezepte
- Massenabfertigung im Minutentakt

Folgende Dinge sollten Sie beim Elternsprechtag beachten:

- Bereiten Sie sich – so weit möglich – sorgfältig vor. Definieren Sie im Vorfeld Zielsetzungen für die Gespräche: Was möchten Sie (mindestens) erreichen? Was wäre aus Ihrer Sicht dazu erforderlich?
- Verschanzen Sie sich nicht hinter dem Pult und richten Sie den Raum so ansprechend wie möglich her.
- Empfangen Sie die Eltern bereits an der Tür und sorgen Sie für einen positiv-wertschätzenden Einstieg. Sagen Sie z. B., was Sie an dem Kind besonders schätzen.
- Nutzen Sie Ihre Chance, etwas über das Kind und sein Umfeld zu erfahren.

> **Praxistipp** Steigen Sie anstelle der üblichen Information über den Leistungsstand doch einmal mit einer der folgenden Fragen in ein Beratungsgespräch am Elternsprechtag ein:
> - *„Wie läuft es denn zurzeit mit Ihrem Kind zu Hause?"*
> - *„Wofür interessiert sich Ihr Kind im Augenblick besonders?"*
> - *„Ihr Kind erzählt in der Schule viel von/über … Worüber spricht es denn mit Ihnen häufiger?"*

- Seien Sie offen für Kritik und geraten Sie nicht in eine reflexartige Verteidigungshaltung. Klären Sie mögliche Konflikte sachlich.
- Vermeiden Sie Schuldzuweisungen und Vorwürfe.
- Ermutigen Sie die Eltern, sich für den Lernerfolg ihres Kindes zu interessieren und frühzeitig den Kontakt zu Ihnen zu suchen.
- Vereinbaren Sie bei „schwierigen" Fällen unbedingt einen Termin außerhalb des Elternsprechtages.
- Notieren Sie sich, welche Gespräche Sie geführt haben und halten Sie Vereinbarungen stichpunktartig fest. Terminieren Sie hierbei nach Möglichkeit die getroffenen Absprachen verbindlich.
- Lassen Sie sich auf keinen Fall auf Diskussionen über Kollegen bzw. Mitschüler und deren Eltern ein.

◀ ◀ ◀

▶ ▶ ▶ Praxiselement **Kollegiale Fallberatung**

Der Beruf als Lehrkraft führt uns nicht selten an unsere psychischen und physischen Grenzen und manchmal auch darüber hinaus. Leider gibt es außerhalb der Ausbildung keine institutionalisierten und verbindlichen Beratungsangebote für *alle* Lehrkräfte. Hinzu kommt, dass man in der Klasse in der Regel allein ist und dass man bei Problemen oft nicht weiß, von wem man unterstützt werden könnte.

Für mehr als ein paar aufmunternde Worte bleibt beim kollegialen Austausch im Lehrerzimmer meist keine Zeit, und nur selten trägt ein schnelles Rezept nachhaltig zu einer Problemlösung bei. Dabei gibt es im Kollegium aufgrund der Ausbildung und der Erfahrung durchaus Potenzial für eine wirksame Beratung. Sich dieses Potenzial nutzbar zu machen, ist das Prinzip der kollegialen Fallberatung.

Bei der kollegialen Fallberatung treffen sich interessierte Lehrkräfte regelmäßig zur Beratung über Problemfälle. Die drei Grundprinzipien dabei lauten: Freiwilligkeit, Vertraulichkeit und Offenheit. Die Begleitung durch eine beratungserfahrene Leitung ist möglich, aber nicht zwingend erforderlich.

Ziel der kollegialen Fallberatung ist es, ein Problem nicht nur aus eigenen, sondern aus der Sicht *verschiedener* am Problem beteiligter Personen wahrzunehmen und auf diese Weise zu *eigenen* Lösungen zu finden, auf die die Sicht davor noch verstellt war.

Sitzungen in der kollegialen Fallberatung laufen nach einem festen Schema ab, das sich im Großen und Ganzen aus den folgenden Grundelementen zusammensetzt (es gibt verschiedene Varianten):

Auswahl eines Problems: Wer es wünscht, schildert der Gruppe in kurzen Stichworten ein Problem, das Gegenstand der kollegialen Fallberatung sein könnte. Die Gruppe wählt anschließend aus den vorgestellten Themen im gegenseitigen Einvernehmen eines aus.

- Schilderung des Problems: Der zu Beratende (Fallgeber) stellt das Problem ausführlich dar. Die Gruppe stellt Verständnisfragen, z. B. welche Schritte bisher unternommen wurden und wer beteiligt war.
- Blitzlicht: Alle Beteiligten geben eine kurze Rückmeldung zu ihrer Befindlichkeit, nachdem sie den Fall gehört haben. Es geht nur um Gefühlsäußerungen (z. B. „das macht mich traurig"), auf keinen Fall sollen Ratschläge gegeben werden.
- Perspektivwechsel: Aus der Sicht einer der am Problem beteiligten Personen, die der Fallgeber auswählt, schildert die Gruppe Befindlichkeiten, Ansichten und Gefühle (z. B. „ich als Schulleiter fühle mich übergangen" oder „ich als Vater bin zornig, weil …").
- Konkretisierung: Der Fallgeber definiert eine Zielsetzung für die Fallberatung: Wozu genau soll eine Lösung gefunden werden?
- Lösungssuche: Aus der Perspektive des Fallgebers schildert die Gruppe Handlungsoptionen, die nicht kommentiert werden (z. B.: „ich als [Fallgeber] werde die Eltern zu einem Gespräch einladen").
- Stellungnahme: Der Fallgeber gibt Rückmeldung dazu, ob und welche Stellungnahmen aus der Lösungssuche Impulse geben konnten und setzt sich Schwerpunkte für das weitere Vorgehen.
- Metakommunikation: Der Fallgeber und die Gruppe geben Rückmeldungen zum Prozess (z. B.: Atmosphäre, Gesprächskultur).

Der Rahmen, in dem die kollegiale Fallberatung abläuft, erscheint zunächst unflexibel und „künstlich". Da es sich in der Regel um keine professionell begleitete Beratungsform handelt, ist die Einhaltung einer festen Struktur aber notwendig und auch hilfreich, wenn alle Beteiligten sich erst einmal darauf eingelassen haben.

> **Kurz und knapp**   Die kollegiale Fallberatung ist ein mit wenig Aufwand realisierbares Konzept, das in vielen Fällen eine gute Hilfestellung beim Umgang mit schulischen Problemen bietet. Sie soll und kann aber eine (eigentlich für alle Lehrkräfte zwingend erforderliche) professionelle Supervision keinesfalls ersetzen!

Kooperation mit schulischen und außerschulischen Partnern

Da Lehrkräfte in der Regel über keine professionelle Beratungsausbildung verfügen, ist es erforderlich, Hilfe und Unterstützung von außen in Anspruch zu nehmen. Hierzu stehen eine Reihe von Personen oder Institutionen zur Verfügung:

- In jeder Schule gibt es ausgebildete Beratungslehrkräfte, deren Angebote Lernende und Lehrkräfte nutzen können.
- Bei vermuteten Lern- oder Leistungsstörungen wie z. B. ADHS, Dyskalkulie oder Legasthenie sowie bei allgemeinen Erziehungs- oder Lernschwierigkeiten kann von Lernenden, Eltern und auch Lehrkräften die Hilfe regionaler Schulberatungsstellen in Anspruch genommen werden. Diese können

z. B. Intelligenztests oder Tests auf Teilleistungsstörungen durchführen, persönlich beraten oder auch im Unterricht hospitieren.

- Es können auch die Beratungs- und Hilfsangebote verschiedenster Beratungsstellen und Einrichtungen genutzt werden, z. B. Berufsberatung durch Mitarbeiter der Agentur für Arbeit, Drogenberatung durch Suchtberatungsstellen, Beratung zu radikalen Jugendgruppen durch Mitarbeiter der Kriminalpolizei usw.

- Auch das Jugendamt kann und muss in bestimmten Situationen mit einbezogen werden, z. B. bei offensichtlichen Fällen von häuslicher Verwahrlosung und dauerhafter Schulverweigerung.

- Des Weiteren gibt es Beratungsmöglichkeiten über die Berufsverbände oder private (und dadurch in der Regel kostenpflichtige) Anbieter, z. B. Kinder- und Jugendpsychologen, privates Coaching usw.

Es ist wichtig, über die an der jeweiligen Schule und am jeweiligen Ort verfügbaren Beratungsangebote gut informiert zu sein. Häufig wird in Unkenntnis der Möglichkeiten viel zu lang versucht, ein Problem auf eigene Faust zu lösen. Dies bindet unnötig Ihre Kräfte und führt letztlich kaum zu nachhaltigen Erfolgen. Beachten Sie bitte, dass die Erziehungsberechtigten und auch Ihre Schulleitung im Regelfall darüber informiert werden müssen, wenn Sie mit außerschulischen Kooperationspartnern in Kontakt treten. Teilweise muss auch erst das Einverständnis der Betroffenen eingeholt werden. Da es aber immer auf den Einzelfall ankommt, können an dieser Stelle keine pauschalen Aussagen dazu getroffen werden.

Auf jeden Fall sollten Sie folgende Dinge bedenken, wenn Sie die Inanspruchnahme außerschulischer Beratungsangebote erwägen:

- Hilfe einzufordern ist kein Eingeständnis Ihres Versagens, sondern beweist eine professionelle Einschätzung eigener Möglichkeiten. Weisen Sie auch die Erziehungsberechtigten darauf hin, dass die Inanspruchnahme externer Beratungseinrichtungen keine Schande darstellt, sondern ein probates Mittel zur Lösung von Problemen ist.

- Stellen Sie keine verfrühten Diagnosen, sondern beschreiben Sie den Kooperationspartnern gegenüber das Problem oder Ihr Anliegen. Eine Äußerung wie z. B. „Ihr Kind hat bestimmt ADHS. Lassen Sie das mal testen!" ist sicherlich nicht professionell. Seien Sie eher zurückhaltend, z. B. mit der Äußerung: „Ich würde in Ihrem Fall gern eine zusätzliche Meinung einholen."

- Falls es an Ihrer Schule Supervisions- oder andere Beratungs- und Unterstützungsangebote für Lehrkräfte gibt, nehmen Sie diese bitte unbedingt in Anspruch. Die hierin investierte Zeit lohnt sich! Versperren Sie sich – im Glauben, Ihr Problem sei „nicht so schlimm" – nicht selbst den Zugang zu professioneller Hilfe.

Kurz und knapp Externe Beratungsangebote sind eine wichtige Entlastung für Lehrkräfte. Informieren Sie sich eingehend darüber, welche Möglichkeiten Ihnen offenstehen und nutzen Sie sie auch.

Sie können sich für dieses Teilkapitel ein **Kompetenzerwerbsschema** aus dem Internet herunterladen.
Webcode: RK162567-011

6

Lehr-, Lern- und Unterrichtsprozesse evaluieren, bewerten sowie rechtssicher gestalten und beurteilen

Wir malen mit den Augen der Liebe, und Augen der Liebe müssen uns auch nur beurteilen.
Gotthold Ephraim Lessing

Unterricht evaluieren sowie Leistungen erfassen, beurteilen und rückmelden

Evaluation in Schule und Unterricht • Unterrichtskonstituenten als Evaluationswerkzeug • Praxiselement Unterrichtshospitationen • Grundlagen und Prinzipien der Leistungsbewertung • Bedingungen für eine (möglichst) gerechte Leistungsbeurteilung

Eine Situation aus der Praxis Der Schulleiter bittet Sie nach einer ziemlich schlecht ausgefallenen Deutscharbeit zu einem Gespräch: *„Versuchen Sie doch einmal herauszufinden, warum so viele Schülerinnen und Schüler sich im Vergleich zur letzten Arbeit verschlechtert haben, damit die nächste Arbeit wieder besser wird"*, schlägt er vor.

Erschließungsfragen:
- Wie kann ich herausfinden, aus welchen Gründen die Arbeit schlechter ausfiel als erwartet?
- Welches Vorgehen ist dazu erforderlich?
- Wozu sind Schulnoten überhaupt gut und wie aussagekräftig sind sie?
- Wie komme ich zu einer Note, die der tatsächlichen Leistung eines Lernenden gerecht wird und was muss ich dazu berücksichtigen?

Evaluation in Schule und Unterricht

Die Qualität und Wirksamkeit von Lehr- und Lernprozessen wird zunehmend systematisch erfasst und dient als Ausgangsbasis für Innovationsüberlegungen. In diesem Zusammenhang wird häufig von Evaluationsprozessen gesprochen. Aber was ist eigentlich Evaluation?

Evaluation bezeichnet die methodische Erfassung und Bewertung von Voraussetzungen, Prozessen und Ergebnissen einer pädagogischen Maßnahme. Ziel ist ein Anpassungs- oder Optimierungsprozess.

Evaluation orientiert sich immer an Kriterien und Indikatoren, die im Vorfeld festzulegen sind. Das bei der Evaluation angewandte Messverfahren muss folgende Bedingungen erfüllen:
- **Objektivität** (d. h., es ist unabhängig vom Beobachter)
- **Validität** (d. h., es misst genau das, was gemessen werden soll)
- **Reliabilität** (d. h., es liefert verlässliche, reproduzierbare Ergebnisse)

Evaluation bezieht sich in Ihrer pädagogischen Praxis meist auf konkrete Einzelfälle, also z. B. eine bestimmte Klasse in einem bestimmten Fach. Man unterscheidet die summative Evaluation (d. h. bezogen auf Ergebnisse, also z. B. Abschlussprüfungen) von der formativen Evaluation (d. h. prozessbezogen, z. B. Teamentwicklung).

Der Evaluationsprozess

Eine Evaluation kann man als Prozess darstellen:

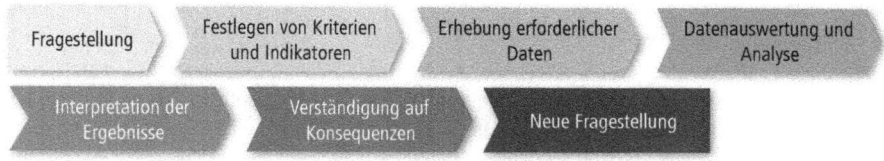

Abb. 6.1: Ablauf einer Evaluation

Fragestellung

Evaluation beginnt mit einer bedeutsamen Fragestellung. Evaluieren Sie nur solche Fragestellungen, die Sie selbst auch beeinflussen können. So mag z. B. der Einfluss der Klassengröße auf den Lernerfolg ein interessanter Evaluationsgegenstand sein, Sie können die Größe der Lerngruppe aber in aller Regel nicht verändern.

> **Praxisbeispiel** Es soll untersucht werden, welchen Einfluss die Sitzordnung beim Unterrichtsgespräch auf Unterrichtsstörungen hat.

Festlegen von Kriterien und Indikatoren

Die Festlegung von Kriterien und Indikatoren orientiert sich an den Fragestellungen „Gemessen woran?", (d. h. welche Teilaspekte könnte man bezogen auf die Fragestellung untersuchen) und „Verglichen womit?" (d. h. wie kann man den „Wert" dieser Kriterien messen).

- Mögliche Kriterien (bezogen auf das obige Beispiel): Aufmerksamkeit, Aktive Mitarbeit, Interventionen der Lehrkraft, Gesprächsanteil
- Indikatoren: Anzahl sich wiederholender Wortbeiträge; Anzahl der Interventionen, Gesprächsanteile der Lehrkraft in Minuten usw.

Erhebung erforderlicher Daten

Im nächsten Schritt ist zu planen, wie die Daten erhoben werden könnten. Es gibt dazu eine Vielzahl von Verfahren, z. B. Fragebögen, Interviews mit Beteiligten, Unterrichtsbeobachtung und vieles mehr. Achten Sie darauf, so viele Daten wie nötig und so wenige wie möglich zu erfassen und legen Sie vorher den gewünschten Genauigkeitsgrad Ihrer Datenerhebung fest (z. B. Anzahl der Auswahlmöglichkeiten bei einem Fragebogen, offene oder geschlossene Fragen usw.).

- Mündliche Zusatzinformationen dürfen beim Einsatz von Fragebögen nicht gegeben werden. Alle Fragen müssen eindeutig sein.
- Vermeiden Sie suggestive Fragestellungen und setzen Sie möglichst unbeteiligte und in Bezug auf die Fragestellung nicht informierte Dritte zur Datenerhebung ein, um Verfälschungen zu vermeiden.

Datenauswertung und Analyse

Die Auswertung der erhobenen Daten erfolgt in der Regel mithilfe statistischer Methoden und Werkzeuge.

- Stellen Sie Ihre Daten übersichtlich dar, z. B. mithilfe von Diagrammen. Beachten Sie aber, dass bereits die Wahl einer bestimmten Auswertungsmethode Einfluss auf die spätere Interpretation hat.

- Wahren Sie bei der Auswertung Ihrer Daten ein angemessenes Verhältnis zur Erhebung der Daten. So ist es z. B. wenig sinnvoll, Prozentzahlen mit zwei Nachkommastellen zu berechnen, wenn Sie eine Befragung mit nur zehn Personen durchgeführt haben.

Interpretation der Ergebnisse

Indem *Sie* die analysierten Daten interpretieren, geben Sie der Evaluation eine subjektive Prägung. Besonders, wenn genau das Erwartete herauskommt, sollten Sie untersuchen, ob Sie nicht einer Selbsttäuschung unterliegen. Reflektieren Sie Ihre Interpretation sorgfältig:

- Ist *meine* Interpretation vertretbar? Welche *anderen* Interpretationsmöglichkeiten gibt es? Wie wahrscheinlich ist es, dass sie zutreffen?
- Wurden die Rahmenbedingungen der Datenerhebung einbezogen? Welchen Einfluss könnten sie auf die Ergebnisse haben?

Verständigung auf Konsequenzen

Eine Evaluation sollte immer Konsequenzen nach sich ziehen. Allerdings muss nicht jede Evaluation einen ausufernden Aktionismus auslösen. *Eine* Konsequenz einer Evaluation kann z. B. die Erkenntnis sein, dass kein weiterer Handlungsbedarf besteht. In aller Regel werden sich aber Vereinbarungen ergeben, die auf eine Optimierung bestimmter Aspekte abzielen, z. B. der verstärkte Einsatz einer bestimmten Methode oder die Überarbeitung bestimmter Materialien.

- Ändern Sie nicht alles auf einmal, sondern gehen Sie überlegt und schrittweise vor. Evaluieren Sie die Wirksamkeit jeder Änderung.

Neue Fragestellung

Meist ergibt sich aus einer Evaluation eine Reihe weiterer Fragen, die evaluiert werden könnten. Der Evaluationsprozess beginnt erneut. Bevor Sie sich neuen Fragestellungen zuwenden, sollten Sie die vorherige Evaluation aber vollständig abgeschlossen haben.

Chancen von Unterrichtsevaluation

Die Beschreibung des Evaluationsprozesses zeigt bereits, dass Evaluation nicht „nebenbei" ablaufen kann, sondern dass sie einen zeit- und arbeitsintensiven Prozess darstellt. Daher muss es sich für alle Beteiligten auch lohnen. Folgende Dinge kann Evaluation u. a. leisten:

- Evaluation schärft die Wahrnehmung eigener Stärken und Kompetenzen und hilft bei der Optimierung von Strategien.
- Evaluation fördert kollegialen Austausch und gemeinsames Handeln.
- Evaluation schützt sowohl vor blindem Aktionsimus als auch vor übereilter Resignation.

Unterrichtskonstituenten als Evaluationswerkzeug

In den vorherigen Kapiteln wurden die einzelnen Unterrichtskonstituenten bereits beschrieben. Auf der Seite 8 finden Sie die Konstituenten in einer grafischen Darstellung. Damit haben Sie alle Einflussfaktoren auf einen Blick und können systematisch vorgehen (s. auch Tabelle auf der nächsten Seite):

Unterrichtsprozesse evaluieren, bewerten sowie rechtssicher gestalten und beurteilen
Unterricht evaluieren sowie Leistungen erfassen, beurteilen und rückmelden

6

1. Entscheiden Sie sich für einen Aspekt Ihres Unterrichts, den Sie optimieren möchten (z. B. effektivere Gruppenarbeit).
2. Überlegen Sie für jede Konstituente, was sie mit dem fokussierten Aspekt zu tun hat und entscheiden Sie, welche Konstituente Sie genauer in den Blick nehmen möchten.
3. Definieren Sie Fragestellungen bezüglich der Konstituenten, die Sie evaluieren wollen, und suchen Sie (unterstützt durch die Grafik auf S. 8) Kriterien und Indikatoren.

Aspekt: Die Gruppenarbeit soll effektiver werden			
Konstituenten	**Evaluationsfragen**	**Merkmale**	**Indikatoren**
Was? Inhalte	Welche Eigenschaften muss ein gruppenarbeitstauglicher Inhalt haben?	Komplexität	• In der Gruppe wird über das Vorgehen gesprochen. • Alle Gruppenmitglieder machen inhaltlich mit.
Haben – Lernbedingungen	Welche Lernbedingungen sind für eine effektive Gruppenarbeit erforderlich?	Gruppenstruktur	• Es wird arbeitsteilig gearbeitet. • Es entsteht wenig Leerlauf durch Seitengespräche.

Praxistipp   Stöbern Sie in der Grafik evaluativ herum: Suchen Sie eine (beeinflussbare!) Konstituente aus und gehen Sie folgender Frage nach: *„Woran könnte ich erkennen, dass ich im Bereich … erfolg-reich bin?"* Das ist ein erster Schritt zur nachhaltigen Unterrichtsentwicklung.

▶ ▶ ▶ Praxiselement Unterrichtshospitationen

Im Verlauf Ihrer Ausbildung werden Sie immer wieder an Hospitationen beteiligt sein. Unterrichtshospitationen sind „Besuche" im Unterricht von Ausbildungslehrkräften, Seminarausbildern, Referendaren. Man spricht je nach Anzahl der beobachtenden Gäste von Einzel- oder Gruppenhospitationen. Auch der Unterrichtsbesuch des Seminarausbilders stellt eine Hospitation dar.

Zielsetzung verschiedener Hospitationstypen

Ich unterscheide in drei Grundtypen von Unterrichtshospitationen:

- Eine erfahrene Lehrkraft gewährt Einsicht in den eigenen Unterricht, um zu zeigen, wie bestimmte Prinzipien oder Theorien in der Praxis umgesetzt werden können *(Demonstrationshospitation)*. Die Beobachter erhalten die Gelegenheit, durch Zuschauen zu lernen. Die Nachbesprechung hat primär zum Ziel, die Übertragbarkeit der beobachteten Elemente auf die eigenen Gegebenheiten zu reflektieren: „Was davon will und kann ich für meinen Unterricht übernehmen?"

Praxisbeispiel   Fachleiterin Frau S. lädt ihr Fachseminar in den Chemieunterricht ein, weil sie eine Möglichkeit zeigen möchte, wie ein Schülerexperiment zum Thema „Elektrolyse" durchgeführt werden kann.

- Eine Lehrkraft wird von einer anderen Lehrkraft im Unterricht besucht, um einer bestimmten pädagogischen Fragestellung nachzugehen *(Diagnostische Hospitation)*. Die Beobachtung des Unterrichts erfolgt bezogen auf einen ganz bestimmten Aspekt. In der Nachbesprechung werden die beobachteten Aspekte im kollegialen Austausch analysiert und mögliche Alternativen besprochen.

Praxisbeispiel Die Lehramtsanwärter Chris und Jasmin möchten ausprobieren, ob der Einsatz von Bewegungsspielen die Konzentration der Lernenden erhöht. Sie laden sich dazu gegenseitig in ihren Unterricht ein.

- Eine Lehrkraft wird von einer erfahrenen Lehrkraft im Unterricht besucht, um sich zu einer bestimmten Fragestellung beraten zu lassen *(Beratungshospitation)*. Die Nachbesprechung dient primär der Rückmeldung und Deutung von Beobachtungen sowie der Entwicklung von Alternativen, ggf. auch mit Bewertungselementen.

Praxisbeispiel Fachleiter Dr. R. besucht Referendarin Anne im Unterricht. Dabei nimmt er besonders die beim letzten Besuch besprochene Fragetechnik in den Blick, die optimiert werden sollte, gibt dazu ein Feedback und erörtert gemeinsam mit ihr Optimierungsmöglichkeiten.

In Ihrer Ausbildung werden Sie es häufig mit Mischformen zu tun haben: So kann eine Demonstrationshospitation zusätzlich auch Aspekte einer diagnostischen Hospitation aufweisen.

Was Sie beim Hospitieren von Unterricht beachten sollten

- Fragen Sie die Lehrkräfte, bei denen Sie hospitieren, ob Sie einen bestimmten Aspekt beobachten sollen und ob von Ihnen hinterher eine Rückmeldung gewünscht oder erwartet wird.
- Machen Sie sich strukturierte Notizen, aber klären Sie das vorher ab. Stellen Sie auf Wunsch Ihre Mitschrift zur Verfügung.
- Geben Sie eine wertschätzende und ehrliche Rückmeldung.
- Klären Sie ab, ob und wie Sie ggf. über Ihre Beobachterrolle hinaus tätig werden sollen (z. B. Mitbetreuung bei Gruppenarbeit).

Praxistipp Bei der Absprache von Beobachtungsschwerpunkten und bei der Nachbesprechung von Hospitationen können Sie die Unterrichtskonstituenten zur Analyse und Strukturierung einbeziehen.

Grundlagen und Prinzipien der Leistungsbewertung

Eine Leistungsbewertung kann verschiedene Funktionen haben:

Berichts- und Rückmeldefunktion	Zuteilung, Klassifikation und Selektion
Die Leistungsbewertung informiert Lernende, Erziehungsberechtigte, Lehrkräfte, Schulleitung usw. über den jeweiligen Leistungsstand.	Leistungsbewertung klassifiziert Lernende. Dies kann ein Schritt zu individuellen Fördermaßnahmen sein oder im Sinne von Selektion über die Vergabe von Berechtigungen und Abschlüssen entscheiden.
Motivationsfunktion	**Normierungsfunktion**
Leistungsbewertung kann die Lernenden motivieren, indem Lernanstrengung und Lernerfolg eine messbare Wertschätzung erfahren. Sie kann auch disziplinierenden Charakter haben, wenn sie mangelnde Lern- und Leistungsbereitschaft durch schlechte Noten „bestraft".	Leistungsbewertung macht Lernerfolge vergleichbar und ermöglicht auf diese Weise Chancengleichheit und Gerechtigkeit in Bezug auf Zugangsmöglichkeiten zu weiterführenden Bildungsangeboten.

Rechtlicher Rahmen der Leistungsbewertung

Aussagen zur Leistungsbewertung finden Sie in den Schulgesetzen, den Prüfungsordnungen, den Richtlinien und Lehrplänen sowie in den schulinternen Lehrplänen. Obwohl länderspezifische Unterschiede bestehen, gibt es bezüglich vieler Aspekte Gemeinsamkeiten:

● **Bedingungen zum Erwerb bestimmter Qualifikationen**

◌ Für jeden Abschluss gibt es genau definierte Regelungen, ebenso ggf. für die Versetzung in die nächsthöhere Jahrgangsstufe, nachzulesen in den jeweiligen Ausbildungs- und Prüfungsordnungen.

◌ Manche Abschlüsse setzen darüber hinaus das Bestehen einer ebenfalls genau geregelten zentralisierten Abschlussprüfung vor.

● **Was soll bewertet werden?**

◌ Grundsätzlich sind alle im Zusammenhang mit dem Unterricht erbrachten Leistungen in die Bewertung einzubeziehen.

◌ Es wird zwischen schriftlichen und sonstigen Leistungen unterschieden. Bei schriftlichen Arbeiten sind in der Regel deren Anzahl und die maximale Bearbeitungszeit festgelegt.

◌ Die beurteilte Leistung muss eindeutig zugeordnet werden können. Bei Gruppenarbeiten muss klar sein, welchen konkreten Anteil der Beurteilte an der Gesamtleistung erbracht hat. Hausaufgaben sind nicht zu bewerten, da sie evtl. nicht ohne Hilfe erledigt wurden.

● **In welcher Form soll bewertet werden?**

◌ Es muss in sechs klar definierten Notenstufen bzw. mit 0–15 Punkten (gymnasiale Oberstufe) bewertet werden, ggf. ist die Angabe von Notentendenzen (z. B. „2+") möglich (nicht im Zeugnis!).

◌ Für schriftliche Arbeiten sind in bestimmten Bandbreiten Noten-Punkte-Schlüssel festgelegt, bzw. schulische Gremien (z. B. Fachkonferenzen) werden damit beauftragt, solche Regelungen zu treffen.

◌ Die Anzahl schriftlicher Leistungen und das Bewertungsverhältnis von schriftlichen und sonstigen Leistungen sind ebenfalls rechtlich vorgegeben oder z. B. durch schulische Gremien festzulegen.

6 Unterrichtsprozesse evaluieren, bewerten sowie rechtssicher gestalten und beurteilen
Unterricht evaluieren sowie Leistungen erfassen, beurteilen und rückmelden

Praxistipp Beachten Sie die für Ihr Bundesland gültigen Bestimmungen zur Leistungsbewertung, damit Sie rechtssicher beurteilen können und sich der möglichen Tragweite Ihrer Notengebung bewusst sind.

Bezugsnormen und individueller Ermessensspielraum

Obwohl in der Leistungsbewertung viele Aspekte rechtlich geregelt sind, bleibt Ihnen dennoch ein erheblicher Freiraum in der Bewertung. So können Sie sich z. B. an verschiedenen Bezugsnormen orientieren:

Kriterienorientierte Bezugsnorm	Individuelle (personenbezogene) Bezugsnorm	Soziale (lerngruppenorientierte) Bezugsnorm
Hierbei orientiert sich die Beurteilung ausschließlich an (vorher festgelegten und transparent gemachten) Kriterien, die für alle Beurteilten gleich sind. Das gilt z. B. für die zentralen Abschlussprüfungen.	Bei der individuellen Bezugsnorm wird der individuelle Lernerfolg des Einzelnen in Bezug auf seine Möglichkeiten und seine Lern- und Entwicklungsbedingungen hin beurteilt (Wie ist *meine* Entwicklung?).	Die soziale Bezugsnorm setzt den persönlichen Lernzuwachs in Beziehung zu einer Vergleichsgruppe. Die Bewertung ist demnach abhängig davon, in welcher Gruppe sich der zu Bewertende befindet.

Kurz und knapp Der Beurteilungsspielraum in der Leistungsbewertung ermöglicht eine an den Einzelfall angepasste, möglichst gerechte Beurteilung aller Lernenden. In der Regel werden Sie in jeder Ihrer Beurteilungen Anteile aller drei Bezugsnormen berücksichtigen.

Bedingungen für eine (möglichst) gerechte Leistungsbeurteilung

Um jedem Lernenden nach Möglichkeit eine gerechte, nachvollziehbare Beurteilung zu geben, sind folgende Dinge wichtig:

- Legen Sie zu Schuljahresbeginn fest, wie Sie Leistungen erfassen und dokumentieren möchten (z. B. Kriterien für sonstige Mitarbeit).
- Machen Sie Ihre allgemeinen Bewertungsgrundsätze zu Beginn eines Schuljahres der Klasse gegenüber transparent. So kann sich jeder Lernende darauf einstellen, was von ihm erwartet wird.

Praxistipp Legen Sie Kriterien für die Leistungsbewertung gemeinsam mit der Lerngruppe fest. Natürlich müssen Sie sich an die gesetzlichen Vorgaben halten und auch Ihre eigenen Vorstellungen einbringen.

- Erfassen Sie alle erbrachten Leistungen systematisch und regelmäßig und dokumentieren Sie sie möglichst genau. Auf diese Weise können Sie Ihre Beurteilungen immer fundiert begründen.
- Geben Sie den Lernenden auf Wunsch eine Rückmeldung zum aktuellen Leistungsstand. Hierauf haben alle Lernenden einen Anspruch. Dies soll natürlich diskret und nicht vor der ganzen Klasse ablaufen.
- Die Lernenden sollten jederzeit darüber Bescheid wissen, ob sie sich in einer Leistungs- oder einer Lernsituation befinden. Auf diese Weise verhindern Sie die Tendenz der Lernenden, aus Angst vor „schlechten Noten" Lernschwierigkeiten zu verheimlichen.
- Nehmen Sie in jeder Stunde einige Lernende nach dem Zufallsprinzip besonders in den Blick, denn Sie werden es kaum schaffen, nach einer Stunde *jeden* Lernenden auf fundierter Basis zu beurteilen.

- Zensuren sind niemals „Verhandlungssache", Sie müssen sie aber nachvollziehbar begründen können. Wenn Sie auf einen tatsächlichen Beurteilungsmangel angesprochen werden (z. B. eine falsch zugeordnete Testnote), müssen Sie natürlich nachbessern. Stehen Sie offen zu solchen (hoffentlich äußerst seltenen) Beurteilungsfehlern.

> **Praxistipp** Es spricht nichts dagegen, die Lernenden nach ihrer Selbsteinschätzung zu fragen oder von ihnen Rückmeldungen über erbrachte Leistungen einzufordern (z. B. Bewertung einer Gruppenpräsentation). Es muss aber klar sein, dass Sie die alleinige Verantwortung für die Leistungsbewertung tragen und deshalb das letzte Wort haben.

Typische Beurteilungsfehler

Es gibt bestimmte Probleme in der Leistungsbeurteilung, die immer wieder auftreten. Hier eine kleine Auswahl dieser Beurteilungsfehler:

- Es wird von den letzten Einzelleistungen auf eine dauerhafte Entwicklungstendenz geschlossen.
- Ein als intelligent eingeschätztes Kind wird besser beurteilt als ein vermeintlich unterdurchschnittlich begabtes (**Pygmalioneffekt**).
- Besonders gute oder besonders schlechte Noten werden wegen Unsicherheit nicht oder zu selten vergeben (**Extremscheueffekt**).
- Es wird nicht das bewertet, was eigentlich bewertet werden soll. So misst z. B. eine zu umfangreiche Klassenarbeit weniger die fachlichen Leistungen als vielmehr die Belastbarkeit unter Zeitdruck.
- Die Gesamtnote beruht auf zu wenigen Einzelleistungen und wird von einem einzigen Teilaspekt abhängig gemacht (z. B.: „Du hast die Mappe nicht abgegeben, daher bekommst du die 4 statt der 3.")

Beurteilung mit Schulnoten

Die in Deutschland übliche Vergabe von Schulnoten birgt ein prinzipielles Problem: Weder die in der Oberstufe üblichen Punkte noch die Schulnoten sind als Zahlen zu verstehen, mit denen man statistische Berechnungen anstellen könnte. Eine „3" entspricht zwar der Note „befriedigend", aber nicht genau dem Wert 3,00 auf einer Skala von 1 bis 6. Betrachtet man die Noten- bzw. Punkteskala parallel zu einer Prozentskala, wird die Problematik mit den Schulnoten deutlich:

Punkte	0	1 2 3	4 5 6	7 8 9	10 11 12	13
						14
Note	ungenügend	mangelhaft	ausreichend	befriedigend	gut	15

sehr gut

0 %   10 %   20 %   30 %   40 %   50 %   60 %   70 %   80 %   90 %   100 %

Abb. 6.2: Problematik der Prozent-Noten-Transformation (am Beispiel *eines* Zuordnungsschlüssels)

Man erkennt, dass die Schulnoten unterschiedlich breiten Prozentsatzspannen zugeordnet sind. Besonders schmal ist der Bereich bei der „1" (5 %), besonders breit ist er bei der „5" und „6" (je 25 %). Bei allen „gängigen" Zuordnungsschlüsseln gibt es diese unterschiedlichen Bandbreiten für Schulnoten – und abhängig vom verwendeten Schlüssel schneidet ein Schüler mal besser, mal schlechter ab. Seien Sie sich dieser Problematik bewusst, wenn Sie in Versuchung geraten, eine Note zu „berechnen".

6 Unterrichtsprozesse evaluieren, bewerten sowie rechtssicher gestalten und beurteilen
Unterricht evaluieren sowie Leistungen erfassen, beurteilen und rückmelden

Leistungsmessung und Bewertung in der Praxis

Schriftlichen Arbeiten kommt ein zumindest stark „gefühltes" Gewicht zu. Deshalb stehen viele Lernende hier unter einem hohen Druck, der oftmals schlechtere Leistungen hervorbringt als möglich.

- Gewähren Sie den Lernenden ausreichend Zeit zur Bearbeitung.
- Geben Sie an, wie viele Punkte je Aufgabe erzielt werden können.
- Stellen Sie einfachere Aufgaben an den Anfang, um den Einstieg in die Arbeit zu erleichtern und eine positive Haltung anzubahnen.

Notieren Sie sich bei schriftlichen Arbeiten zusätzlich zur Note immer auch den Prozentsatz richtig gelöster Aufgaben – zur Selbsteinschätzung, aber auch als Hilfe zur späteren Ermittlung der Gesamtnote. Fassen Sie die **sonstige Mitarbeit** in ein Punktesystem mit Einzelkriterien und Gewichtungen. Das kann (vereinfacht) z. B. so aussehen:

Mitarbeit	Teamfähigkeit	Zuverlässigkeit	Gesamt
fast nie = 0 selten =1 regelmäßig = 2 häufig = 3	unterdurchschnittlich = 0 durchschnittlich = 1 überdurchschnittlich = 2	keine Hausaufgaben oder fehlendes Material, mehr als 5 Mal = 0, 3–4 Mal = 1, 1–2 Mal = 2, 0 Mal = 3	
Fünffach	Dreifach	Einfach	Gewichtung
0 –15 Punkte	0–6 Punkte	0–3 Punkte	Max. 24 Punkte

Die erreichte Punktzahl kann in einen Prozentsatz umgerechnet werden (im Beispiel: 24 Punkte = 100 %). Daraus ergibt sich die Note. In ähnlicher Weise können Sie auch Präsentationen oder Produkte einer Projektarbeit transparent und nachvollziehbar bewerten.

Leistungsrückmeldung

Beurteilen Sie Ihre Schüler kompetenz- und nicht defizitorientiert: Melden Sie zurück, was bereits gut bzw. besser gekonnt wird, z. B. mit einem wertschätzenden Kommentar. Vermeiden Sie negative Äußerungen wie z. B.: „Du hast dich nicht gut vorbereitet". Suchen Sie stattdessen lieber das Gespräch: „Hattest du zu wenig Zeit, dich vorzubereiten? – Welche Unterstützung könnte dir helfen?"

Praxistipp Bewerten Sie die Lernenden ebenso wertschätzend, wie Sie es sich auch für sich bzw. für Ihre eigenen Kinder wünschen würden.

Sie können sich für dieses Teilkapitel ein **Kompetenzerwerbsschema** aus dem Internet herunterladen. Webcode: RK162567-012

Rechte und Pflichten im Lehrerberuf kennen und rechtssicher handeln

Grundlagen • Aufsichtspflicht und Haftung • Schulmitwirkung, Dienstrecht und Elternrechte • Rechtsquellen

Eine Situation aus der Praxis Die Referendarin Frau S. wird von der Schulleitung dazu aufgefordert, die Klasse 6a zu einer Theatervorführung zu begleiten, da hierfür momentan keine andere Lehrkraft zur Verfügung stehe. Nach der Vorstellung haben die Schüler keinen Unterricht mehr. Frau S. verbietet drei Schülerinnen, direkt vom Theater aus nach Hause zu gehen, obwohl der gemeinsame Rückweg zur Schule für sie ein großer Umweg ist. Beim nächsten Elternabend beschweren sich die Eltern der drei Mädchen über diese „Schikane". Zu Recht? (Lösungshinweise s. Anhang, S. 140)

Erschließungsfragen:
- Muss ich mich an alles halten, was die Schulleitung anordnet?
- Darf ich allein mit einer Klasse auf einen Unterrichtsgang gehen?
- Für welche Wege und in welchem Umfang gilt meine Aufsichtspflicht?
- Was unternehme ich bei Beschwerden von Erziehungsberechtigten?
- Welche Schulmitwirkungsgremien gibt es und welche Aufgaben haben sie?

Grundlagen

Unter Lehrkräften findet man oft Vorbehalte, sich mit dem Schulrecht zu beschäftigen. Dahinter stecken meist diffuse Befürchtungen:
- Schulrecht sei für den Laien „viel zu kompliziert",
- die Regelungen seien sowieso meistens nicht umsetzbar ,
- deshalb stehe man als Lehrkraft „mit einem Bein im Gefängnis".

Das Gegenteil ist richtig: Je genauer man die rechtlichen Bestimmungen kennt und versteht, desto sicherer wird man im Handeln und desto klarer und verlässlicher vermag man gegenüber Kollegen, Vorgesetzten, Eltern und Schülern aufzutreten.

Die meisten Dinge machen Lehrkräfte trotz mangelnder Rechtskenntnisse aber bereits „intuitiv" richtig. Denn viele Bereiche des Schulrechts folgen dem gesunden Menschenverstand – das, was man für „gerecht" hält, ist in den meisten Fällen auch juristisch korrekt – anders als z. B. beim Steuerrecht ...

Teilbereiche des Schulrechts

Das Schulrecht umfasst im Wesentlichen folgende Teilbereiche:
- Leistungsbewertung und Prüfungsentscheidungen (s. Kapitel 6, S. 125 ff.)
- Ordnungsmaßnahmen (s. Kapitel 5, S. 111 ff.)
- Aufsicht und Haftung
- Rechte und Pflichten von Lernenden und Eltern
- Dienstverhältnis der Lehrkräfte

● Juristischer Ansatz versus pädagogischer Ansatz

Der *juristische Ansatz* ist stets systematisch und formell. Es geht nicht um pädagogisch Wünschbares, sondern um das rechtlich Vertretbare. Bei Klagen gegen Prüfungsergebnisse geht es z. B. primär um Verfahrensfehler und weniger um die „Gerechtigkeit" der Note.

Ein Gerichtsurteil kann keine pädagogische Entscheidung ersetzen, denn eine gerichtliche Auseinandersetzung fängt dort an, wo die pädagogischen Bemühungen an ihre Grenzen gestoßen sind. Daher ist ein Ziel rechtssicheren Handelns, die juristische Eskalation pädagogischer Vorgänge zu vermeiden.

Praxisbeispiel Unter pädagogischen Gesichtspunkten erscheint es manchem bereits als „Strafe", wenn ein Schüler einen mutwillig verursachten Sachschaden (z. B. einen beschmierten Tisch) von seinem Taschengeld ersetzen soll. *Juristisch* ist dies jedoch nicht als Strafe zu verstehen, sondern als Schadenersatz, der auch bei unabsichtlichem Verschulden erfolgen würde. Eine „echte" Strafe wäre z. B. die Reinigung aller Tische der Klasse.

Besonderheiten der juristischen Sprache

Die juristische Sprache weist die Besonderheit auf, dass bestimmte Begriffe viel präziser und z. T. auch etwas anders als in der Alltagssprache verwendet werden. Einige Beispiele mögen das verdeutlichen:
- *unverzüglich* bedeutet „ohne schuldhaftes Zögern", ist aber nicht gleichzusetzen mit „sofort";
- *grundsätzlich* bedeutet keineswegs „ohne Ausnahme", sondern lässt im Gegenteil begründete Abweichungen von einer Vorschrift zu.

Achten Sie deshalb bei juristischen Texten auf den genauen Wortlaut. Da er im Folgenden mehrfach verwendet wird, möchte ich noch kurz auf den Begriff der Fahrlässigkeit eingehen: Fahrlässig handelt, wer die erforderliche Sorgfalt außer Acht lässt. Grob fahrlässig handelt, wer dabei selbst naheliegende, unmittelbar einsichtige Aspekte nicht beachtet.

Klärung schulrechtlicher Fragen

Die Lösung juristischer Fragen hängt von der Anzahl und Eindeutigkeit verfügbarer Rechtsquellen ab: Vieles ist direkt, Anderes durch Kombination mehrerer Quellen eindeutig lösbar oder auszulegen:

Praxisbeispiel Die Bestimmung: *„Die Schulleitung soll ..."* führt zur Frage, wer zur Schulleitung gehört. Dies ist in einer anderen Rechtsquelle geregelt *(„Zur Schulleitung gehören ...")*

Aufsicht und Haftung

Die Aufsichtspflicht ist in vielen Gesprächen zwischen Lehrkräften ein „heißes Eisen". Es scheint unmöglich zu sein, den (mutmaßlich völlig überzogenen) rechtlichen Ansprüchen zu genügen.

Das Gegenteil ist richtig: Der Gesetzgeber setzt bei der Aufsicht bewusst auf auslegbare Regelungen, weil bei Aufsichtsfragen vieles von der ganz konkreten Situation abhängt. Dadurch wird zum Glück vieles Ihrer professionellen Beurteilung des Einzelfalles überlassen. So dürfen Sie nach Abwägung des Gefährdungspotenzials z. B. in Kauf nehmen, dass Ihre Klasse nicht beaufsichtigt ist, wenn Sie dadurch die Eskalation einer tätlichen Auseinandersetzung verhindern könnten.

Die Beurteilung aufsichtsrechtlicher Fragen findet in einem Spannungsfeld konkurrierender Ziele und Interessen statt:

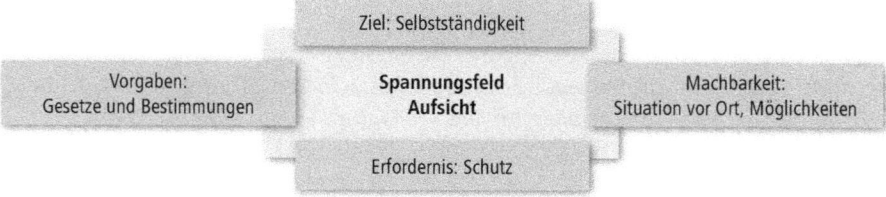

Abb. 6.3: Spannungsfeld Aufsicht

Da ist zunächst die Verpflichtung der Lehrkräfte, dafür zu sorgen, dass die ihnen anvertrauten Kinder nicht zu Schaden kommen. Lehrkräfte sollen aber auch zu Selbstverantwortung und Selbstständigkeit erziehen, und das geht nur mit Vertrauen und dem Mut, ein Stück weit von Kontrolle und Fürsorge loszulassen. Beides gleichzeitig ist manchmal schwer zu realisieren.

Außerdem sind viele Dinge zwar rechtlich „eigentlich" erforderlich, in der Praxis aber kaum umsetzbar. So wäre es wünschenswert, dass keine Lehrkraft verspätet zum Unterricht erscheint, im Alltag lässt sich dies manchmal aber nur schwer vermeiden. So gilt es dann häufig, die Aufsicht im Sinne einer Kompromissregelung zu realisieren.

Praxistipp Im Notfall ist es manchmal nicht möglich, allen Anforderungen zu entsprechen. Wägen Sie hier sorgfältig die tatsächlichen gegen die möglichen Gefährdungen und Bedürfnisse ab. Notfalls müssen Sie in Kauf nehmen, dass Schüler kurzzeitig nicht beaufsichtigt sind, wenn Sie dadurch Schlimmeres (z. B. die offensichtliche Absicht, sich unerlaubt vom Schulgelände zu entfernen) verhindern.

Grundprinzipien der Aufsicht

Es gibt drei Grundprinzipien der Aufsicht, die immer erfüllt sein müssen und die Sie (nicht nur, aber auch für das Kolloquium beim Examen) auf jeden Fall kennen sollten: Die Aufsicht muss *kontinuierlich, aktiv* und *präventiv* erfolgen.

- Der *Kontinuität* der Aufsichtspflicht kommen Sie grundsätzlich bereits dadurch nach, dass die Ihnen anvertrauten Kinder sich „beaufsichtigt fühlen". Eine ununterbrochene körperliche Anwesenheitspflicht des Aufsichtsführenden besteht demnach erst einmal nicht.
- Die *aktive* Komponente der Aufsichtspflicht verpflichtet Sie unter anderem dazu, Verbote und Weisungen nicht nur zu erteilen, sondern auch durchzusetzen, indem Sie die Initiative ergreifen.
- Die *präventive* Komponente der Aufsichtsführung verlangt, mögliche Gefahren abzuschätzen, eventuelles Fehlverhalten vorab einzukalkulieren und geeignete Vorsichtsmaßnahmen zu veranlassen.

Praxisbeispiel Ein häufig auftretendes Problem ist das der „Mitbetreuung" von benachbarten Klassen. Grundsätzlich ist die Mitbetreuung mit den Prinzipien der Aufsichtsführung vereinbar. Wenn Sie diese „Doppelaufsicht" im Einzelfall jedoch nicht gewährleisten können (z. B. Sie lassen in Ihrer Lerngruppe eine Klassenarbeit schreiben oder es handelt sich um eine sehr betreuungsintensive Lerngruppe), müssen Sie das auf jeden Fall vorher der Schulleitung mitteilen, damit eine andere Lösung gefunden werden kann.

Bevor ich nun auf den Umfang der Aufsichtspflicht eingehe, möchte ich noch eine wichtige Konkretisierung vornehmen:

Handlungsverpflichtung

Es geht im Weiteren immer nur darum, ob sich für Sie eine Handlungsverpflichtung aufgrund der Aufsichtspflicht ergibt oder nicht. Das bedeutet aber nicht, dass Sie in allen Fällen die Hände in den Schoß legen könnten, bei denen keine Aufsichtspflicht besteht. Ein Beispiel mag das verdeutlichen:

> **Praxisbeispiel** Auf der Fahrt zur Schule stellen Sie fest, dass zwei ältere Kinder ein jüngeres Kind auf der Straße offensichtlich bedrohen. Sie sind hier selbst dann nicht aufsichtspflichtig, wenn es sich um Schüler Ihrer Klasse handelt. Andererseits sind Sie aber selbstverständlich zum Eingreifen verpflichtet: Wie jeder andere Zeuge der geschilderten Szene würden Sie sich ansonsten der unterlassenen Hilfeleistung schuldig machen.

Umfang der Aufsicht

Der Umfang der Aufsicht lässt sich in folgende Kategorien einteilen:

personenbezogen	räumlich	zeitlich	umständehalber
Das gesamte Lehrpersonal der Schule ist gegenüber der gesamten Schülerschaft aufsichtspflichtig. Im Besonderen besteht die Aufsichtspflicht gegenüber den *anvertrauten* Schülern, also z. B. die Klasse, die Sie unterrichten.	Die Aufsichtspflicht erstreckt sich auf das gesamte Schulgelände, schulische Sportstätten und auf die Orte, an denen Schulveranstaltungen stattfinden (z. B. Abschlussfeier), sowie auf alle Wege *zwischen* diesen Orten.	Die Aufsichtspflicht gilt während der gesamten Unterrichtszeit inklusive Pausen und für die Dauer von Schulveranstaltungen sowie für einen *angemessenen* Zeitraum davor und danach (als *angemessen* gilt in der Regel eine Viertelstunde)	Der Umfang der notwendigen Aufsicht hängt ab vom *Alter* der Kinder, von ihrer *Anzahl* und *räumlichen Verteilung* (z. B. Kino oder Wald) sowie vom örtlichen *Gefährdungsgrad* (z. B. Sportfest oder Schulgottesdienst).

> **Praxisbeispiel** Sie legen den Beginn und das Ende einer Schulveranstaltung fest, indem Sie z. B. einen bestimmten Treffzeitpunkt nennen. Bedenken Sie, dass Sie jeweils ca. 15 Minuten davor anwesend sein müssen („angemessener" Zeitraum). Den Treffpunkt eine halbe Stunde vor Abfahrt eines Zuges zu legen, erzieht einerseits die Lernenden zur Unpünktlichkeit („Der Zug fährt eh' erst in einer halben Stunde"), andererseits müssen Sie noch eine Viertelstunde früher vor Ort sein. Planen Sie also lieber etwas knapper.

Beauftragung von Helfern

Um Ihrer Aufsichtspflicht angemessen nachkommen zu können, dürfen Sie Helfer mit der Aufsicht beauftragen. Dies können z. B. Eltern, ältere Schüler, Lehrkräfte, im Notfall aber auch der Reiseleiter bei der Klassenfahrt oder zufällig angetroffene Passanten sein.

Sie bleiben aber jedem Fall dafür verantwortlich, eine für die jeweilige Aufgabe offensichtlich geeignete Person angemessen anzuleiten und sie mit zumutbaren Aufsichtsaufgaben zu beauftragen. So muss ein Helfer z. B. körperlich dazu in der Lage sein, zu helfen (Eignung), es sollte im Vorfeld besprochen werden, was genau zu tun ist (Anleitung) und er sollte nicht allein die Klasse beaufsichtigen (Zumutbarkeit).

Unterrichtsprozesse evaluieren, bewerten sowie rechtssicher gestalten und beurteilen
Rechte und Pflichten im Lehrerberuf kennen und rechtssicher handeln

6

Informationspflicht

Bitte beachten Sie auch Ihre Informationspflicht gegenüber den Erziehungsberechtigten: Diese sollten in besonderen Fällen wissen, *wo* und *wie* die Kinder beaufsichtigt werden. Holen Sie vorher das Einverständnis der Erziehungsberechtigten ein, falls Sie z. B. Kleingruppen einen außerschulischen Erkundungsauftrag erteilen.

Haftung bei Sach- oder Personenschäden

Bei der Haftung unterscheiden die gesetzlichen Bestimmungen zwischen Sachschäden und Personenschäden. Bei einem Sturz wird die zerrissene Hose z. B. anders „abgewickelt" als das gebrochene Bein.

Haftungsregelung bei Sachschäden

Bei Sachschäden im Zusammenhang mit Schule und Unterricht gilt – wie auch im Privatleben – das Prinzip des Schadenersatzes durch den Verursacher. Ein durch einen Schüler (absichtlich oder unabsichtlich) beschädigter Taschenrechner muss also auf jeden Fall seinem Besitzer erstattet werden.

Ist allerdings eine Lehrkraft „im Dienst" Verursacher eines Sachschadens, haftet zunächst der Schulträger (d. h. die Stadt oder die Kommune, der das Schulgebäude gehört). Bei einem grob fahrlässigen oder gar vorsätzlichen Handeln der Lehrkraft kann diese vom Schulträger allerdings in Regress genommen werden. Bei Vorsatz tritt natürlich auch Ihre Haftpflichtversicherung nicht mehr für den Schaden ein.

Praxisbeispiel Haftungsansprüche gegenüber Lehrkräften können z. B. bei Verlust des Schulschlüssels entstehen. Da hier oft ganze Schließanlagen ausgetauscht werden müssen, geht der Schaden leicht in Richtung mehrerer tausend Euro. Sie haften, wenn Ihnen grob fahrlässiges oder gar vorsätzliches Handeln nachgewiesen werden kann.

Der Maßstab, an dem Sie hierbei gemessen werden, ist in etwa dieser: Haben Sie den Schlüssel seinem Wert angemessen verwahrt, also z. B. so, wie Sie einen wertvollen Ring oder Ihre Geldbörse verwahren würden? Falls nicht, haften Sie selbst (bzw. eine optional abzuschließende „Schlüsselversicherung")!

Der Schulträger haftet außerdem bei allen Sachschäden, die durch einen Verstoß gegen die Verkehrssicherungspflicht entstehen (z. B. ein Blechschaden am PKW wegen Glatteis auf dem Schulparkplatz).

Bei *Diebstahl* haftet der Schulträger in aller Regel nicht, solange Sie ihm kein Mitverschulden nachweisen können. Ihr privat gekauftes Notebook oder Ihren Taschenbeamer bringen Sie also auf eigene Gefahr mit in die Schule. Private Wertgegenstände sollten Sie aus diesem Grund in der Regel lieber zu Hause lassen und größere Geldbeträge besser nicht in bar einsammeln.

Haftung bei Personenschäden

Bei Personenschäden werden alle Ansprüche über die Landesunfallkassen abgegolten. Hier sind Lehrkräfte und Schülerschaft „automatisch" versichert, und zwar während des Unterrichts, bei Schulveranstaltungen und auf den direkten Schulwegen. Gegenseitige Ansprüche, z. B. die Zahlung von Schmerzensgeld, werden durch das sogenannte **Haftungsprivileg** ausgeschlossen. Dies soll verhindern, dass der Schulfrieden durch direkte Ersatzansprüche z. B. von Schülern gegenüber Lehrkräften beeinträchtigt wird.

Die Landesunfallkassen behalten sich vor, bei grob fahrlässigem oder vorsätzlichem Verhalten den Verursacher in Regress zu nehmen. Dies hat ggf. zusätzlich straf- und dienstrechtliche Konsequenzen.

6 Unterrichtsprozesse evaluieren, bewerten sowie rechtssicher gestalten und beurteilen
Rechte und Pflichten im Lehrerberuf kennen und rechtssicher handeln

Schulmitwirkung, Dienstrecht und Elternrechte

Die Schulmitwirkung soll gewährleisten, dass alle an Schule beteiligten Personenkreise – also Lehrkräfte, Schülerschaft und Eltern – eigene demokratische Strukturen der Mitwirkung erhalten und in bestimmten Gremien zusammenarbeiten. Typischerweise handelt es sich dabei um die folgenden *Mitwirkungsorgane* (vgl. Schulgesetz Nordrhein-Westfalen):

Schulmitwirkungsorgane			
zuständig für …	*Vorsitz/***Gremium**		
Schule	*Schulleiter*		
	Schulkonferenz als höchstes Gremium mit gewählten stimmberechtigten Schüler-, Eltern- und Lehrervertretern **Teilkonferenzen** der Schulkonferenz		
	Schulsprecher **Schülerrat**	*Schulleiter* **Lehrerkonferenz** mit Teilkonferenzen	*Schulpflegschaftsvorsitzende(r)* **Schulpflegschaft**
		Lehrerrat als Interessenvertretung der Lehrkräfte gegenüber der Schulleitung	
Fach	Vertreter mit beratender Funktion	**Fachkonferenz** mit allen Lehrkräften des jeweiligen Fachs	Vertreter mit beratender Funktion
Klasse	*Klassensprecher*	*Klassenlehrkraft* **Klassenkonferenz**	*Elternpflegschaftsvorsitzende(r)* **Elternpflegschaft**
Interessen der …	↑ *SCHÜLER*	↑ *LEHRKRÄFTE*	↑ *ELTERN*

Welche Zusammensetzung und welche Aufgaben die einzelnen Gremien haben, ist in den jeweiligen Gesetzen zur Schulmitwirkung bzw. in den Landesschulgesetzen geregelt.

Grundsätzlich können die Gremien immer nur das regeln, was die jeweilige Ebene betrifft, auf der sie angesiedelt sind: Eine Fachkonferenz kann z. B. nichts beschließen, was über das Fach hinausgeht.

Alles, was die Interessen *aller* an Schule beteiligter Personen berührt, ist der Schulkonferenz zum Beschluss vorzulegen, z. B. Grundsätze zu Klassenfahrten, Schulprogramm usw.

Natürlich dürfen diese Beschlüsse nicht geltendem Recht widersprechen, sonst sind sie ungültig.

Übrigens Sitzungen von Mitwirkungsorganen werden oft als lästige Pflicht empfunden. Das liegt unter Umständen auch daran, dass der gesetzliche mögliche Gestaltungsspielraum nicht erkannt und genutzt wird. Sie als Lehrkraft können enorm von einer funktionierenden Schulmitwirkung profitieren: Gemeinsame Entscheidungen verpflichten alle Beteiligten zur Umsetzung, einsame Entschlüsse machen Sie zum Einzelkämpfer. Die Schulmitwirkung kann gelebte Demokratie sein, wenn Sie dazu anzuregen verstehen.

Unterrichtsprozesse evaluieren, bewerten sowie rechtssicher gestalten und beurteilen
Rechte und Pflichten im Lehrerberuf kennen und rechtssicher handeln

6

Dienstrecht und Schulorganisation

Das Dienstrecht regelt Aufgaben, Rechte und Pflichten der Lehrkräfte und der Schulleitung. Schulgebäude und Unterricht liegen in verschiedenen Zuständigkeiten: Während z.B. Reinigungspersonal, Hausmeister und Sekretariat vom *Schulträger* (Stadt oder Gemeinde) beschäftigt werden, ist das Lehrpersonal der *Schulaufsicht* (Bezirksregierung bzw. Schulamt) unterstellt.

Die Schulleitung ist *allen* an der Schule beschäftigten Personen gegenüber weisungsbefugt. Sie haben allen Anweisungen der Schulleitung zu folgen und müssen sie über alle wichtigen dienstlichen Belange informieren. Grundsätzlich sind Kontakte zu übergeordneten Stellen mit der Schulleitung „auf dem Dienstweg" abzuwickeln. Wenn Sie berechtigte Zweifel daran haben, dass eine Weisung befolgt werden kann oder darf, sind Sie dazu verpflichtet, Ihre Bedenken vorzutragen. Dies nennt man eine *Remonstration*. Das folgende Schaubild verdeutlicht, wie eine solche abläuft:

Ablauf einer Remonstration	
Bedenken gegen eine Anweisung der Schulleitung werden vorgetragen.	
Anweisung wird trotz vorgetragener Bedenken aufrechterhalten.	Anweisung wird zurückgenommen oder Bedenken werden ausgeräumt.
↓	⟶ ENDE
Bedenken *müssen* der Schulaufsicht vorgetragen werden.	
Anweisung wird trotz Bedenken abschließend aufrechterhalten.	Anweisung wird zurückgenommen oder Bedenken werden ausgeräumt.
⟶ Gehorsamspflicht	⟶ ENDE

Praxisbeispiel   Die Schulleiterin verlangt von Ihnen, drei Schülerinnen in ihrem Privat-PKW mit zur Klassenfahrt zu nehmen, weil die Busplätze nicht ausreichen. Sie halten es für rechtswidrig, Schüler im privaten Wagen zu befördern und bezweifeln, den Rest der Klasse angemessen beaufsichtigen zu können, wenn Sie hinter dem Bus herfahren. Wie sollen Sie nun vorgehen?

In diesem Beispiel legen Sie der Schulleitung Ihre (begründeten) Zweifel an der Rechtmäßigkeit dieser Anweisung dar. Die Schriftform ist beim Remonstrieren nicht nötig.

Werden Ihre Bedenken nicht ausgeräumt, *müssen* Sie Ihre Bedenken den nächsthöheren Vorgesetzten vortragen, die *abschließend* entscheiden. Notfalls *müssen* Sie der Weisung folgen („Gehorsamspflicht").

Übrigens   Sie dürfen normalerweise darauf vertrauen, dass Schulleitungen rechtssicher und verantwortlich handeln. Eine professionelle Schulleitung ist dankbar für offen geäußerte Bedenken, die sie vor unangenehmen Folgen schützen können.

Werden Ihre Bedenken unberechtigt zurückgewiesen, bitten Sie um eine *schriftliche* Anweisung. Allerdings schützt Sie das im Extremfall nicht vor strafrechtlichen Folgen: Notfalls müssen Sie den Gehorsam verweigern, wenn Sie sich anderenfalls strafbar machen würden.

Elternrechte

Durch die Elternrechte wird gewährleistet, dass Schülern bzw. deren Erziehungsberechtigten klare Handlungsmöglichkeiten gegenüber vermuteten oder tatsächlichen Fehlentscheidungen gegeben werden.

Beschwerde und Widerspruch

Rechtlich gesehen haben Lernende bzw. deren Erziehungsberechtigte zwei Möglichkeiten, gegen Entscheidungen vorzugehen, mit denen sie nicht einverstanden sind: Die Beschwerde und den Widerspruch. Die Tabelle zeigt den Ablauf von Beschwerde und Widerspruch:

Beschwerde	Widerspruch
In allen Fällen möglich (also z. B. auch Einzelnoten bei Klassenarbeiten, erzieherischen Maßnahmen usw.)	Nur bei *Verwaltungsakten* (Entscheidungen mit weitreichender Wirkung, z. B. nicht erfolgte Versetzung, Ordnungsmaßnahme)
Frist- und formlos beim Verursacher der Beschwerde einzureichen	Frist in der Regel 1 Monat, ohne schriftliche Information („Rechtsbehelfsbelehrung") 1 Jahr; ohne besondere Form, aber schriftlich oder zur Niederschrift bei der Schulleitung einzureichen
Betroffene entscheiden, ob eine Abhilfe möglich ist durch Rücknahme bzw. Begründung der Rechtmäßigkeit. Ist keine Abhilfe möglich, so entscheidet die nächsthöhere vorgesetzte Stelle (z. B. Schulaufsicht)	
Verfahren ist beendet	Klagemöglichkeit beim Verwaltungsgericht

Übrigens sind weder Erziehungsberechtigte noch Schüler an den „Dienstweg" gebunden. Notfalls könnten sie sich mit ihrem Anliegen direkt ans Ministerium wenden.

Umgang mit Beschwerden

- Bleiben Sie auf der professionellen Ebene: Nicht Sie als gesamte Person werden infrage gestellt, sondern eine Ihrer „Amtshandlungen". Bleiben Sie sachlich und freundlich.
- Handeln Sie so, dass Sie gegenüber Beschwerden abgesichert sind: Dokumentieren Sie immer Ihre Entscheidungsgrundlagen (z. B. Beratungen, Bewertungen) und klären Sie *vorher* die Rechtslage.
- Nehmen Sie Kritik konstruktiv auf und lassen Sie sich darauf ein, Entscheidungen ergebnisoffen zu prüfen. Bitten Sie hierfür um eine ausreichende *Bedenkzeit*.
- Bitte lassen Sie sich nicht davon abschrecken, wenn jemand mit einem Widerspruch bzw. einer Beschwerde droht. Wenn Sie sich begründet dafür entschieden haben, bei Ihrem Entschluss zu bleiben, ist es konsequent und richtig, einer Prüfung Ihres Falles durch Ihre Vorgesetzten gelassen entgegenzusehen. Sehen Sie es als „normales" Prozedere und nicht als persönlichen Angriff.

> **Praxistipp** Nicht allen Erziehungsberechtigten sind ihre Handlungsmöglichkeiten klar. Sie schaden Ihrer Sache nicht, wenn Sie die Beschwerdeführer im Konfliktfall auf ihre rechtlichen Optionen hinweisen. Eher nehmen Sie den Betroffenen damit den Wind aus den Segeln, weil Sie ihnen auf diese Weise vermitteln, dass Sie sich rechtssicher fühlen.

Rechtsquellen

Um rechtssicher handeln zu können, ist es für Sie weniger wichtig, alle Paragrafen auswendig als vielmehr die Rechtsquellen zu kennen, d. h. zu wissen, *wo* sie die Antworten auf Ihre Fragen nachschlagen können.

Da Schulrecht Ländersache ist, gibt es leider regionale Unterschiede hinsichtlich der Bezeichnungen und Strukturen. Grundsätzlich können Sie aber auf folgende hierarchisch geordnete Quellen zurückgreifen:

Rechtsquellen	Inhalte
Verfassungen: Grundgesetz Landesverfassung	Grundlegende Prinzipien, z. B. Erziehungsziele, Gleichberechtigung
Formelle Gesetze: Landesschulgesetze	z. B. Aufbau des Schulsystems, Schulabschlüsse, Notenstufen, Ordnungsmaßnahmen, Schulmitwirkungsorgane und deren Aufgaben
Rechtsverordnungen: Ausbildungs- und Prüfungsordnungen	z. B. konkrete Versetzungsordnungen für unterschiedliche Schulformen, Ablauf von Prüfungen
Verwaltungsvorschriften: Dienstordnung	z. B. Rechte und Pflichten von Lehrkräften, Aufgaben von Klassenlehrkräften, Schulleitung
Richtlinien und Lehrpläne	z. B. Themenfelder und Hinweise zur Leistungsbewertung für ein bestimmtes Unterrichtsfach
Erlasse zu bestimmten Bereichen (z. B. Hausaufgabenerlass)	z. B. Regelung der maximalen Hausaufgabenmenge pro Tag, Richtlinien für die Durchführung von Wanderfahrten
Sonstiges: Schulordnung Schuleigene Lehrpläne Konferenzbeschlüsse	z. B. Verhalten im Schulgebäude, konkrete Vereinbarungen zur Bewertung von schriftlichen Arbeiten, Beschlüsse zur Durchführung von Klassenfahrten

Steht eine untergeordnete Rechtsquelle im Widerspruch zu einer übergeordneten, so wird diese unwirksam. Ein Erlass darf z. B. nicht einer Verordnung widersprechen.

Kurz und knapp   Am besten können Sie sich an Ihrer Schule darüber informieren, welche Rechtsgrundlagen für Ihr Bundesland und Ihre Schulform bestehen. Die Schulleitung hilft Ihnen hier bestimmt gern weiter. Im Internet bieten viele Landesministerien Informationen zu schulrechtlichen Fragen an. Eine Übersicht über alle jeweiligen Gesetze mit Such- und Downloadmöglichkeiten finden Sie auf der Internetseite der Kultusministerkonferenz unter: www.kmk.org/dokumentation/rechtsvorschriften-und-lehrplaene-der-laender.

Sie können sich für dieses Teilkapitel ein **Kompetenzerwerbsschema** aus dem Internet herunterladen. Webcode: RK162567-013

Anhang

Erläuterungen und Lösungen

Zur Darstellung der Unterrichtskonstituenten auf S. 8:
Der Unterricht ist von unterschiedlichen Aspekten abhängig. Die wichtigsten davon, die ich als Unterrichtskonstituenten bezeichne, werden im vorliegenden Buch thematisiert und zueinander in Beziehung gebracht. Diese Zusammenhänge sind in der grafischen Darstellung auf S. 8 in Form einer Übersicht zusammenfassend dargestellt und mit Verweisen auf die Kapitel im Buch versehen, in denen sie schwerpunktmäßig thematisiert werden.
Die Grafik kann zur Planung, Analyse und Evaluation von Unterricht eingesetzt werden. Die gezeigten Vernetzungen fordern einen alle wesentlichen Aspekte in den Blick nehmenden Planungsprozess sowie die mehrdimensionale Deutung von Unterrichtsbeobachtungen heraus. Dadurch werden planerische und evaluative „Schnellschüsse" vermieden.
Im Folgenden sollen nun die zusammenhängenden Konstituenten in den Bereichen „Unterrichtsprozes", „Unterrichtsarrangement" sowie „Lehr- und Lernperspektiven" genauer erläutert werden:
Unterrichtsprozess: Der *Lernzuwachs* und die *individuelle Entwicklung* von Lernenden und Lehrenden stehen als Unterrichtswirkung im Mittelpunkt des Unterrichts**verlaufs**. Die dabei erkennbaren Konstituenten sind im oberen Bereich der Grafik dargestellt. Im Unterricht sind die ablaufenden *Interaktions- und Kommunikationsprozesse* am einfachsten erkennbar. Sie beruhen auf vielfältigen, nicht immer offensichtlichen *Erwartungen und Entscheidungen* aller Beteiligten. Dahinter stecken zum Teil unbewusste *Deutungen und Wertungen,* die sich auf die vorherrschenden *Emotionen und Beziehungen* im Unterricht zurückführen lassen.
Unterrichtsarrangement: Das zentrale Anliegen der Unterrichts**planung** ist das Erreichen festgelegter *Lern-, Lehr- und Erziehungsziele*. Die Planungskonstituenten weisen eine unterschiedlich hohe Entscheidungsfreiheit auf: Die *Strukturen,* d. h. die Frage nach dem „Wann" und „Wo" des Unterrichts, sind meist am wenigsten zu beeinflussen, und die *Inhalte* werden durch die Lehrpläne weitgehend vorgeschrieben. Dagegen können Sie aus der Vielzahl vorhandener *Werkzeuge* und möglicher *Methoden* frei die aus Ihrer Sicht geeigneten auswählen.
Lehr- und Lernperspektiven: Die individuelle Seite des Unterrichts als gemeinsamer Entwicklungsprozess wird mithilfe von Selbst- und Fremdanalyse verschiedener Teilbereiche beleuchtet – der *Lern- und Lehrerfolg* wird von den am Unterricht beteiligten Personen stark beeinflusst. Die individuellen *Lernpersonen* und Sie als *Lehrperson* kommen in ihrem mehr oder weniger fest ausgebildeten „Sosein" zusammen. Die vorhandene *Lernmotivation* der Schüler, aber auch Ihre *Lehrmotivation* spielt ebenso eine Rolle wie die Weiterentwicklung Ihrer *Lehrkompetenz* und die bei den Lernenden anzubahnenden oder ausgebildeten Kompetenzen. Nicht zuletzt hängt der Unterrichtserfolg auch von den besser zu beeinflussenden *Lehr- und Lernbedingungen* ab.

Auflösung zum Praxisbeispiel aus Kapitel 3 „Verständlichkeit", S. 65:
„Ich habe keinen beim Kleinen (also niemanden als Babysitter gefunden)."

Erläuterungen zu den Begriffspaaren aus Kapitel 4, S. 86:

Die Begriffspaare „LRNPRZSS – RZHNG", „PW – UVxIA" und „GDAEHF – FBEADG" könnten auf den ersten Blick „schwierig" erscheinen, weil sie wie sinnlos hintereinander geschriebene Buchstaben wirken. Je nach „Blick" erschließen sich jedoch Merkhilfen:

- Das erste Paar kann man sich als das Wortpaar „Lernprozess – Erziehung" merken, bei dem nur die Vokale weggelassen wurden.
- Beim zweiten Paar hat man als Physiker oder Techniker Vorteile: Es ist die Formel für die elektrische Leistung mit den jeweiligen Einheiten in einer etwas ungewohnten Schreibweise: $P\,[W] = U\,[V] \cdot I\,[A]$.
- Das dritte Paar schließlich könnte für Sie leicht zu merken sein, wenn Sie sich für Musik interessieren: Es sind die Quintenzirkel (links aufwärts, rechts abwärts), für die es auch „Eselsbrücken" gibt (z. B.: „Geh du alter Esel Heu fressen" bzw. „Frische Brötchen essen alte Damen gern").
- Die Begriffspaare „2.357 – 11.131.719" sowie „0153040 – Spiel" erscheinen vielleicht für diejenigen unter Ihnen „einfacher", die sich Zahlen gut merken können.
- Mathematiker erkennen sicher, dass im ersten Paar links die Primzahlen bis 10 und rechts die Primzahlen zwischen 10 und 20 versteckt sind.
- Sportler stellen wahrscheinlich fest, dass sich im zweiten Begriffspaar die Zählweise beim Tennis verbirgt.
- Die verbleibenden drei Begriffspaare mögen Ihnen vielleicht erst einmal deshalb „einfacher" vorkommen, weil Sie eine offensichtliche Bedeutung haben – sie scheinen Fremdwörter zu sein, die wie Vokabeln gelernt werden können.
- Für das Begriffspaar „martyrium – Zeugnis" trifft das zu: Es ist ein lateinisch-deutsches Begriffspaar, dass sie als Lehrkraft vielleicht in besonderem Maße anspricht, zumal es für den Begriff „Martyrium" im Deutschen eine zusätzliche Bedeutung („Leidensgeschichte") gibt.
- Das Begriffspaar „idiopathisch – essenziell" könnte Fachleute dagegen möglicherweise irritieren: Aus der Medizin ist der Begriff „idiopathisch" mit „aus unbekannter Ursache" zu übersetzen, während „essenziell" im normalen Sprachgebrauch eigentlich mit „lebensnotwendig" übersetzt wird. Tatsächlich wird es im medizinischen Kontext aber im gleichen Sinne wie „idiopathisch" verwendet.
- Beim letzten Begriffspaar „Anapäst – Elefant" handelt es sich – wie Germanisten sicher wissen – um keine Übersetzung, sondern um ein Versmaß kombiniert mit einem Beispielwort für dieses Versmaß.

Erläuterung zum Test aus Kapitel 4 „Praxiselement Prädikatives und funktionales Denken", S. 88:

Wenn Ihnen die Lösung von A leichter gefallen ist, zeigen Sie eine eher *funktionale* Tendenz. Fiel Ihnen B leichter, so legt das vorwiegend *prädikative* Denken nahe – vorausgesetzt natürlich, dass Sie entsprechend der folgenden Erläuterungen zu Ihrem Ergebnis gekommen sind.

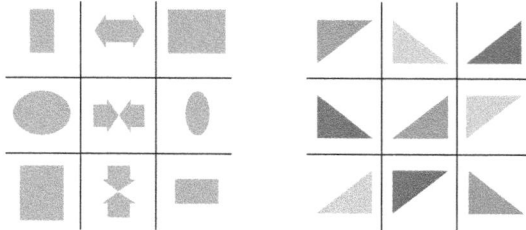

4.2 Welches Symbol fehlt?

- Die Lösung bei A lässt sich gut funktional erläutern: Die linke Spalte zeigt die Ursprungsfigur, die mittlere Spalte gibt an, was mit der Figur gemacht werden soll und in der rechten Spalte wird das Ergebnis gezeigt. Da das in der dritten Zeile links abgebildete Rechteck neben einem als „horizontal stauchen" interpretierbaren Operator steht, ergibt sich als Lösung das gestauchte Rechteck.

- Die Lösung zu B kann man gut auf prädikative Weise beschreiben: Das Dreieck tritt insgesamt in drei verschiedenen Farben und in drei verschiedenen Lagen auf. Es gibt drei helle und drei dunkle, aber nur zwei mittelgraue Dreiecke. Das fehlende Dreieck muss also mittelgraue sein. Außerdem gibt es drei Dreiecke mit rechtem Winkel rechts unten, drei Dreiecke mit rechtem Winkel links oben, aber nur zwei Dreiecke mit rechtem Winkel links unten. Also muss beim fehlenden Dreieck der rechte Winkel links unten liegen.

Lösungshinweise zur Praxissituation aus Kapitel 6, S. 129:

Die Referendarin gehört zum Lehrpersonal der Schule. Dadurch ist sie grundsätzlich aufsichtspflichtig und der Schulleiter ist ihr gegenüber weisungsbefugt. Ob die Referendarin ihre Aufsichtspflicht angemessen wahrnehmen kann, ist abhängig von der Situation. Falls die Referendarin diesbezüglich Bedenken hätte, müsste sie diese dem Schulleiter gegenüber äußern (remonstrieren).

Während der Weg von der Schule zum Theater der Aufsichtspflicht unterliegt, kann die Schulveranstaltung „Theaterbesuch" grundsätzlich am Theater enden. Die Referendarin müsste dann noch eine angemessene Zeit vor Ort verbleiben.

Das setzt aber voraus, dass die Eltern vorher darüber informiert wurden, wann und wo die Schulveranstaltung endet. Daraus, dass die Referendarin mit allen Kindern wieder zur Schule zurückgeht, lässt sich schließen, dass die Schulveranstaltung erst an der Schule endet. In diesem Fall müssten die Erziehungsberechtigten der drei Schülerinnen vorher ihr Einverständnis erklären, dass diese schon vom Theater aus nach Hause gehen können. Fehlt dieses Einverständnis, müssen die Kinder wohl oder übel erst wieder mit zur Schule kommen.

Die Beschwerde der betroffenen Eltern beim Elternabend ist in jedem Fall möglich, da diese keinen Dienstweg einzuhalten brauchen. Sie hätten sich auch bei der Schulleitung beschweren können. Da Frau S. sich korrekt verhalten hat, hätte der Beschwerde jedoch nicht abgeholfen werden können.

Literatur

Avenarius, Herrmann (2001): Einführung in das Schulrecht. Wissenschaftliche Buchgesellschaft: Darmstadt.

Bayerwaltes, Marga (2002): Große Pause! Kunstmann: München.

Born, Christine (2008): Kleines Kraftpaket für Lehrerinnen. AOL: Buxtehude.

Braun / Heiter / Speckin / Wollmann (2013): Kooperatives Lernen in Fächern der Gesellschaftslehre. Neue Deutsche Schule: Essen.

Caswell, Chris / Neill, Sean (2009): Körpersprache im Unterricht. Techniken nonverbaler Kommunikation in Schule und Weiterbildung. Daedalus: Münster.

Delfos, Martine (2012): Sag mir mal … Gesprächsführung mit Kindern (4 – 12 Jahre). Beltz: Weinheim und Basel.

Delfos, Martine (2012): Wie meinst du das? Gesprächsführung mit Jugendlichen (13 – 18 Jahre). Beltz: Weinheim und Basel.

Grewe, Norbert (2005): Praxishandbuch Beratung in der Schule. Luchterhand: Neuwied.

Gugel, Günther (2011): 2000 Methoden für Schule und Lehrerbildung: Das Große Methoden-Manual für aktivierenden Unterricht. Beltz: Weinheim und Basel.

Handtke, Ulrike (2008): Praxisbuch: Mehr Erfolg im Unterricht. Ausgewählte Methoden für schülerorientiertes Lehren. Cornelsen Scriptor: Berlin.

Hattie, John / Beywl, Wolfgang / Zierer, Klaus (2013): Lernen sichtbar machen. Schneider Hohengehren: Baltmannsweiler.

Hattie, John (2011): Visible learning for teachers. Routledge: London und New York.

Hatto, Christian (2003): Praxisbuch – Das Klassenklima fördern. Methoden-Handbuch. Cornelsen Scriptor: Berlin.

Helmke, Andreas (2010): Unterrichtsqualität Erfassen, Bewerten, Verbessern. Kallmeyer: Seelze-Velber.

Henning, Claudius / Ehinger, Wolfgang (2010): Das Elterngespräch in der Schule. Auer: Donauwörth.

Hensel, Horst (2005): Erziehen lernen! Kallmeyer: Seelze-Velber.

Heuermann, Alfons / Krützkamp, Marita (2003): Praxisbuch – Selbst-, Methoden- und Sozialkompetenz. Bausteine für die Sekundarstufe 2. Cornelsen Scriptor: Berlin.

Hoegg, Günther (2010): SchulRecht! Beltz: Weinheim und Basel.

Hoffmann, Ingo / Nickel, Ingo (2007): Traumberuf Lehrer? Selbstverlag: Fürstenwalde.

Keller, Gustav (2003): Selbstmanagement im Lehrerberuf. Auer: Donauwörth.

Klein, Helmut (2009): Transparente Leistungsbewertung und Zensurengebung. Schneider Hohengehren: Baltmannsweiler.

Kliemann, Sabine (2008): Diagnostizieren und Fördern in der Sekundarstufe 1. Cornelsen Scriptor: Berlin.

Klippert, Heinz (2002): Methoden-Training – Übungsbausteine für den Unterricht. Beltz: Weinheim und Basel.

Korte, Jochen (2004): Mit den Eltern an einem Strang ziehen. Auer: Donauwörth.

Kosinar, Julia (2009): Körperkompetenzen und Interaktion in pädagogischen Berufen. Klinkhardt: Bad Heilbrunn.

Largo, Remo / Beglinger, Martin (2010): Schülerjahre. Piper: München.

Lohmann, Gerd (2003): Mit Schülern klarkommen. Cornelsen Scriptor: Berlin.

Meyer, Hilbert (2007): Leitfaden Unterrichtsvorbereitung. Cornelsen Scriptor: Berlin.

Ministerium für Schule und Weiterbildung des Landes Nordrhein-Westfalen: Kerncurriculum für die Ausbildung im Vorbereitungsdienst für Lehrämter in den Zentren für schulpraktische Lehrerausbildung und in den Ausbildungsschulen, online: http://www.schulministerium.nrw.de/BP/Schulrecht/Lehrerausbildung/Kerncurriculum.pdf (zuletzt aufgerufen am 26. Mai 2013).

Riegel, Enja (2011): Schule kann gelingen! Wie unsere Kinder wirklich fürs Leben lernen. Fischer: Frankfurt am Main.

Rogers, Bill (2013): Classroom-Management: Das Praxisbuch. Beltz: Weinheim und Basel.

Schulz von Thun, Friedemann (2010): Miteinander reden 1. Störungen und Klärungen. Allgemeine Psychologie der Kommunikation. rororo: Reinbek bei Hamburg.

Schürmann, Uwe (2010): Mit Sprechen bewegen – Stimme und Ausstrahlung verbessern mit atemrhythmisch angepasster Phonation. Reinhardt: München.

Serin, Stephan (2010): Föhn mich nicht zu. rororo: Reinbek bei Hamburg.

Steffens, Ulrich / Höfer, Dieter (2011): Zentrale Befunde aus der Schul- und Unterrichtsforschung – Eine Bilanz aus über 50 000 Studien. Landesschulamt und Lehrkräfteakademie Hessen, online: http://qualitaetsentwicklung.lsa.hessen.de (zuletzt aufgerufen am 26. Mai 2013).

Thömmes, Arthur (2006): Das Mutmach-Buch für Lehrerinnen und Lehrer. Auer. Donauwörth.

Trautmann, Matthias / Wischer, Beate (2011): Heterogenität in der Schule – Eine kritische Einführung. VS Verlag für Sozialwissenschaften: Wiesbaden.

Von der Groeben, Annemarie (2008): Verschiedenheit nutzen. Besser lernen in heterogenen Gruppen. Cornelsen Skriptor: Berlin.

Weidner, Margit (2003): Kooperatives Lernen im Unterricht. Kallmeyer: Seelze-Velber.

Winkel, Rainer (2011): Der gestörte Unterricht. Schneider Hohengehren: Baltmannsweiler.

Winterhoff, Michael (2010): Warum unsere Kinder Tyrannen werden. Goldmann: München.

Register